青海夏塔图吐蕃时期
棺板画艺术研究

A Study on the Art of Wooden Coffin Paintings during the
Tubo Period in Xiatatu, Qinghai

马冬 著

中国社会科学出版社

图书在版编目（CIP）数据

青海夏塔图吐蕃时期棺板画艺术研究／马冬著.
北京：中国社会科学出版社，2024.12. -- （中国社会科学博士后文库）. -- ISBN 978-7-5227-4426-1

Ⅰ.K879.494

中国国家版本馆 CIP 数据核字第 20246FP674 号

出 版 人	赵剑英
责任编辑	单　钊
责任校对	李　莉
责任印制	李寡寡

出　　版	中国社会科学出版社
社　　址	北京鼓楼西大街甲 158 号
邮　　编	100720
网　　址	http://www.csspw.cn
发 行 部	010-84083685
门 市 部	010-84029450
经　　销	新华书店及其他书店
印　　刷	北京君升印刷有限公司
装　　订	廊坊市广阳区广增装订厂
版　　次	2024 年 12 月第 1 版
印　　次	2024 年 12 月第 1 次印刷
开　　本	710×1000　1/16
印　　张	15.25
字　　数	256 千字
定　　价	79.00 元

凡购买中国社会科学出版社图书，如有质量问题请与本社营销中心联系调换
电话：010-84083683
版权所有　侵权必究

第十一批《中国社会科学博士后文库》
编委会及编辑部成员名单

（一）编委会

主　任：赵　芮

副主任：柯文俊　胡　滨　沈水生

秘书长：王　霄

成　员（按姓氏笔画排序）：

　　卜宪群　丁国旗　王立胜　王利民　王　茵
　　史　丹　冯仲平　邢广程　刘　健　刘玉宏
　　孙壮志　李正华　李向阳　李雪松　李新烽
　　杨世伟　杨伯江　杨艳秋　何德旭　辛向阳
　　张　翼　张永生　张宇燕　张伯江　张政文
　　张冠梓　张晓晶　陈光金　陈星灿　金民卿
　　郑筱筠　赵天晓　赵剑英　胡正荣　都　阳
　　莫纪宏　柴　瑜　倪　峰　程　巍　樊建新
　　魏后凯

（二）编辑部

主　任：李洪雷

副主任：赫　更　葛吉艳　王若阳

成　员（按姓氏笔画排序）：

　　杨　振　宋　娜　陈　莎　胡　奇　侯聪睿
　　贾　佳　柴　颖　焦永明　黎　元

《中国社会科学博士后文库》
出版说明

  为繁荣发展中国哲学社会科学博士后事业，2012年，中国社会科学院和全国博士后管理委员会共同设立《中国社会科学博士后文库》（以下简称《文库》），旨在集中推出选题立意高、成果质量好、真正反映当前我国哲学社会科学领域博士后研究最高水准的创新成果。

  《文库》坚持创新导向，每年面向全国征集和评选代表哲学社会科学领域博士后最高学术水平的学术著作。凡入选《文库》成果，由中国社会科学院和全国博士后管理委员会全额资助出版；入选者同时获得全国博士后管理委员会颁发的"优秀博士后学术成果"证书。

  作为高端学术平台，《文库》将坚持发挥优秀博士后科研成果和优秀博士后人才的引领示范作用，鼓励和支持广大博士后推出更多精品力作。

《中国社会科学博士后文库》编委会

摘　要

　　2002年在青海省海西州德令哈市尕海镇夏塔图草场山根发现的吐蕃时期墓葬，出土了一批绘有精美彩画的棺板。迄今，从各种不同渠道公开的有关材料来看，其中至少包括了5块彩棺侧板，以及7块彩棺挡板或挡板残板。这12块棺板上的彩画图像，就是本书最主要的研究对象。

　　这批吐蕃时期的棺板画中，以绘于彩棺侧板者图像内容最为丰富，研究价值最高。目前，出土于夏塔图第1号墓葬，即夏塔图M1中一具彩棺2块侧板上的棺板画图像已经完全公布，并为学术界所重视与较深入研究。另外，出土于夏塔图第2号墓葬，即夏塔图M2中彩棺的2块侧板，以及可能出土于夏塔图墓地却已流散民间的1块彩棺侧板的图像也有零散与局部公开，相关研究则较为间接与薄弱。本书通过对上述夏塔图彩棺侧板图像比较系统地研究与分析，认为彩棺左侧（头挡—足挡）棺板画所绘以"圆形帐篷"为中心的一系列图像，乃是对墓主及其相关人群观念中之人间"幸福生活"的再现，而彩棺右侧（头挡—足挡）棺板画所绘以"圆形帐篷"与"灵帐"为中心的一系列图像，则是再现了当时当地人们丧葬活动的一些关键性场景。这样一组对应的图像，象征着吐蕃人对于"生"与"死"对立关系的直观认识，以及应对"死亡恐惧"的具体方法途径。其中，比较有趣的一点就是用图像"讲述"，来模拟吐蕃苯教仪轨中仪轨故事的"讲述"，并求得仪轨"有效性"的发生与永存。显然，这些附着于彩棺侧板之上的棺板画，总体上表现出墓主及其相关人群所固有的社会观念，当然主要是生死观以及相应而生的所谓"丧葬观"。另外，通过对侧板棺板画内部图像母题结构关系的研究，本书认为在侧板棺板画的构图中，很可能还存在着一种似乎可称之为"夏塔图模式"的图像规制形式。这种模式应该以"粉本"的形式存在，它在德令哈一带的流行时间跨度，则至少可从公元8世纪中延伸到公元8世纪末。

夏塔图挡板棺板画中出现的"四神"与"十二生肖"图像，显然是受到了中原宗教或方术传统的影响。这意味着在吐蕃时期，夏塔图墓地关联人群也接受了中原社会关于"死亡"以及蕴涵"生"与"死"之神秘和无垠之宇宙模式的观念。不过，这并不意味着后者一定在"信仰"层面与前者存在某种契合或趋同，而更可能只是后者在对付"死亡恐惧"方面对所谓"有效性"追求的实际功利目的所使然。这种情况也存在于夏塔图侧板棺板画中的一些图像母题之中，例如棺板画中一系列"性爱"意象图像与四川出土的"男女合气"图像之间的联系。总之，这种图像母题形式的挡板棺板画与上述彩棺侧板棺板画，共同构成了一种以葬具为载体的所谓"夏塔图模式"之丧葬艺术形式，其应该在中世实用美术领域居有某种特殊位置。

由于目前夏塔图棺板画已经公布的材料中，几乎都不涉及起码的尺寸和比例关系信息，因此，在现有材料的基础上进行一些彩棺结构复原的尝试，对于理解不同类型棺板画的配置关系，可能是有所帮助的。本书就在对夏塔图彩棺侧板、挡板、棺盖和底板结构的分析基础上，给出了3种彩棺结构的初步复原方案。希望能够在推动相关研究继续深入方面，多少起到抛砖引玉的作用。

由于夏塔图棺板画对"有效性"的必然性追求，因此，它在图像中对当时社会文化与生活的同样必然性"如实"再现，对于今人的研究而言是极其珍贵的。本书首先从民族与宗教的研究视角切入，认为夏塔图棺板画图像内容表明，彼时在德令哈一带除了吐蕃本部部族外，可能还活动着吐谷浑人、已融入吐蕃的白兰羌和经商的大食人。而在宗教影响方面，除了吐蕃传统的苯波信仰外，还可以察觉中原道教甚至摩尼教的流播痕迹。其次，本书还从物质文化层面对夏塔图棺板画中人物所着之服饰、所见之酒具，以及骑射武器等也进行了选择性研究。可以发现，吐蕃人在物质文明方面，对周边发达文明强烈的学习意愿与极其强劲的吸收能力。本书认为，这种强烈的愿望与有效的学习效果，乃是建于军政优势支撑的主体认识心理与心态之上，也是当时吐蕃人国家精神的生动反映。

关键词：青海夏塔图　吐蕃　棺板画　艺术

Abstract

In 2002, with the excavation of Tubo tombs, a few exquisite painted coffin woods were found in Xiatatumeadow, Gahai town, Delingha city, Haixi prefecture, Qinghai province. So far, according to published materials, at least 12 painted wooden panels were found. The paintings on the wooden panels constitute the topic of this research.

Among the wooden panels of Tubo period, the painted side panels bear the richest content and highest value. As we know, the paintings on the two side panels of one coffin from Tomb 1 (M1) were published completely. Two side panels from Tomb 2 (M2) were published partly. In addition, a lost wooden panel which was also possibly from Xiatatu meadow was occasionally seen in some publications. In this article, from the systematic study and analysis on these wooden coffin paintings, the author thinks that the paintings on the left side wooden panel which centered as the "round tent" are a reappearance of "happy life" concept among the owner of the tomb and related ethnic group. The series paintings of "round tent" and "spirit tent" on the right side reflect the key scenes of local funeral activities at that time. This group of corresponding paintings symbolize the intuitionistic understanding to "life and death" and the ways to deal with "fear of death". The most interesting thing is to "tell" in paintings, to imitate the Bon ritual story telling in Tubo period in order to achieve the occurrence and perpetuation of the "validity" of the ritual.

The paintings of "foursacred beasts" and "twelve year animals" was influenced obviously by the religion and tradition of central China which means that in Tubo period, the people related with Xiatatu tombs also accepted the concept of "life and death" and the infinite universal model from central China.

Since the lack of size and proportion of the published wooden panels, it would be helpful to understand the composition of different kind of wooden panels by the attempt of reconstruction of the painted wooden coffin. On the basis of the analysis of these painted wooden side panels, baffles, cover and soleplate, the author provides three preliminary different reconstructive patterns and hopes to promote the related research.

Because of the inevitable pursue to "validity" of Xiatatu paintings on the wooden panels, it is very important for present – day to reappear local social culture and life at that time in the paintings. This paper for the first, from the ethical and religious view, figures that there were Tuyuhun, Bailanqiang and mercantile Tazi besides Tibetans who were active in Delingha area. On the religious aspect, besides the traditional Tibetan Bon, we can detect the influences of Taoism and Manichaeism from central China. Secondly, from the selective research on the costume, vessels for drinking and weapons, we can see that Tibetan, on the aspect of material civilization, has the strong learning will and ability to absorb neighbouring developed civilization and this strong will and effective result were based on the principal mental consciousness supported by their preponderant military and political power which was also a active reflection of Tibetan national spirit.

Key Words: Xiatatu of Qinghai Province, Tubo, The Paintings on the Wooden Coffin Panels, Art

目 录

引　论 ·· (1)

第一章　夏塔图棺板画的考古发现 ··· (14)

　第一节　夏塔图墓地的地理环境和历史背景 ·· (14)
　　　一　关于墓地的命名 ··· (14)
　　　二　墓地及周边地域的地理环境 ·· (15)
　　　三　相关地区的历史背景与沿革 ·· (18)
　第二节　棺板画的发现与出土墓葬考察 ··· (24)
　　　一　棺板画的发现与墓葬考古发掘 ··· (24)
　　　二　墓葬形制、等级与修建时间 ·· (28)

第二章　夏塔图棺板画图像材料的公布情况 ·· (35)

　第一节　夏塔图彩棺侧板棺板画 ·· (35)
　　　一　夏塔图 M1 彩棺侧板 ·· (35)
　　　二　夏塔图 M2 彩棺侧板 ·· (45)
　　　三　夏塔图墓地或出之流散民间彩棺侧板 ····································· (47)
　第二节　夏塔图彩棺挡板棺板画 ·· (49)
　　　一　彩棺挡板棺板画概况 ·· (49)
　　　二　彩棺挡板棺板画的公布与重新编序 ·· (49)

第三章　夏塔图棺板画既往图像志研究的回顾与分析 ························· (56)

　第一节　本书"图像志"研究方法的一些说明 ····································· (56)
　第二节　夏塔图彩棺侧板彩画图像志 ·· (59)

一　夏塔图 M1 彩棺侧板 ………………………………（59）
　　　二　夏塔图 M2 彩棺侧板 ………………………………（82）
　　　三　夏塔图墓地或出之流散民间彩棺侧板（局部）
　　　　（图 3—15）……………………………………………（90）
　第三节　夏塔图挡板彩画图像志………………………………（95）
　　　一　夏塔图彩棺 1 号挡板（图 3—17）…………………（95）
　　　二　夏塔图彩棺 2 号挡板（图 3—22）…………………（101）
　　　三　夏塔图彩棺 3 号挡板（图 3—25）…………………（105）
　　　四　夏塔图彩棺 4 号挡板（图 3—29）…………………（109）
　　　五　夏塔图彩棺 5 号挡板（图 3—32）…………………（113）
　　　六　夏塔图彩棺 6 号挡板（图 3—33）…………………（114）
　　　七　夏塔图彩棺 7 号挡板（图 3—34）…………………（116）

第四章　夏塔图棺板画结构、配置与彩棺复原的尝试………（120）
　第一节　图像结构与图像配置…………………………………（120）
　　　一　夏塔图彩棺侧板彩画图像结构………………………（120）
　　　二　夏塔图彩棺挡板彩画图像结构………………………（124）
　　　三　夏塔图棺板画配置：以挡板为中心…………………（126）
　　　四　棺板画的艺术品质……………………………………（130）
　第二节　彩棺形制复原的初步尝试……………………………（134）
　　　一　夏塔图棺板的结构……………………………………（134）
　　　二　彩棺形制的复原方案…………………………………（145）

第五章　夏塔图棺板画所涉吐蕃社会文化与生活……………（148）
　第一节　民族与宗教……………………………………………（148）
　　　一　图像志与民族志………………………………………（148）
　　　二　宗教与方术……………………………………………（163）
　第二节　其他社会生活与物质文化问题………………………（169）
　　　一　棺板画人物服饰考要…………………………………（169）
　　　二　棺板画所见酒具………………………………………（181）
　　　三　棺板画所见吐蕃人的骑射……………………………（185）

结　语 …………………………………………………（192）
附　录 …………………………………………………（196）
参考文献 ………………………………………………（201）
索　引 …………………………………………………（211）

Contents

Introduction ·· (1)

Chapter 1 Archaeological Discovery of Xiatatu paintings
on the wooden coffin panels ··· (14)

Section I Geographical andHistorical Background of
Xiatatu Cemetery ·· (14)
  1. Naming of the Cemetery ·· (14)
  2. Geography of the Cemetery and the Surrounding Area ············ (15)
  3. Historical Background and History of the Region in
     Relevant Area ··· (18)
Section II Discovery of Coffin Panel Paintings and
Examination of Excavated Burials ································· (24)
  1. Discovery of Coffin Panel Paintings and Burial Archaeological
     Excavations ··· (24)
  2. Burial Form, Grade and Construction Time ·························· (28)

Chapter 2 Publication of Image Materials for XiatatuCoffin
Panels ·· (35)

Section I The Side Panels of Xiatatu Painted Coffin ················ (35)
  1. Xiatatu Side Panels of One Coffin from Tomb 1 (M1) ··········· (35)
  2. Xiatatu Side Panels of One Coffin from Tomb 2 (M2) ··········· (45)
  3. The Side Panels of the Painted Coffin that May Have Been
     Scattered from the Xiatatu Cemetery ································ (47)

Section II　Coffin Panel Paintings of Xiatatu Coffin Baffle ………（49）
　1. Overview of Painted Coffin Baffle Coffin Panel Painting …………（49）
　2. Publication and Reordering of Painted Coffin Baffle Coffin
　　　Panel Paintin ……………………………………………………（49）

Chapter 3　Review and Analysis of Past Pictorial Studies of Xiatatu Coffin Panel Painting ……………………………………（56）

Section I　Notes on the Research Method of "Iconography"
　　in This Paper …………………………………………………（56）
Section II　Image of Xiatatu painted coffin side panels …………（59）
　1. Xiatatu M1 Color Coffin Side Panel ……………………………（59）
　2. Xiatatu M2 Color Coffin Side Panel ……………………………（82）
　3. The side panel of the colorful coffin of the Xiatatu cemetery
　　　or the exiled folk（partial）……………………………………（90）
Section III.　Xiatatu block-painted image history ………………（95）
　1. Xiatatu Painted Coffin No. 1 baffle ……………………………（95）
　2. Xiatatu Painted Coffin No. 2 baffle ……………………………（101）
　3. Xiatatu Painted Coffin No. 3 baffle ……………………………（105）
　4. Xiatatu Painted Coffin No. 4 baffle ……………………………（109）
　5. Xiatatu Painted Coffin No. 5 baffle ……………………………（113）
　6. Xiatatu Painted Coffin No. 6 baffle ……………………………（114）
　7. Xiatatu Painted Coffin No. 7 baffle ……………………………（116）

Chapter 4　The Structure, Configuration and Attempts to Restore the Painted Coffin of Xiatatu Coffin Panel Painting ……（120）

Section I　Image Structure and Image Configuration …………（120）
　1. Structure of the Painted Images on the Side Panels of the
　　　Xiatatu Painted Coffin …………………………………………（120）
　2. Xiatatu Painted Coffin Baffle Painting Image Structure ………（124）
　3. Xiatatu Coffin Panel Painting Configuration：Centered on
　　　a baffle ……………………………………………………………（126）
　4. The Artistic Quality of Coffin Panel Painting …………………（130）

Section II A Preliminary Attempt to Restore the Shape
of the Painted Coffin ·· (134)
1. Structure of Xiatatu Coffin Board ································ (134)
2. The Restoration Scheme of the Painted Coffin Form ·················· (145)

Chapter 5 Social, Culture and Life of Tubo in the Xiatatu
Coffin Panels ·· (148)

Section I Ethnicity and Religion ·· (148)
1. Iconography & Ethnography ····································· (148)
2. Religion & Secret Recipe ·· (163)
Section II Other Social Life and Material Culture Issues ·········· (169)
1. Costumes of Figures on Coffin Panels ····························· (169)
2. Wine Equipment on Coffin Panels ······························· (181)
3. The Riding and Shooting of TuBo People on Coffin Panels ·········· (185)

Conclusion ·· (192)

Appendix ·· (196)

Bibliography ·· (201)

Index ·· (211)

插图和附表清单

图1—1　夏塔图墓地地貌环境（左：南—北　右：西—东）……… (17)
图1—2　夏塔图墓地发掘区环境远眺 ……………………………… (25)
图1—3　夏塔图 M1 墓圹现状（东—西）………………………… (29)
图1—4　夏塔图 M1 墓室全貌 ……………………………………… (30)
图1—5　夏塔图 M1 混有青石块的墓圹侧壁（东南—西北）…… (31)
图1—6　夏塔图墓地其他墓葬的墓圹侧壁（西—东）…………… (31)
图1—7　夏塔图 M2 墓坑现貌（南—北）………………………… (33)
图1—8　夏塔图墓地"迁葬墓"出土情况（局部）……………… (34)
图2—1　夏塔图 M1 彩棺 2 块侧板全貌 ………………………… (36)
图2—2　最早公开的夏塔图棺板画之图像摄影 ………………… (36)
图2—3　夏塔图 M1 彩棺 A 板棺板画图像摄影全貌及局部详释 …… (37)
图2—4　夏塔图 B 板棺板画全幅图像摄影 ……………………… (38)
图2—5　柳春诚绘夏塔图 M1 彩棺 A 板棺板画线描图 ………… (40)
图2—6　《中国藏学》所载最早公布之夏塔图 M1 彩棺 A 板
　　　　彩色摹绘图像 ………………………………………… (41)
图2—7　柳春诚绘夏塔图 M1 彩棺 A 板全幅彩画摹本 ………… (42)
图2—8　罗世平绘夏塔图 M1 彩棺 A、B 板棺板画线描图 …… (43)
图2—9　绘者佚名之夏塔图 M1 彩棺 B 板彩画线描图局部 …… (44)
图2—10　绘者佚名之夏塔图 M2 彩棺侧板彩画线描图局部
　　　　之一 …………………………………………………… (46)
图2—11　绘者佚名之夏塔图 M2 彩棺侧板彩画线描图局部
　　　　之二 …………………………………………………… (47)
图2—12　夏塔图墓地或出之流散民间彩棺侧板彩画局部 …… (48)
图2—13　夏塔图墓葬彩棺挡板彩画彩色摹绘之一 …………… (50)

图 2—14　夏塔图墓葬彩棺挡板彩画彩色摹绘之二 …………… （52）
图 2—15　夏塔图墓葬彩棺挡板彩画彩色摹绘之三 …………… （52）
图 2—16　夏塔图墓葬彩棺挡板彩画彩色摹绘之四 …………… （53）
图 3—1　夏塔图 M1 彩棺 A 板彩绘摹本 ……………………… （59）
图 3—2　安伽墓石榻背屏《宾主相会图》 ……………………… （63）
图 3—3　夏塔图 M1-B 中骆驼图像 …………………………… （64）
图 3—4　夏塔图 M1-A 棺板画中持角状物者 ………………… （65）
图 3—5　片治肯特 P-86 XXIV-28 号地点南壁壁画所见
　　　　 "来通" 图像 ……………………………………………… （66）
图 3—6　美国克里弗兰艺术博物馆（The Cleveland Museum
　　　　 of Art）藏吐蕃银 "来通" ………………………………… （66）
图 3—7　夏塔图 M1-A 棺板画中腿部绘 "虎纹" 之奔马 …… （70）
图 3—8　夏塔图 M1 彩棺 B 板彩画线描图 …………………… （72）
图 3—9　夏塔图或出流散民间彩棺侧板棺板画中 "双面架鼓"
　　　　 图像 …………………………………………………… （74）
图 3—10　绘者佚名之夏塔图 M1 彩棺 B 板彩画线描图局部 … （75）
图 3—11　夏塔图 M2-B 棺板画线描图局部 ………………… （77）
图 3—12　夏塔图 M2-B 棺板画 "哭泣妇女" 摄影图像 ……… （81）
图 3—13　夏塔图 M2-A 棺板画线描图局部 ………………… （83）
图 3—14　夏塔图 M2-B 棺板画线描图局部 ………………… （86）
图 3—15　夏塔图墓地或出流散民间彩棺侧板棺板画（局部） …… （90）
图 3—16　唐懿德太子墓壁画之 "黄犬" 图像 ………………… （94）
图 3—17　夏塔图挡板-1 棺板画彩绘摹本 …………………… （96）
图 3—18　唐代朱雀（凤凰）纹中之 "蛇颈—蛇腹" 图形 ……… （98）
图 3—19　唐代敦煌壁画中的朱雀（凤凰）纹 ………………… （99）
图 3—20　唐代燃灯台石刻纹样摹本 …………………………… （99）
图 3—21　蒲城高力士墓墓室南壁之朱雀线摹图 …………… （100）
图 3—22　夏塔图挡板-2 棺板画彩绘摹本 …………………… （102）
图 3—23　青海都兰热水血渭吐蕃大墓出土凤纹饰片线描图 … （104）
图 3—24　陕西潼关税村隋代线刻石棺头挡图像线描图 …… （104）
图 3—25　夏塔图挡板-3 棺板画彩绘摹本 …………………… （105）
图 3—26　太原唐温神智墓墓室壁画《玄武图》 ……………… （107）

图3—27	陕西潼关税村隋代线刻石棺足挡图像线描图	（108）
图3—28	太原市焦化厂唐墓墓室北壁壁画《玄武图》线描图	（108）
图3—29	夏塔图挡板-4棺板画彩绘摹本	（109）
图3—30	隋代"四神十二生肖镜"	（112）
图3—31	式图中时空结构示意图	（112）
图3—32	夏塔图挡板-5棺板画彩绘摹本	（113）
图3—33	夏塔图挡板-6棺板画彩绘摹本	（115）
图3—34	夏塔图挡板-7棺板画彩绘摹本	（116）
图3—35	陕西潼关税村隋代石棺棺盖前额兽首线描图	（117）
图3—36	河北磁县湾漳北朝墓墓道东壁之"畏兽"线描图	（118）
图3—37	青海乌兰中古壁画墓漆棺挡板"兽首"图像	（119）
图4—1	夏塔图M1-A彩画图像"并列性"结构示意图	（121）
图4—2	夏塔图M1-B彩画图像"并列性"结构示意图	（123）
图4—3	夏塔图挡板-6所属挡板整体图像结构假想图	（125）
图4—4	式图中象征空间结构的"四方配阴阳"示意图	（129）
图4—5	夏塔图挡板-2与夏塔图挡板-4尺寸推算对比示意图	（129）
图4—6	大同智家堡棺板画线描摹本	（131）
图4—7	蚕种西渐传说图（奉献板绘）	（133）
图4—8	夏塔图棺板画所见山峦图像与敦煌莫高窟初唐"山水画"	（133）
图4—9	夏塔图M1-A纵向固定梁铁钉痕迹与上沿"凹口"	（134）
图4—10	夏塔图侧板Ⅰ型结构示意图	（135）
图4—11	夏塔图侧板Ⅱ型结构示意图	（136）
图4—12	夏塔图侧板Ⅲ型结构示意图	（136）
图4—13	夏塔图挡板Ⅰ型结构示意图	（137）
图4—14	夏塔图挡板Ⅱ型结构示意图	（138）
图4—15	夏塔图挡板Ⅲ型结构示意图	（138）
图4—16	美国纳尔逊-阿特肯斯美术馆藏北魏石棺线刻"木棺"图像	（140）

图 4—17	都兰吐蕃墓或出镀金银"棺形"舍利容器及其顶盖结构	(140)
图 4—18	夏塔图彩棺侧板"凹口"的结构功能	(141)
图 4—19	新疆民丰尼雅95MN1M3 木棺棺身	(142)
图 4—20	青海乌兰县巴音乡吐谷浑彩棺棺盖局部	(143)
图 4—21	四川芦山县东汉末王晖石棺	(143)
图 4—22	夏塔图 M1 墓室地面所见"木框"局部	(144)
图 4—23	夏塔图彩棺棺底结构与功能示意图	(144)
图 4—24	新疆和田出土于阗贵族"四神"彩棺	(145)
图 4—25	夏塔图彩棺复原方案 - 1 四向视图	(146)
图 4—26	夏塔图彩棺复原方案 - 2 四向视图	(147)
图 4—27	夏塔图彩棺复原方案 - 3 四向视图	(147)
图 5—1	夏塔图 M1 - A 棺板画《射牛图》中戴各式头巾的吐蕃男子	(150)
图 5—2	青海乌兰县巴音乡吐谷浑彩棺棺盖上的射牦牛骑士	(151)
图 5—3	青海乌兰县巴音乡吐谷浑彩棺侧板上的吐谷浑男子	(151)
图 5—4	夏塔图 M1 - A《商旅图》中非"主体民族"骑士	(152)
图 5—5	夏塔图 M1 - B《幡帘招魂图》中非"主体民族"骑士	(153)
图 5—6	吐鲁番出土摩尼教画卷上摩尼教"选民"的首服	(154)
图 5—7	夏塔图 M1 - B《灵帐哭丧图》中非"主体民族"人物（上、中）	(156)
图 5—8	夏塔图 M2 - A 棺板画线描图局部	(156)
图 5—9	夏塔图 M2 - B 棺板画线摹图局部	(157)
图 5—10	夏塔图挡板 - X 棺板画黑白摄影图像之局部	(158)
图 5—11	山西大同沙岭北魏墓壁画中着"山"形帽的骑士	(159)
图 5—12	青海海西州乌兰县中古墓葬壁画中戴"山"形帽妇女	(159)
图 5—13	夏塔图 M1 - A 棺板画《野合图》	(166)
图 5—14	四川新都东汉末画像砖《野合图》	(166)
图 5—15	四川新都东汉末画像砖《嬿婉图》	(166)

图 5—16	青海海西州乌兰县中古墓葬壁画中建筑上的"火珠"	(168)
图 5—17	公元前 8 世纪末萨贡二世宫殿浮雕中着"卡夫坦"的巴勒斯坦朝贡者	(170)
图 5—18	新疆民丰尼雅遗址出土"卡夫坦"式锦袍	(170)
图 5—19	夏塔图 M1－A 棺板画中着"卡夫坦"的人物	(172)
图 5—20	唐薛儆墓石椁线刻画中着"卡夫坦"人物	(172)
图 5—21	新疆民丰尼雅遗址出土"丘尼克"类型黄绢衫	(173)
图 5—22	唐金乡县主墓着"锦半臂"牵马俑	(174)
图 5—23	夏塔图 M1－A 棺板画《射牛图》中着"锦半臂"人物	(175)
图 5—24	夏塔图 M2－B 棺板画《骑射图》中着"锦半臂"骑士	(175)
图 5—25	Pritzker 收藏之公元 8 世纪"半臂"样式"童装"	(176)
图 5—26	传唐阎立本《步辇图》中着中西亚风格锦袍的禄东赞	(176)
图 5—27	新疆克孜尔石窟龟兹壁画人物的"半臂"	(177)
图 5—28	重庆化龙桥东汉墓出土着"半臂"舂杵女陶俑	(177)
图 5—29	夏塔图 M1－A《宴饮图》中妇女的服饰	(178)
图 5—30	敦煌莫高窟 390 窟隋代壁画中披大袍的女供养人	(178)
图 5—31	夏塔图 M2－B 棺板画《宴饮图》中穿着斗篷的人物	(180)
图 5—32	云南晋宁石寨山汉代贮贝器上披斗篷人物	(180)
图 5—33	片治肯特壁画中的"火坛"与"大酒瓮"	(182)
图 5—34	夏塔图棺板画中的"特型"大酒瓮	(183)
图 5—35	夏塔图 M1－A《宴饮图》所见高脚杯	(183)
图 5—36	江西南朝墓出土高脚杯与高足盘	(183)
图 5—37	夏塔图 M1－A《射牛图》中盛于托盘中的酒杯	(184)
图 5—38	陕西三原唐李寿墓石椁线刻《侍女图》中盛于托盘中的酒杯	(184)
图 5—39	拉萨曲贡新石器时代晚期遗址出土陶杯	(185)
图 5—40	夏塔图 M1－A 棺板画《狩猎图》	(186)

图 5—41　夏塔图 M1-B 棺板画《击鼓骑射图》局部 …………（187）
图 5—42　夏塔图 M2-B 棺板画《骑射图》局部 ……………（187）
图 5—43　夏塔图侧板-X 棺板画"骑射"图像局部 …………（187）
图 5—44　夏塔图棺板画所见吐蕃复合弓 ……………………（189）
图 5—45　吉林集安高句丽"舞踊墓"《狩猎图》中的弓 ……（190）
图 5—46　西安北周安伽墓石榻正面屏风第 2 幅中的"箭箙" ……（190）
表 4—1　夏塔图彩棺 A 板彩画图像母题对比表………………（120）
表 4—2　夏塔图彩棺 B 板彩画图像母题对比表………………（122）

引　论

一　研究目的与意义

夏塔图棺板画，亦称"郭里木棺板画"，本书中指2002年8月在青海省海西蒙古族藏族自治州德令哈市尕海镇（原郭里木乡）① 东北之夏塔图草场的吐蕃时期（7世纪初期至9世纪后期）墓葬中，出土的彩棺棺板上的彩画图像文本。② 而这些经历岁月磨蚀与盗墓者摧残而万幸保留至今的重要图像，目前已知的部分均属于彩棺的侧板与前后挡板。

这批棺板画图像除了使学术界大感兴趣外，也因有媒体的参与而为社

---

① 按青海省人民政府青政函〔2001〕11号文批复：2001年2月21日起，撤销郭里木乡，设立并命名为尕海镇，http://www.xzqh.org.cn/quhua/63qh/28haixi.htm（2001年2月21日）。另外，关于这批棺板画以及所出墓地的命名问题，后文还有专门论述。
② 本书之"图像文本"可包括两层意思。第一，强调图像材料的物质间接性。目前，笔者能够见到的已公开的夏塔图棺板画图像，均为各类平面载体对图像实物的再现。由于摄影、摹绘、印刷技术或电子显示技术等多重因素之局限，"再现图像"在色彩、造型等方面多少会与源图像存有差异。第二，强调图像材料的形式属性。本书"文本"一词，亦取意王明珂研究中"文本"（text）之概念。其大约是指在研究取向上，将可资有目的研究之各类型对象——自然也应包括考古图像——均视为在特定"情境"（context，亦可简单释为"背景"）下可互映之物。故其也是对某种"社会本相"（social reality）再现的一种形式结构（参见王明珂《羌在汉藏之间：川西羌族的历史人类学研究》，中华书局2008年版，第1页）。其中，第一层意思表明，阶段性是本研究最为重要的特征之一，而图像资料的任何进展可能都会对本书中任何结论性观点产生影响；第二层意思暗示，虽然本书标题有"艺术研究"字眼，但"历史意象"也是研究者非常重视的方向。因为，本书"图像"——夏塔图棺板画——研究归根结底是希望了解一定时空环境下的一些相关"社会本相"。

会广泛注意。① 而棺板画图像本身的特殊性无疑是最为重要的原因。本书认为，其特殊性与重要研究意义至少有以下几点：

第一，图像整体结构模式特殊，具有重要美术史研究价值。夏塔图棺板画侧板彩画图像，是一种类似中古时期墓葬壁画般的"情景式"多母题融合型构图。虽然，"情景式"彩棺图像形式在宁夏、山西等地出土棺板上也有发现，② 但往往是以各种线状连续图纹区隔画面，形成清晰而略显生硬的独立图像母题形式。夏塔图棺板画这种"壁画模式"或曰"融合型"彩棺图像是如何发生、发展的？其图像程序安排技术的渊源有哪些？它为何能够产生于极度干旱的柴达木盆地东北缘？这类问题如能较合理解答，不仅对青海吐蕃时期丧葬美术，甚至对中国古代丧葬美术研究亦具重要意义。要之，它无疑对中国古代美术史研究的丰富与发展亦多裨益。

第二，图形、图像母题及其配置形式特殊，具有丰富的图像志研究内涵。

无论是对应具体造型个体的"图形"（或曰"艺术母题"）、对应具体情境的"图像母题"，以及图像配置关系方面，在辨认和识读它们时，夏塔图棺板画研究者之间常常存在许多分歧。这在表明研究对象复杂性的同时，也从侧面反映出夏塔图棺板画研究中，这些"图像志"范畴问题的多样性。考虑到吐蕃时期历史研究的特殊性，夏塔图棺板画给我们提供的图像志内容之意义，应该已经超越图像学研究的领域。

第三，图像所映照"社会本相"之外观生动、丰富而又神秘，是青海西部吐蕃时期社会生活、民族关系与区域文化发展研究的重要"文本"。考古图像是历史研究最为重要的"文本"形式之一，而对于该区

---

① 夏塔图棺板画自2002年发现之始，即在非典型学术性平面媒体刊出了图像摄影局部图［参见许新国、刘小何《青海吐蕃墓葬发现木板彩绘》，《中国西藏》（中文版）2002年第6期］。此后，国内外一些纸质或电子媒体均对其相关情况有所报道［参见《青海日报》2003年10月10日第B4版；China Heritage Project. 2005. "New Discoveries in Qinghai". China Heritage Newsletter 1（online journal）. (http://www.chinaheritagequarteriy.org/articles.php?Searchterm=001_qinghai.inc&issue=001)］。特别是《中国国家地理》2006年第3期对其相关发现与研究情况进行大篇幅报道后［《中国国家地理·青海专辑（下辑）》］，更是激发了学术界新一轮的研究高潮，促使相关研究达到了新的水平。

② 参见宁夏回族自治区固原博物馆、中日原州联合考古队《原州古墓集成》，文物出版社1999年版，第15页、图版17—18；刘俊喜、高峰《大同智家堡北魏墓棺板画》，《文物》2004年第12期；大同市考古研究所《山西大同沙岭北魏壁画墓发掘简报》，《文物》2006年第10期。

域存世文字史料相对较少的吐蕃时期历史而言，其研究价值更显得突出。按图像学研究观点，图像志分析依赖"原典知识"，即对特定主体和概念的熟悉。① 而实在与真实的考古遗存，在直观印证原典的同时，又何尝不能矫正人们头脑中许多有关"望文生义"的观念甚至思想呢？关于图像学研究与观念史或思想史的联系，葛兆光先生有颇为深入的讨论，② 兹不赘述。

综上，夏塔图棺板画研究应该不会是单向性与内聚性的，其起于"视觉"而着落于"观念"，入于"艺术"而出于"社会本相"。因此，其研究目的与意义亦是多重性与开放性的。

二 既往相关研究

夏塔图棺板画发现至今已逾七载，其相关图像材料至少到 2009 年初还一直有新的公布。在这一过程中，许多国内外历史学与考古学、民族学、美术学等社会科学领域的学者，甚至一些自然科学学者与非专业领域的学术爱好者，都不断将研究的目光和热情予以倾注。所取得的诸多成果，对后续研究亦多裨益与启发。以下按公开发表时间顺序，对夏塔图棺板画研究有关情况予以介绍。

2002 年底，青海省文物考古研究所许新国先生等撰《青海吐蕃墓葬发现木板彩绘》一文，最早公开了夏塔图棺板画的考古发现概况。该文对墓葬形制、出土文物，特别是还对合葬墓中保存最好的一块彩棺侧板棺板画的内容进行了初步论述。文中还配发了 2 幅目前唯一公开的墓葬发掘状态摄影图片，以及 3 幅彩棺侧板彩画摄影图像局部。③ 这对于了解墓葬形制

---

① Panofsky, E. (1939): *Studies in Iconology: Humanistic Themes in the Art of the Renaissance*, New York, Oxford University Press, pp. 6 – 12.
② 参见葛兆光《思想史研究视野中的图像》，《中国社会科学》2002 年第 4 期；葛兆光《思想史家眼中之艺术史——读 2000 年以来出版的若干艺术史著作和译著有感》，《清华大学学报》（哲学社会科学版）2006 年第 5 期。
③ 参见许新国、刘小何《青海吐蕃墓葬发现木板彩绘》，《中国西藏》（中文版）2002 年第 6 期。另据霍巍《青海出土吐蕃木棺板画的初步观察与研究》，许新国先生 2008 年 8 月在北京召开的"西藏考古与艺术国际学术讨论会"上，向与会者首次公布了部分夏塔图棺板画图像（估计是摄影图像），载《西藏研究》2007 年第 2 期。不过，这种会议内部的展示一般不允许他人转用，严格而言不应算公开材料。故仍以前者为是。

与棺板画出土时的形态，具有重要参考价值。2003 年 10 月上旬，《青海日报》在第 B4 版分三期刊载了许新国题为《郭里木吐蕃墓葬棺板画内容试探》的文章，对棺板画内容进行了进一步讨论；2004 年至 2005 年初，与之大致相似内容也以《郭里木吐蕃墓葬棺版（板）画》的题目，在《柴达木开发研究》中分上下两期发表。① 2004 年 8 月 7 日，"新华网（青海）"发布了有关短讯，并附棺板画局部彩色摄影图像 1 幅。② 2004 年末，柳春诚、程起骏合撰《吐谷浑人绚丽多彩的生活画卷——德令哈市郭里木乡出土棺板画研读》，以比较浪漫的文笔对前述那幅棺板画进行了详尽分析，并附上 1 幅全幅线描图。该文还得出了墓主为吐谷浑人的结论。③

2005 年初，许新国先生在《中国藏学》发表了《郭里木吐蕃墓葬棺板画研究》。这是一篇关于夏塔图棺板画研究较重要的学术性文章。文章对若干彩棺挡板与侧板彩画图像进行了颇为详尽的研究，并对应公布了 3 块挡板彩画和 3 幅侧板局部彩画的高质量彩绘摹本图像。④ 以后相关研究对之多有引用。某种程度而言，该文的发表标志着夏塔图棺板画在发现差不多两年半后，相关研究终于进入主流学术领域。这批珍贵的考古图像开始逐步获得它在吐蕃时期历史与文化研究中应有的位置与评价。同年 3 月，澳大利亚在线杂志《中国遗产》（*China Heritage*）也以"青海新发现"（*New Discoveries in Qinghai*）为题，报道了这批棺板画发现与研究概况。⑤ 这表明夏塔图棺板画的影响已经播至海外。

2006 年 3 月，《中国国家地理·青海专辑（下辑）》以 15 个版面、14 张高质量彩色摄影与摹绘图像——包括若干新图像——的规模，并邀请国内相关领域 3 位学者，专题性讨论了夏塔图棺板画所反映的历史、民族与

---

① 参见许新国《郭里木吐蕃墓葬棺版画（上）》，《柴达木开发研究》2004 年第 2 期；《郭里木吐蕃墓葬棺板画（下）》，《柴达木开发研究》2005 年第 1 期。另外，此文题目与文中用"棺版画"而非"棺板画"，但在《郭里木吐蕃墓葬棺板画（下）》中改为后者。
② 参见 http：//www. qh. xinhuanet. com/wszb/2004 - 08/07/content_2641380. htm （2004 年 8 月 7 日）。
③ 柳春诚、程起骏：《吐谷浑人绚丽多彩的生活画卷——德令哈市郭里木乡出土棺板画研读》，《中国土族》2004 年冬季号。该文后又以"郭里木棺板画初展吐谷浑生活"的题目，在《柴达木开发研究》2005 年第 2 期再次发表。
④ 许新国：《郭里木吐蕃墓葬棺板画研究》，《中国藏学》2005 年第 1 期。
⑤ China Heritage Project. 2005. "New Discoveries in Qinghai". *China Heritage Newsletter* 1 （online journal）（http：//www. chinaheritagequarteriy org/articles. php？searchterm = 001_qinghai. inc&issue = 001）.

艺术等方面情况。①从而使这批棺板画的考古发现成为了具有社会知名度的文化事件，这也无形中激励了学术界的研究热情。至此，夏塔图棺板画研究进入了一个全新的密集发展阶段。该年稍晚，《文物》第7期刊登了罗世平先生的论文《天堂喜宴——青海海西州郭里木吐蕃棺板画笺证》。罗文在研究水平与新图像公布方面，均对之前研究有一定超越。特别是文中所附2幅夏塔图合葬墓彩棺侧板全幅线描图，大大方便了以后学者们对夏塔图棺板画的研究。②这无疑是一件功德事。这年7月出版的许新国论文集《西陲之地与东西方文明》中录文《郭里木乡吐蕃墓葬棺板画研究》，在《郭里木吐蕃墓葬棺板画研究》基础上，除扩充了一些吐谷浑历史资料外，还新公开了1幅彩棺挡板彩画的全幅彩绘摹本。③同年8月，林梅村在所著《丝绸之路考古十五讲》录文《青藏高原考古新发现与吐蕃权臣噶尔家族》中，又利用这批材料将他在上揭《中国国家地理》中墓主族属"苏毗人"之说发扬光大，继续为相关研究添热。④2006年内，这类利用夏塔图棺板画为研究佐证的论文，还包括了程起骏《吐谷浑人血祭、鬼箭及马镫考》、⑤李永宪《再论吐蕃的"赭面"习俗》⑥等。

2007年初，霍巍先生撰《西域风格与唐风染化——中古时期吐蕃与粟特人的棺板装饰传统试析》⑦、许新国先生撰《试论夏塔图吐蕃棺板画的源流》⑧，不约而同地强调了粟特艺术与文化因素对夏塔图棺板画的影响问题。这种具有启发性的研究，为更深刻理解夏塔图棺板画的内涵提供了新

---

① 程起骏、罗世平、林梅村撰文，柳春诚绘图，关海彤摄影：《棺板上画的是什么人？》，《中国国家地理·青海专辑（下辑）》2006年第3期。
② 罗世平：《天堂喜宴——青海海西州郭里木吐蕃棺板画笺证》，《文物》2006年第7期。
③ 许新国：《西陲之地与东西方文明》，北京燕山出版社2006年版，第300—322页、图版十二—十五。
④ 参见林梅村《丝绸之路考古十五讲》，北京大学出版社2006年版，第268—277页。另据霍巍先生撰文所记，该文曾以同名作为会议论文在2006年香港举行的"亚洲新人文联网'中外文化与历史记忆学术讨论会'"提交，参见霍巍《青海出土吐蕃木棺板画的初步观察与研究》，《西藏研究》2007年第2期。
⑤ 程起骏：《吐谷浑人血祭、鬼箭及马镫考》，《柴达木开发研究》2006年第1期。
⑥ 李永宪：《再论吐蕃的"赭面"习俗》，《国立政治大学民族学报》（台湾）第25期，2006年12月。
⑦ 霍巍：《西域风格与唐风染化——中古时期吐蕃与粟特人的棺板装饰传统试析》，《敦煌学辑刊》2007年第1期。
⑧ 许新国：《试论夏塔图吐蕃棺板画的源流》，《青海民族学院学报》（社会科学版）2007年第1期。

的路径。另外,《西域风格与唐风染化——中古时期吐蕃与粟特人的棺板装饰传统试析》还对夏塔图墓地或出、流散民间的2块彩棺侧板,做了"图像志"性质的文字描述。此乃这2块棺板彩画最早的内容介绍。① 而许新国撰文首次启用"夏塔图"地望名谓,客观上也为规范墓葬、棺板画等考古遗存命名提供了契机。这一年最重要的相关研究论述,笔者认为应该是霍巍先生的《青海出土吐蕃木棺板画的初步观察与研究》。该文第一次比较清楚与准确地介绍了夏塔图墓地棺板画出土的考古学背景,并首次以文字形式对夏塔图墓地所谓"迁葬墓"出土彩棺的2块侧板之彩画内容,进行了"图像志"性质的描述。这也是目前所见关于这2块侧板棺板画具体情况的唯一确定文本。在此基础上,文章还比较深入地讨论了这批图像的母题来源及其所反映的"族属问题"。② 可以说,文中一些内容对笔者后续相关研究具有重要意义与影响。另外,霍巍先生同年发表的《青海出土吐蕃木棺板画人物服饰的初步研究》一文,除了对棺板画人物服饰进行了系统研究外,还公布了一些新的图像,包括了1幅已公布棺板画新版线描图,和1幅从未面世的夏塔图或出已流散民间彩棺侧板彩画摄影图像黑白效果图。③ 2007年出版的《藏学学刊》第3辑《吐蕃与丝绸之路研究专辑》收录学术论文中,有林梅村撰《试论唐蕃古道》、李永宪撰《略论吐蕃的"赭面"习俗》、仝涛撰《木棺装饰传统——中世纪早期鲜卑文化的一个要素》、李瑞哲撰《入华粟特人商业活动的特点浅析》4篇涉及夏塔图墓地出土的棺板画材料。④ 其中,仝涛先生的论文缘其在夏塔图彩棺形制、棺板画母题以及"赭面"习俗渊源等方面的观点,而被认为较重要。2007年,这种佐用夏塔图棺板画材料,进行青藏历史、特别是吐蕃时期社会经济、文化艺术研究的论文,仅笔者查知者还有谢静《敦煌莫高窟〈吐蕃赞普礼佛图〉中吐蕃族服饰初探——以第159窟、第231窟、第360窟

---

① 文中介绍的第1块夏塔图或出、流散民间的棺板画,之后再也未见任何形式的材料公开,参见霍巍《西域风格与唐风染化——中古时期吐蕃与粟特人的棺板装饰传统试析》,《敦煌学辑刊》2007年第1期。
② 霍巍:《青海出土吐蕃木棺板画的初步观察与研究》,《西藏研究》2007年第2期。
③ 霍巍:《青海出土吐蕃木棺板画人物服饰的初步研究》,《艺术史研究》第9辑,中山大学出版社2007年版。
④ 参见林梅村《试论唐蕃古道》、李永宪《略论吐蕃的"赭面"习俗》、仝涛《木棺装饰传统——中世纪早期鲜卑文化的一个要素》、李瑞哲《入华粟特人商业活动的特点浅析》,《藏学学刊》第3辑,四川大学出版社2007年版。

为中心》①、霍巍《一批流散海外的吐蕃文物的初步考察》② 等。有趣的是，在青藏地区"赭面"习俗的国外研究中，也有1篇题为《"赭面"妇女》（The Red-faced Women）的文章使用了夏塔图棺板画的图像资料。文中还认为"赭面"应该是一种吐谷浑传统（Azha tradition）。③ 2007年在《第四纪研究》上刊载的似乎是与夏塔图棺板画没有直接关系的地理学学术论文《柴达木盆地东北部3500年树轮定年年表的初步建立》，实际上对夏塔图棺板画研究亦具有重要作用。该文载研究者从包括出土棺板画的4座夏塔图墓葬中，采集了"椁木、棺木和封土柏木"等样本用于大跨度树轮定年年表制定。而对样本的交叉定年，几乎就可以将墓葬建造时间精确到年。④ 这无疑对确定夏塔图棺板画产生的历史背景，提供了最为科学与准确的依据。相关明确的研究结果，在次年的另外1篇有关论文中就得以公布。

2008年，《考古》第2期刊登的由王树芝、邵雪梅、许新国、肖永明等合撰《跨度为2332年的考古树轮年表的建立与夏塔图墓葬定年》一文明确指出，经树轮交叉定年测定：出土夏塔图棺板画的"合葬墓"建造时间为公元756年，所谓"迁葬墓"则建于公元757年。⑤ 该年7月，肖永明发表《树木年轮在青海西部地区吐谷浑与吐蕃墓葬研究中的应用》，肖文利用上文成果对青海西部地区中古时期墓葬进行了分类研究，倾向认为夏塔图墓葬的族属可能是"土著"吐谷浑人。⑥ 这年，美国藏学家John Vincent Bellezza在其所著《象雄：西藏文明的根基》（Zhang Zhung: Foundations of Civilization in Tibet）的第一部分，也谈到了夏塔图棺板画相关问题。⑦ 2008年末，笔者撰文《考古发现所见吐蕃射猎运动——以郭里木吐

---

① 谢静：《敦煌莫高窟〈吐蕃赞普礼佛图〉中吐蕃族服饰初探——以第159窟、第231窟、第360窟为中心》，《敦煌学辑刊》2007年第2期。
② 霍巍：《一批流散海外的吐蕃文物的初步考察》，《故宫博物院院刊》2007年第5期。
③ The red-faced men Ⅲ: The red-faced women, http://earlytibet.com/2007/10/05/red-faced-men-iii/（2007年10月5日）。
④ 邵雪梅、王树芝、徐岩、朱海峰、许新国、肖永明：《柴达木盆地东北部3500年树轮定年年表的初步建立》，《第四纪研究》2007年第4期。
⑤ 王树芝、邵雪梅、许新国、肖永明：《跨度为2332年的考古树轮年表的建立与夏塔图墓葬定年》，《考古》2008年第2期。
⑥ 肖永明：《树木年轮在青海西部地区吐谷浑与吐蕃墓葬研究中的应用》，《青海民族研究》2008年第7期。
⑦ John Vincent Bellezza: Zhang Zhung: Foundations of Civilization in Tibet, 2008. broschiert.

蕃棺板画为对象》，对夏塔图棺板画所反映的吐蕃射猎用具、技术等进行了初步分析。①

2009年初，霍巍先生在《考古学报》上发表了题为"吐蕃系统金银器研究"的重要论文。文中在讨论一种吐蕃银瓶的形制特征时，使用了1幅以前未曾公开的"郭里木乡发现的二号棺板画"线描图。作者极富创见地将二者所见"醉胡"图像题材进行了比较研究，提出了这种图像母题很有可能是吐蕃人所固有的观点。② 这年8月，国外学者Matteo Compareti在发表的论文《克什米尔和西藏所见伊朗因素：克什米尔和西藏艺术中的萨珊波斯与粟特之影响》（Iranian Elements in Kaśmīr and Tibet: *Sasanian and Sogdian Borrowings in Kashmiri and Tibetan Art*）中认为，夏塔图棺板画中骑射、帐前欢宴等图像，总体应该归于古代流行于欧亚大陆的射猎图像母题，而该母题乃是源于伊朗之传统。③

综上所述，可以发现从2002年度至2009年，夏塔图棺板画的有关研究大体经历了以下三个阶段：第一阶段（2002—2004年），研究者基本局限于青海省内少数夏塔图棺板画考古发现情况的早期知情者，相关成果多载于当地平面媒体和一般期刊。国内外学术界对之总体了解不多。第二阶段（2005—2007年），以许新国《郭里木吐蕃墓葬棺板画研究》为发端、以《中国国家地理·青海专辑（下辑）》所刊相关内容为推手，夏塔图棺板画学术研究进入全面发展时期，其影响甚至开始播于海外。此阶段前期和中期，研究活动紧密聚焦于棺板画本体，相关成果多且水平颇高；后期研究视角开始扩散，以相关材料为佐证之研究渐多。学者中以许新国、罗世平、霍巍等3人研究着力最为勤，成果亦最多而优。第三阶段（2008年至今），使用夏塔图棺板画为佐证材料之关联性研究成为主流。其中，以自然科学学者的研究介入最为令人瞩目，而夏塔图墓葬建造时间的精确定年则无疑是此期研究工作中的亮点。总之，尽管在夏塔图棺板画研究中仍存在材料散乱、图像识读有瑕疵以及研究方法相对单一等问题，但既往研究取得成果之丰硕且极富价值无疑是绝对的主调。笔者甚至相信在这些重要成

---

① 马冬：《考古发现所见吐蕃射猎运动——以郭里木吐蕃棺板画为对象》，《西安体育学院学报》2008年第6期。
② 霍巍：《吐蕃系统金银器研究》，《考古学报》2009年第1期。
③ Matteo Compareti. Iranian Elements in Kaśmīr and Tibet: *Sasanian and Sogdian Borrowings in Kashmiri and Tibetan Art*. Transoxiana 14, Agosto 2009.

果襄助之下,"夏塔图(或郭里木)棺板画"这一名称或许还会随着研究的不断推进,成为吐蕃历史、特别是吐蕃艺术史研究中一个符号性的词汇。

三 研究内容、体例及方法

(一)研究主要内容

本书研究内容包括五章,其内容大体可分为三个部分。

第一部分主要是对夏塔图棺板画及其所出墓地、墓葬的命名、地理环境、历史沿革、形制以及其他相关考古情况进行论述。这部分内容设置是为了厘清考古学背景,这是对任何人类文明遗存进行研究的基本前提。对夏塔图棺板画出土地域的历史沿革与环境变化、墓葬形制与发现过程等方面情况有相对准确了解,无疑会赋予后续各维度研究一种恰当的"大局性"指导与合理观察坐标。

第二部分是本书的核心部分,相关研究内容分为三章,主要围绕夏塔图棺板画展开一系列图像学范畴的深入研究。首先,我们认为,对已公开图像材料与既往相关研究进行尽量全面地整理与深入分析,是一项具有现实针对性的研究内容。由于种种主客观原因,夏塔图墓葬的考古报告或简报至今没有发布,而棺板画图像材料或曰图像文本的公布情况,也非常令人遗憾地总体表现为一种散乱与淆杂的无系统模糊状态。因此,对已公开所有夏塔图棺板画图像材料之各方面情况——例如图像类型、公布时间、图像形式、图像质量等——进行尽量全面地梳理,就成为本书一项重要前置任务。同时,这种以时间顺序为纵轴的排比,也可以比较清楚地描述夏塔图棺板画图像研究工作的"事件式"发展脉络。

其次,目前已经发表的夏塔图棺板画研究成果中,基本包含了不同比例的"图像志"内容。然而,由于图像本身质量或识读者对相关研究技术的掌握情况等问题,夏塔图棺板画图像志研究继续深入的空间依然存在,甚至一些"前图像志描述"(preiconographical description)的问题,[1] 也仍需进一步讨论。要之,对所有已知相关图像进行系统整理,并进行全面的

---

[1] 所谓"前图像志描述",乃指对艺术品(图像)题材或意义之最浅近层次的第一性或自然题材之纯形式世界(或曰"艺术母题世界")内容的逐一列举。参见 Panofsky, E. (1939): *Studies in Iconology: Humanistic Themes in the Art of the Renaissance*, New York, Oxford University Press, p. 7。

图像志研究，肯定也是本书上半部分的主要内容之一。同时，本书还希望图像研究多少能够有助于加深我们对其所附丽之彩棺结构形制的认识，进而鼓励我们对彩棺结构复原进行一些初步尝试。图像研究、特别是绘画性图像研究，对于具体绘画技术的讨论是不应该或缺的。可能由于研究者的兴趣取向或研究习惯等原因，目前讨论棺板画绘画具体技术与艺术品质的研究似乎并不很多。因此，本书也将对夏塔图棺板画之构图、色彩、造型等美术学相关问题进行一些初步的讨论。这也许会有助于我们从另一个侧面去理解夏塔图棺板画的主人与绘者以及他们生活的那个时代的物质与精神世界。

第三部分则是在图像研究的基础上，对相关社会生活与文化问题进行择要性的讨论。在这里，我们首先据夏塔图棺板画所反映的民族与宗教有关问题展开分析和论述，内容包括对图像所示民族类别、墓主族属等问题提出一些自己的看法。其次，就棺板画所流露中世各类宗教的痕迹，进行重新识别与梳理。夏塔图棺板画中令今人最为疑惑、也是公认最富争议的"性爱"画面，现在已知对其注解之说目前大约有以下四种：其一，萨满巫师祈多子多福之生殖崇拜说；① 其二，密宗金刚乘双身图像之早期形态说；② 其三，苏毗人"一夫多妻"习俗反映说；③ 其四，苯教丧葬仪轨中神秘巫术说。④ 本书对之认识与以上诸说有所区别，故亦于此节做一专题参与争鸣。

这一部分还对棺板画所反映的其他一些关乎社会生活与物质文化的内容进行了选择性研究。服饰，作为一种能够敏锐反映社会状态与意识变迁、且具呈外共睹属性的物质载体，其考古实物或图像在有关研究中一直具有极其特殊的价值。夏塔图棺板画是目前所见最集中、最丰富反映吐蕃时期服饰状况的考古图像资料，尽管有学者已经对之进行了相当深入与精到的研究，⑤ 然其中可以继续深入的窍点依然零星可见。笔者曾有服装学专

---

① 柳春诚、程起骏：《吐谷浑人绚丽多彩的生活画卷——德令哈市郭里木乡出土棺板画研读》，《中国土族》2004 年冬季号。
② 许新国：《郭里木吐蕃墓葬棺板画研究》，《中国藏学》2005 年第 1 期。
③ 林梅村：《丝绸之路考古十五讲》，北京大学出版社 2006 年版，第 273—275 页。
④ 霍巍：《青海出土吐蕃棺板画的初步观察与研究》，《西藏研究》2007 年第 2 期。
⑤ 霍巍：《青海出土吐蕃木棺板画人物服饰的初步研究》，《艺术史研究》第 9 辑，中山大学出版社 2007 年版。

门知识的学习经历,故缘借材料之力及些许兴趣,斗胆拟择其要者而考之。

(二) 体例选定的一些理由

本书对以上内容的体例安排,首先是基于对夏塔图棺板画图像材料实际情况的考虑。我们认为,进行深入而系统研究的前提,必是利用技术手段使研究对象处于相对确定的状态。材料梳理工作的作用正在于此。而其本身无疑也是整个研究之重要组成。其次,在"图像志"研究环节设定"回顾与分析"的研究方法导向与研究内容结构,也是在兼顾研究对象已知材料新奇却相对单一情况下,力求更好适应既往研究之成果也丰、争论也多之热闹局面所使然。同时,多少亦含有笔者检点与学习先贤学问轨迹的心意。再次,参酌既往研究中存有继进空间的方面,对前人所虑不多或争议较大的具体问题提出些个人认识,也是后进晚辈无知无畏阶段稍显方便做的事情:一则更易把握,二则顾虑也少。最后,虽然图像学研究,是一切冠名"艺术史"之研究的核心,但是既然有"史",则"艺术"研究最后往往要归于古代人们所谓"观念"之物化或视觉化外观的范畴。观念背景,其大者又往往不脱"民族""宗教"与"物质文化"三者。择其要者进行初步研究,似乎既符合所谓学问规律,也与笔者能力与视野局限的现实颇有相符。如此,也能够让文中一些可能的、必然的错误,多少囿于一个可以容忍的程度。

(三) 研究的基本方法

由于夏塔图棺板画是考古发现的古代非汉族地区之丧葬艺术图像,因此,就总体情况而言,历史学一般研究方法应该是本书比较基本的研究手段之一。同时,夏塔图棺板画的图像属性和相关图像文本整理的现实需要,使图像志研究方法在具体研究中所占比例不小,而涉及观念史的研究,图像学分析也是必不可少的。这些总体都应属于图像学研究方法范畴。至于夏塔图棺板画及其所出墓葬的文化属性与墓主族属等问题的讨论,可以想见必然要借助民族学的有关知识与理论。另外,根据书中专题设置的具体情况,美术学与设计艺术学的研究方法也会按实际需要有所择用。因此,综合性研究也应该是本书研究方法的一个重要结构性特征。然而,由于研究对象——夏塔图棺板画——考古遗存的最本质属性,本书归属考古研究取向应该是总体性的。

地层学与类型学的形成是中国考古学成熟的重要标志之一。特别是对于早期考古学文化研究而言,它们应该是最主要的研究方法。不过,针对夏塔图棺板画这种类型的古代文明遗存，① 经典考古学方法在使用中可能需要有所调适。就地层学而言，夏塔图棺板画墓葬发掘中所遇到的地层问题学应该相对简单，特别是对本书主旨研究影响也较小。② 关于类型学，理论上讲"人类制造的物品，只要有一定的形体，都可以用类型学方法来探索其形态变化过程"③，考古图像文本亦不例外。不过，在研究古代图像过程中使用类型学方法，也会面临一些与在研究诸如陶器、墓葬形制时不同的问题。例如，由于绘画实现技术的特点，④ 图像的变化要比后者多得多、也容易得多，绘画往往体现的是"多变之风格"而非"稳定之类型"。而影响图像风格变化因素的多样性与偶然性，也使类型学方法很难有效和简单地套用。笔者以为，图像学的产生或许也应该多少与此有关。当然，我们并不否认图像之间存在规律，类比的研究方法——而非典型类型学方法——肯定也有多处要用到。笔者只是想强调，像夏塔图棺板画这种绘画类考古图像有其特殊的内在构成规律，在文明早期考古研究中行之有效的典型类型学，并非费效比高的方法选择。本书中类型学可能只是一种方法倾向，而非主要方法种类，更不是研究的目的。⑤

---

① 宗教图像、特别是佛教造像，一因总体存世数量多，二因在一定历史时期多具比较严格与相对稳定的造型规范，故可以对之在实测基础上采用典型类型学方法展开有效研究。而棺板画并非宗教图像，其内容尽管也要受到一定时期内许多制度性、观念性因素的影响，但并不存在必须严格遵循的造型范式。
② 本书并非认为夏塔图墓葬研究中地层学研究方法不重要。只是希望强调，其结果对于本书棺板画图像艺术研究而言，更多的仅是一种背景材料文本。当然，在考古报告未公开，以及笔者无缘亲历发掘过程的实际情况下，其中或许有用的成分也对本研究无法发挥影响。这实际上才是真正遗憾的事情。
③ 俞伟超：《考古学是什么——俞伟超考古学理论文选》，中国社会科学出版社1996年版，第63页。
④ 绘画是应用于二维空间的造型技术（品质高者方可归为"艺术"），通过覆盖、擦拭一般可以方便地修改，故其方案设定、具体施行在客观上较于三维造型之雕塑更加随意，成本代价亦低得多。因此，即兴、多样性选择在绘制过程中贯穿始终。这既是绘画技术的特点，也是绘画艺术魅力之所在。不过，对于典型类型学而言恐多无从着手。
⑤ 类型学的首要作用是确定古代文明遗存的相对年代（郑岩《魏晋南北朝壁画墓研究》，文物出版社2002年版，第10页）。属于中古时期的夏塔图墓葬虽然未发现明确纪年的墓志类物品，但利用树轮年表交叉定年已经可以将之建造时间精确至年（王树芝、邵雪梅、许新国、肖永明《跨度为2332年的考古树轮年表的建立与夏塔图墓葬定年》，《考古》2008年第2期）。这也削弱了本研究中对典型类型学的客观需求度。关于地层学、类型学方法在中古时期考古绘画图像研究中的局限性问题，笔者多受郑岩先生《魏晋南北朝壁画墓研究·引言》中有关内容启发，所言亦多依其说，参见《魏晋南北朝壁画墓研究》，文物出版社2002年版，第9—12页。

四　研究难点与拟创新之处

（一）研究难点

本书的研究难点主要表现在以下两个方面。

第一，本书中所遇最大困难，无疑就是材料的不足。这种不足大体包括"先天性不足"和"后天性不足"两类。先天性不足是指夏塔图棺板画的内容、甚至图像类型亦多是首次为学界了解，其"孤证"性质给勘比研究带来较大困难。后天性不足可分为两个方面：其一，夏塔图棺板画文本的公布问题；其二，已公布图像文本的质量问题。这使得基础性的图像研究面临较高的"误读"风险概率。

第二，综合研究是本书研究方法的重要特征之一，然由于涉及的各种理论和具体研究方法所归属学科存在较大差异，故在实际运用中存在研究者是否能够协调与兼容的问题。如若不能很好应对，研究工作的开展将会面临重重困难。

（二）创新之处

本书创新之处有以下几点：

第一，在力求穷尽公开图像资料的基础上，对夏塔图棺板画进行全面的图像志研究。这种工作可以为后续研究开辟一个较为有益的基础性局面。

第二，在图像志研究基础上，对夏塔图棺板画图像秩序与配置提出新的观点。

第三，在棺板结构分析与棺板画图像配置研究基础上，尝试初步复原夏塔图棺木形制。

第四，在对夏塔图棺板画既往研究回顾与分析的基础上，提出对棺板画所见民族、墓主族属以及宗教影响等认定的一些新的看法与依据。

第五，对夏塔图棺板画中人物服饰、酒具、骑射活动等社会生活与物质文化现象择要考之，并对原有的一些相关看法与观点再认识。

第六，对夏塔图棺板画中性爱图像的粉本渊源提出新的看法，并由此探讨道教内丹术"合气"图像的西传问题。

第一章 夏塔图棺板画的考古发现

第一节 夏塔图墓地的地理环境和历史背景

一 关于墓地的命名

本书所谓"夏塔图棺板画",即指在多数相关论述中所言之"郭里木棺板画"。故"夏塔图墓地",就是本书对这批棺板画出土墓葬所在墓地之命名。"夏塔图"乃蒙古语"台阶"之音译,原为墓地南依之小山名称。当地也习惯称此小山山阴前一片坡地草场为"夏塔图草场"。[①] 夏塔图墓地就位于这片草场的西南一隅。

按考古学界一些惯例,对古代文明遗存出土地望,似多有精确至行政区划的乡镇(或城市街道办事处)、自然村级别,乃至具有传统稳定称谓之小片地面者。其例众繁,不赘述。以上棺板所出之地"夏塔图草场",原属青海省海西蒙古族藏族自治州德令哈市郭里木乡,但 2001 年按照青海省人民政府青政函〔2001〕11 号文批复要求,撤乡并镇,设立并命名为尕海镇。[②] 要之,2002 年 8 月初才经考古清理和发掘而出的所谓"郭里

---

① 关于"夏塔图"之意及其相关诸事意,乃笔者 2009 年 3 月 12 日在夏塔图墓地田野调查时,由陪同的海西州民族博物馆蒙古族干部陶建国先生告知。他是夏塔图棺板画发掘工作参与人员之一。

② 罗松达哇:《中华人民共和国政区大典·青海省卷》,中国社会出版社 2016 年版,第 250 页。

木棺板画"，① 按一般逻辑或学术规范似应改称"尕海棺板画"为妥。然而，有关学界自2002年开始，几乎在所有相关学术文论中，已将"郭里木"这一废止不用的原乡镇区划地望名谓，与此批棺板联而用之久矣，故完全更用"尕海棺板画"一名，形式上又颇有"断层"之感。好在青海省文物考古研究所许新国先生发表在《中国藏学》2005年第1期的一篇非常重要的相关论文《郭里木吐蕃墓葬棺板画研究》中明确讲："墓葬位置……属郭里木乡夏塔图草场山根。"② 另外，许新国发表于《青海民族学院学报》（社会科学版）2007年第1期的论文《试论夏塔图吐蕃棺板画的源流》，以及王树芝、邵雪梅、许新国、肖永明等合撰并发表在《考古》2008年第2期的文章《跨度为2332年的考古树轮年表的建立与夏塔图墓葬定年》，标题中均已经突出并单独使用了"夏塔图"这一地望名谓。从而为原先存有瑕疵的相关考古命名提供了一个较合适的过渡基础和完善机会。③

综上所述，本书按照规范、准确且兼顾学界习惯等基本原则，将该批棺板画全称为"青海海西德令哈尕海夏塔图吐蕃时期棺板画"，简称"青海夏塔图吐蕃时期棺板画"或"夏塔图棺板画"；棺板所出墓葬循例全称作"青海海西德令哈尕海夏塔图吐蕃时期墓葬"，简称"青海夏塔图吐蕃墓葬"或"夏塔图墓葬"；墓葬所在墓地命名为"夏塔图墓地"。

二 墓地及周边地域的地理环境

（一）德令哈市概况

夏塔图墓地位于青海省海西蒙古族藏族自治州德令哈市东南。"德令

---

① 关于这批棺板画的清理和发掘时间，可参考许新国、刘小何撰《青海吐蕃墓葬发现木板彩绘》，《中国西藏》2002年第6期。这也是目前所见最早正式公开发表相关考古发现的一篇文章。另据霍巍先生撰文所记，许新国先生于2002年8月10—12日在北京举行的"西藏考古与艺术国际学术讨论会"期间，首次向与会学者非正式公布了夏塔图棺板画的部分图像资料，引起了大家强烈关注，参见霍巍《青海出土吐蕃木棺板画的初步观察与研究》，《西藏研究》2007年第2期。

② 许新国：《郭里木吐蕃墓葬棺板画研究》，《中国藏学》2005年第1期。

③ 许新国先生该文虽在标题中首次使用了"夏塔图"之名，然在文首仍言"德令哈市郭里木乡夏塔图草场"［参见许新国《试论夏塔图吐蕃棺板画的源流》，《青海民族学院学报》（社会科学版）2007年第1期］。因此，实际上并没有解决棺板画的正确命名问题。而王树芝等合撰的《跨度为2332年的考古树轮年表的建立与夏塔图墓葬定年》一文也存在相同的问题（参见《考古》2008年第2期）。但这两篇论文的标题，确实启发与引导了笔者对相关问题的认识与深入考量。

哈"为蒙古语，意为"富饶宽阔的原野"。曾称"阿力腾德令哈"，意为"金色世界"。德令哈市地处青海省西部的柴达木盆地东北缘，1988年建市，是海西州州府所在地，也是青海第三大城市。地理位置位于东经96°109′—98°102′，北纬36°45′—39°09′，海拔2780—5378米。其市境总面积2.77万平方公里，城市规划面积71平方公里，已建成市区面积40平方公里。市区海拔2980米。截至2020年，常住人口8.8万，其中城镇人口6.59万，有汉、蒙古、藏、回、撒拉、土族等26个民族。①

　　德令哈市文化多元，是丝绸之路"青海道"主要驿站、古羌属地、雪山牧场，亦是柴达木盆地内生态绿洲农牧业主要灌溉区之一。德令哈市是青海省西部重要的交通枢纽和商品集散地，东距省会西宁市514公里、西南距格尔木市387公里，青藏铁路、青新公路通过市区，315国道和德都公路可以连接州内各地。2014年德令哈机场建成，是青海省第二大民用机场，已开通德令哈至西宁、德令哈至西宁至杭州、德令哈至花土沟等航线。②

　　德令哈市属于高原大陆性气候，年平均气温3—3.8℃，最冷月平均气温-10.5℃，暖月平均气温16.4℃；年平均降水182毫米；年平均日照3182.4小时。北部高山区全年无绝对无霜期，市区无霜期84—89天。区域内冰雹、霜冻、干旱、风沙等灾害频繁。

　　就地貌单元而言，德令哈市分属祁连山地和柴达木盆地。柴达木盆地在大地构造上属秦岭昆仑祁连地槽褶皱系之一部，为中新代凹陷盆地。盆地中心大致沿37°20′（宗务隆山前地带）的纬向基底断裂控制了盆地新生构造运动性质，该断裂线以北之盆地西部与东北部，自第三季就一直在缓慢上升，形成了主要由第三系和中下更新统砂岩组成的丘陵地带。德令哈就坐落于该地带之上，而宗务隆山则横亘全境中部，将全市分割为北部高山区和南部盆地区两个地域类型，形成北高南低的地形特征。德令哈盆地周围环山，多条山谷构成多扇叠置地貌，可鲁克湖、托素湖、尕海湖分布在盆地中心地带。动植物资源主要有祁连圆柏、梭梭、白刺、沙棘等林灌木20余种；紫花针茅、早熟禾等43科110属197种牧草，29种中药材；

---

① 罗松达哇：《中华人民共和国政区大典·青海省卷》，中国社会出版社2016年版，第245—246页。
② 引自德令哈市人民政府网：http://www.delingha.gov.cn/info/1045/2045.htm（2023年6月15日），http://www.delingha.gov.cn/info/1046/2084.htm（2017年5月16日）。

熊、草豹、野牦牛等40余种兽类，天鹅、雪鸡、青鱼、草鱼、鲤鱼、林蛙等40余种禽鱼和两栖类。①

（二）夏塔图墓地位置与地貌

夏塔图墓地位于德令哈市东约30公里巴音河南岸、国道315线旧道南侧的夏塔图草场山脚坡地。墓地地理坐标数据为北纬37°20′，东经97°39′，海拔3190米。②草场地属德令哈市尕海镇，而隔国道315线旧道与德令哈市蓄集乡为南邻。以前，草场对面的蓄集乡地面是早已撤销的"德令哈农场七大队"驻地，故本地人往往也俗称此地为"七大队"。

夏塔图草场东、南、西三面背倚相对高度20—100米的山地，南面开阔地面隔巴音河及其宽阔河谷草坡，与北面的宗务隆山遥遥相望③。草场地形整体西南高、东北低。墓地地处草场西南隅，其正南有高十数米山坡斜遮，为一片敞口东向的山窝状坡地（图1—1）。可以发现，墓地既考虑了山形环抱、相对密闭的需要，又因周边小山高度不大而显得并不狭窄、压抑。选址显得颇为合理。另外，由于夏塔图草场实际是山阴河阳的冲积

图1—1　夏塔图墓地地貌环境（左：南—北　右：西—东）

（作者摄影）

---

① 以上材料除专门注明外，均引自青海省海西州政府门户网：http：//www. haixi. gov. cn/structure/zwgk/hxzz/hxzznr_122115_1. htm。
② 王树芝、邵雪梅、许新国、肖永明：《跨度为2332年的考古树轮年表的建立与夏塔图墓葬定年》，《考古》2008年第2期。
③ 蒙海西州民族博物馆陶建国先生告知，巴音河之"巴音"，乃蒙古语"富饶"意。另外，由于宗务隆山盛产祁连圆柏，当地人亦称德令哈市区北面一段作"柏树山"。此处"柏树山"冲积坡地极宽阔、肥沃，乃本地最优质草场之一。以其地处水阴山阳，长久以来必为游牧族群的重要住牧地以及理想的"冬窝子"所在。

坡地，加之德令哈年均降水182毫米且多集中、突然，故脆弱的环境导致地表多有雨水、山洪冲刷而成的浅沟杂壑。这一点，在笔者驱车前往墓地时有极深刻体会。而墓地地处西南边隅缓坡坡根，避开了汇往中部逐步变大的山地洪水，使它得以1200余年不受自然侵害而存焉。这种墓地选址情况，在海西州都兰县吐蕃时期墓葬也有例子可做参比，① 想必应该是中古时期该地域的一种墓葬建造通例。

三 相关地区的历史背景与沿革

(一) 德令哈地区的历史早期

从德令哈所属海西州北部整体地理范围观之，在距今大约3万年的小柴达木湖遗址，已经发现了大量旧石器时代人类石制品。这也是青海境内目前发现的最早的旧石器晚期遗址。② 而在德令哈尕海和玛尼特口等地，也广泛分布着青铜时代的诺木洪文化遗址，其年代距今2905±140年。③ 有学者认为，诺木洪文化与青海青铜时代最主要的卡约文化关系密切。④ 总之，德令哈地区早期的人类活动已经具有了相当频度。

历史时期前期，德令哈地区一般推测大体属"西羌之地"，但具体情况相对模糊。不过，周伟洲先生《古青海路考》文中，给了我们两点关于此地早期历史的重要启示：第一，至少在战国时期，青海之"南羌"就有横切河西走廊，经居延海直达蒙古草原的道路；第二，青海与新疆东面"若羌"之间，可能在秦汉时就已经有一条交通要道。⑤ 关于第一点，对比地形我们可以发现，德令哈地区是青海西部横切河西走廊进入北方的一个非常重要的起点。目前，青藏地区早期历史文化以及吐蕃制度来源问题研

---

① 参见北京大学考古文博学院、青海省文物考古研究所编著《都兰吐蕃墓》，科学出版社2005年版，图版二《墓地全景》。其中，M1、M4墓葬所处地面形态与夏塔图墓地颇为相似。
② 参见刘景芝、王国道撰《青海小柴达木湖遗址的新发现》，《中国文物报》1998年11月8日。该遗址地处海西州大柴旦行政委员会，东北距德令哈约20公里。
③ 青海省文管会、中国社会科学院考古研究所青海队《青海都兰县诺木洪搭里他里哈遗址调查与发掘》，《考古学报》1963年第1期。肖永明撰《树木年轮在青海西部地区吐谷浑与吐蕃墓葬研究中的应用》，《青海民族研究》2008年第3期。
④ 许新国：《西陲之地与东西方文明》，北京燕山出版社2006年版，第59页。
⑤ 周伟洲：《西北民族史研究》，中州古籍出版社1994年版，第367—369页。

究中，已经出现对"北方"影响重视的倾向。①故德令哈地区在这段时期的重要性，应该更受重视。而其历史情况希望随着相关研究的深入能够不断清晰。至于第二点，再联系上文小柴达木湖旧石器时代遗址的地望，似乎表明德令哈地区的"西羌"，在文化甚至人种方面都应具有更复杂的背景。这也是今后研究必须注意的问题。

（二）白兰羌与吐谷浑时期

西晋至十六国时期前，柴达木盆地东部活动着西羌中史籍名之为"白兰"的一支。关于白兰来源，日本学者松田寿男、佐藤长等认为其属突厥语族民族，源于东汉建武年间（25—56）从漠北亡于河西一带的匈奴奴婢；周伟洲先生认为，白兰源于两汉时西羌的"先零""滇零"种羌，"卑湳"羌亦为其组成部分。②关于中世前期白兰羌的活动地域，顾颉刚先生推测在今青海巴颜喀拉山一带，并认为"白兰"乃"巴颜喀拉"之缩音也。③周伟洲先生据《魏书》《宋书》之《吐谷浑传》有关内容研究认为："白兰在吐谷浑西，且是从青海至于阗（今新疆和田）的通道上，即柴达木盆地一带。"④故无疑应该包括今德令哈地区。有学者甚至认为，德令哈等地诺木洪文化遗存从地望与时间上和白兰羌相吻合。⑤这应该是对以上周伟洲先生关于白兰来源与地望说法的支持。不过，笔者认为，到十六国时期始大量见于史籍的"白兰"所指之部族，很有可能已经是一个"混合"部族。鉴于德令哈这一白兰活动频繁地区，早已有横切河西走廊至蒙古草原的交通路径，以上第一种白兰来源说法也应适当考虑。但这些并不影响白兰总体属于"西羌"的部族群概念范畴。

晋永嘉末年，慕容鲜卑涉归庶长子吐谷浑率部，自辽东经阴山、陇山和枹罕北原进入青海。《晋书·吐谷浑传》载：

> 属永嘉之乱，始度陇而西，其后子孙据有西零已西甘松之界，极

---

① 陆庆夫、陆离：《论吐蕃制度与突厥的关系》，《兰州大学学报》（社会科学版）2005年第4期；王小甫：《文化整合与吐蕃崛起》，《历史研究》2009年第4期。
② 周伟洲：《西北民族史研究》，中州古籍出版社1994年版，第382—385页。
③ 顾颉刚：《史林杂识初编》，中华书局1963年版，第75—76页。
④ 周伟洲：《西北民族史研究》，中州古籍出版社1994年版，第386页。
⑤ 肖永明：《树木年轮在青海西部地区吐谷浑与吐蕃墓葬研究中的应用》，《青海民族研究》2008年第3期。

乎白兰数千里。①

此时，吐谷浑所部在青海北部已经处于强势，德令哈一带也属其势力范围。到公元329年，吐谷浑孙叶延建国，以祖父名"吐谷浑"为族姓和国号。这就是我国历史上叱咤西部、"存国凡三百五十年"的著名的"吐谷浑"政权。而以今青海都兰为中心、包括今柴达木盆地东缘之德令哈地区在内的"白兰故地"，则是吐谷浑前期最重要的根据地。这从吐谷浑每受西秦、北魏进攻则多退保"白兰"，以及中原政权多拜授其首领"白兰王"封号的情况中可以明显看出。② 另外，吐谷浑时期在东西方贸易和文化传播中曾发挥重要作用的"青海道"（也称"河南道"或"吐谷浑道"），其沿柴达木盆地东北一段正处在今天德令哈境内。这肯定对该地区发展具有一定促进作用。隋大业五年（609），隋朝灭吐谷浑而尽有其地，并在吐谷浑故地设西海、河源、鄯善、且末四郡。③ 而德令哈地区大概位于西海郡中部。④ 隋末中原乱，吐谷浑于隋大业十四年又复国。唐贞观九年（635），唐军三路攻入吐谷浑，吐谷浑王伏允死，吐谷浑成为唐朝藩属国。至高宗龙朔三年（663），南方兴起的吐蕃灭吐谷浑，德令哈地区亦归属之。

(三) 吐蕃时期

吐蕃占领吐谷浑后，吐谷浑故地名义上还保留所谓"吐谷浑邦国"（rgyal phran）名号，但又按吐蕃本部制度，对其全境按"万户""千户"等编制，而实际权力则握于吐蕃专设之军政机构"khrom"（或曰"军镇"）。⑤ 南疆地近青海的鄯善（今若羌）、米兰，⑥ 原是吐谷浑制辖西域要地。⑦ 近代在米兰发现写有"吐谷浑万户上部"（A zha khri sde stod pa）字

---

① 《晋书》卷97《吐谷浑传》，中华书局1974年版，第2537页。
② 周伟洲：《吐谷浑史》，广西师范大学出版社2006年版，第27—44页。
③ 《隋书》卷29《地理志上》，中华书局1973年版，第816页。
④ 此期德令哈地区位置，为笔者参见谭其骧主编《简明中国历史地图集·隋时期全图》（中国地图出版社1991年版，第37—38页及后页之《隋时期图说》）而定。
⑤ 林冠群：《唐代吐蕃史论集》，中国藏学出版社2006年版，第40—42页。
⑥ 新疆米兰，即"小罗布"，藏文作 nob chungu，汉代称"伊循"，唐时叫"七屯城"或"小鄯善城"，为吐蕃统治鄯善时期的要塞之一。引自杨铭《唐代吐蕃与西域诸族关系研究》，黑龙江教育出版社2005年版，第131页。
⑦ 周伟洲：《吐谷浑史》，广西师范大学出版社2006年版，第41—42页。

迹的吐蕃木简 M.Ⅰ.XXⅧ。① 笔者推测，这个"吐谷浑万户上部"的居辖地面，可能就东与柴达木盆地北缘之辖有今德令哈地区的军政机构比邻。而吐蕃在公元676年后，于吐谷浑故地设立了包括 khri-bshos-khrom 和 rma-khrom 等五个 khrom 统治吐谷浑诸万户和千户。② 其中 khri-bshos-khrom 管辖青海湖附近地区，rma-khrom 管辖黄河上游地带军政区。③ 从吐谷浑故地范围与地形观之，估计德令哈地区当时是属于 khri-bshos-khrom 西面紧邻的一个 khrom 管辖。但因材料有限，目前还无法确定它是另外三个未知名的 khrom 中的哪个。

另外，据斯坦因敦煌藏文卷子《吐谷浑（阿柴）纪年残卷》（千佛洞 Vol. 69, fol. 84）记载，公元709年后，吐蕃"吐谷浑邦国"可汗的夏、冬宫已经从青海东部河曲一带迁到柴达木盆地西北角的"Se-tong"（新疆米兰）和"Tshashod"（甘肃敦煌南）④。邦国领地看来也可能和德令哈地区同属一个吐蕃 khrom 辖区了。这种小邦与 khrom 叠架的机构设置，应该反映了吐蕃对吐谷浑的统管状态。还有米兰简牍中被称作"湳茹"（nam、nam ru、ngam）小月氏遗种，8—9世纪吐蕃大征其戍守西域鄯善、于阗一线。⑤ 因其原居祁连山敦煌以南段南麓，也还有一些散留人员居于今德令哈地区西部。由于德令哈地区处于连接吐蕃本部和进入河西走廊与西域道路的节点，其 khrom 辖区很有可能还驻扎了相当数量的吐蕃军队或部族人员。这个问题，后文还要详细分析与论述。

吐蕃地方政权前中期，德令哈地区的 khrom 对于其军政事务而言，最重要的应该还是其敏感的交通枢纽位置。吐蕃除了通过德令哈走"青海道"进入与控制鄯善、且末等西域南部地区外，还能够以该 khrom 作为前进基地，向北窥视与进击河西走廊中西部地区。唐时人言，吐蕃有越祁连山入寇河西的所谓"五大贼路"，⑥ 其中的"玉门军道""建康军道""三

---

① F. M. Thomas, *Tibetan Literary Texts and Documents Concerning Chinese Turkestan*, part Ⅱ, p. 30. Documents: 3, The Nob Region. London, 1951. 相关译文参见王尧、陈践编著《吐蕃简牍综录》，文物出版社1985年版，第30页。
② 林冠群：《唐代吐蕃军事占领区建制之研究》，《中国藏学》2007年第4期。
③ ［匈牙利］G. 乌瑞：《释 khrom：7—9世纪吐蕃帝国的行政单位》，沈卫荣译，载《国外藏学研究译文集》第1辑，西藏人民出版社1985年版，第132、136页。
④ 周伟洲：《中国中世西北民族关系研究》，广西师范大学出版社2007年版，第305—307页。
⑤ 周伟洲：《西北民族史研究》，中州古籍出版社1994年版，第42—47页。
⑥ （唐）樊衡：《河西破蕃贼露布》，（清）董诰《全唐文》卷352，上海古籍出版社1990年版，第1579—1580页。

水镇道""张掖守捉道"等四道均地近德令哈地区；今阿尔金山与祁连山交会处的"当今山口道"，唐前期设"紫亭镇"，亦是柴达木盆地入河西的道路。① 要之，吐蕃辖控西域、进迫河西，甚至交通突厥，均可依赖德令哈地区为跳板。当然，"安史之乱"后至公元790年，吐蕃已奄有西域、河西，德令哈地区所隶属khrom辖地已成为其腹地，交通道路依旧，只是作用不如以前那么重要了。

8世纪中期后，随着吐蕃疆域快速扩大，它在包括青海在内的广大占领地区进行了bde-blon-khams-chen-po建制，青海吐谷浑故地乃为一khams（类似唐制"道"），上面所讲的khri-bshos-khrom等五个khrom统归其下。而其首长即是bde-blon——"德论"（"德论会议"bde-blom-vdun-fsa之主持人）。② 不过，德令哈地区行政格局应无大变，此况终吐蕃地方政权亦一应之。

（四）后吐蕃时期

吐蕃地方政权9世纪后期逐步崩析后，德令哈所在khrom想必也不复存在。这一地区的历史情况比较模糊。笔者估计，由于长期乱局导致"青海道"一度淤封，周边如吐蕃散众、阿柴（吐谷浑余部）、仲云（浦茹居部善者）、归义军、嗢末③、甘回鹘等又割据一方，无力亦无暇顾及这一"四不管"地带了。故使德令哈这一处在"青海道"之"中间站"位置的地域，在10世纪大部分时间里逐渐寂静下来。

11世纪初，青海东部湟水流域兴起了吐蕃"唃厮啰"（Rgyal-sras）地方政权，④也称"青唐"或"吐蕃宗哥王朝"。⑤其通过"青海道"与"高昌诸国商人"贸易而致富强。⑥而且，据称这一阶段"海西地皆平行"⑦，商旅

---

① 李宗俊：《唐代河西走廊南通吐蕃道考》，《敦煌研究》2007年第3期。
② 林冠群：《唐代吐蕃军事占领区建制之研究》，《中国藏学》2007年第4期。
③ 嗢末，原为吐蕃地方政权后期由吐蕃旧奴、河陇部分汉族奴隶以及吐蕃人组成的起义军，后成为河陇地区一个强大的集团。参见周伟洲《西北民族史研究》，中州古籍出版社1994年版，第36—41页。
④ 《宋史》卷492《唃厮啰传》，中华书局1985年版，第14160页。
⑤ [德] 傅海波、[英] 崔瑞德编：《剑桥中国辽西夏金元史·907—1368》，史卫民等译，中国社会科学出版社1998年版，第176—179页。
⑥ 周伟洲：《西北民族史研究》，中州古籍出版社1994年版，第378—379页。
⑦ （宋）李远：《青唐录》，青海省少数民族古籍整理规划办公室《青海地方旧志五种》，青海人民出版社1989年版，第10页。

交通极为畅便,很可能唃厮啰政治影响亦达德令哈一带。

此期还有两个小部族活动在德令哈周边一带,一曰"草头鞑靼",一曰"种摇"。前者系五代至宋初"白鞑靼"一部,乘乱世游牧至德令哈一带;后者就是被吐蕃迁至南疆的"浦茹"之留牧于祁连山南麓的原住余众,所谓"小月氏遗种也"。① 二者部族皆散居,势力极弱。其能在德令哈一带安然游牧,也多少反映了"青海道"实不如前代繁荣的境况。之后直到元代,德令哈地区大体情况并无大变。

(五)元及后世历史沿革简况

元初,由掌管全国佛教事务的"总制院"管辖青藏吐蕃故地。至元二十五年(1288)改"总制院"为"宣政院",分设三道宣慰司。德令哈地区归"吐蕃等处宣慰司"即"脱思麻宣慰司"管辖。② 明初在海西地区设"罕东卫",德令哈为其辖地,明后期为鞑靼(蒙古)土默特部占据。清代,青海北部为蒙古厄鲁特等二十九旗居地,其中蒙古北右旗、蒙古北左旗在牧德令哈地区,并归"西宁办事大臣"统辖。

民国初,改清朝"西宁办事大臣"为"青海办事长官"。1915年裁撤,改设"甘边宁海镇守使",并将青海湖以东划归甘肃;1928年国民政府以原甘肃省"西宁道"及青海地方辖区合之置"青海省"。③ 其间设"都兰县",德令哈属之。

中华人民共和国成立后,德令哈地区划分为都兰县三区。1956年设德令哈工作委员会(驻巴音河),1958年改为德令哈县,1962年撤县并入乌兰县。1973年设德令哈城关区,归海西州直管。1983年改设德令哈镇,仍属海西州直辖。1988年4月19日,民政部批准(民〔1988〕行批1号)设立德令哈市(县级)。其后,在2001年、2005年两次调整乡镇区划,确定了德令哈市目前的行政区划,即下辖河西、河东、火车站等三个

---

① 周伟洲:《西北民族史研究》,中州古籍出版社1994年版,第379—380页。另外,《简明中国历史地图集·辽北宋时期全图》对"草头鞑靼"位置有更直观显示,中国地图出版社1991年版,第51—52页。

② 谭其骧:《简明中国历史地图集·元时期全图(二)》,中国地图出版社1991年版,第59—60页及"元时期图(二)说"。

③ 谭其骧:《简明中国历史地图集·明时期全图(一)(二)·清时期全图(一)(二)·中华民国时期全图(一)(二)》,中国地图出版社1991年版,第61—62、63—64、65—66、67—68、69—70、71—72页及"明时期图(一)说""明时期图(二)说""清时期图(一)说""清时期图(二)说""中华民国时期图(一)说""中华民国时期图(二)说"。

街道，尕海、怀头他拉、柯鲁柯等三个镇，以及一个蓄积乡。①

第二节　棺板画的发现与出土墓葬考察

一　棺板画的发现与墓葬考古发掘

2002年6月，当地已经有人发现位于德令哈市尕海镇夏塔图的草场上，有盗掘古墓的情况。② 海西州民族博物馆不久后获悉这一情况，立即派人到被盗墓葬进行调查。据此次考古调查参与人之一、海西州民族博物馆馆长辛峰先生回忆，当天有小雨，气温也比较低，他与该馆工作人员宋耀春从一座已被盗掘墓葬的盗洞进入墓室，发现身穿多层衣物的尸体残骸两具，基本判断为合葬墓。③ 此时墓室漫水已近脚踝，查看中感到脚下雨水中有平整硬物，拨开泥浆即见有彩画。二人意识到很可能是倒覆的彩棺棺板，马上开始搜寻整理，很快就将数块长短、大小与尺寸不一的棺板，从漫溢的泥浆中竖起靠在墓室四壁。后来引起学术界极大关注、甚至社会广泛兴趣的夏塔图棺板画，自此再现人间。④

海西州博物馆在发现彩绘棺板后，立即向青海省文物考古研究所报告。2002年8月初，青海省文物考古研究所派人与海西州博物馆一起，对发现彩棺的夏塔图墓地进行了抢救发掘和清理（图1—2）。关于此次考古发掘的基本情况，许新国、刘小何合撰并发表在《中国西藏》（中文版）2002年第6期的《青海吐蕃墓葬发现木板彩绘》一文，有较清晰地记载。兹节录如下：

---

① 罗松达哇：《中华人民共和国政区大典·青海省卷》，中国社会出版社2016年版，第245页。
② 还有一种说法，即2001年下半年，夏塔图墓葬已经被盗墓者发现，参见林梅村《丝绸之路考古十五讲》，北京大学出版社2006年版，第271页。
③ 海西州民族博物馆馆长辛峰先生从两具尸骸骨殖颜色推测，一具骨殖粗大色沉似为一年纪较老之男性，一具骨殖质细色白似为年轻女性。故这座墓葬颇有可能是一对"老夫少妻"的合葬墓。
④ 夏塔图墓地被盗时间与棺板画发现具体过程，乃由辛峰先生在笔者2009年3月11—12日海西州田野调查时告悉。

图1—2　夏塔图墓地发掘区环境远眺
［采自许新国、刘小何《青海吐蕃墓葬发现木板彩绘》,《中国西藏》（中文版）2002年第6期］

　　墓葬……上方有高约1.5米的封土,均为竖穴土坑形制,墓室为长方形单室,长4米,宽2.5米,均有长方形斜坡墓道。两座墓,一座为男女合葬的木椁墓,另一座虽为土葬墓,但用柏木封顶,是迁葬墓。迁葬墓是先将骨架装于小棺内,然后将小棺直接放置于大棺内。两座墓中均见殉牲,合葬墓木椁两侧各殉完整的马和骆驼各一匹。迁葬墓在柏木上放置羊骨。在合葬墓中出土有大量丝织品,种类有锦、绫、罗、印花绢等。另有木碗、木鞍、木鸟等随葬品。迁葬墓中出土有木鞍、木鸟、箭囊等文物。

　　这两座古墓的最重要发现是,两座墓三具木棺的四面均有彩绘。彩绘的主要内容是以赞普、赞蒙（王、王后）为中心的迎宾图和职贡图。……
　　……

　　根据出土遗物分析,丝织品中有盛唐时代所流行的卷草宝花、印花、双连珠对龙等纹样,我们将这两座墓葬的年代大体确定在盛唐时期,约为公元700年至750年。此外,出土木结构上书写有墨书古藏文,也证明墓葬属于吐蕃统治下的吐谷浑邦国贵族的墓葬。[①]

　　这次对夏塔图墓地的发掘与清理,可以说是21世纪初青海省西部最重要的考古发现工作之一。然而遗憾的是,相关考古报告或简报至今尚

---

① 许新国、刘小何:《青海吐蕃墓葬发现木板彩绘》,《中国西藏》（中文版）2002年第6期。

未公开发表。对于墓地所出各类珍贵文物，也只有已解体彩棺上的一些棺板画为学界所部分了解。实际上，据霍巍先生研究与观察，上文中所谓"两座墓三具木棺的四面均有彩绘"，也只是三具木棺中的两具，在四个侧板上保存有画面较为清晰、完整的棺板画，以及一些零散的绘有彩画的棺挡板。其中一具出土于夏塔图墓地第 1 号墓葬（M1），编号为"第 1 号墓棺板画"；一具出土于夏塔图墓地第 2 号墓葬（M2），编号为"第 2 号墓棺板画"。许新国先生所公布，以及程起骏、罗世平、林梅村等所撰文讨论的均为"第 1 号墓棺板画"之两个侧板的画面。2006 年 10 月，许新国先生在第二届"西藏考古与艺术国际学术讨论会"上报告了一些"第 2 号墓棺板画"两个侧板上的部分图像资料。不过，目前学术界总体对"第 2 号墓棺板画"还了解甚少。① 另外，据笔者 2008 年 3 月 11—12 日在德令哈田野调查时了解的情况，这次夏塔图墓地的考古工作，实际共清理了的三座墓葬。② 其中，原编号"第 2 号"的墓葬中没有发现有价值的文物。结合上揭霍巍先生所言，似乎相关考古部门在对外介绍时，已经将所谓"第 2 号墓葬"的编号，给了那座原序号为"第 3 号墓葬"的迁葬墓。③ 不过，为了尊重与便于引用已经公开的材料，以及后面行文不致混乱、琐碎，本书中将采用以上霍巍先生的编号描述。要之，夏塔图合葬墓中只有一具彩棺的侧板棺板画保存较好，其就是已经被公开的"第 1 号墓棺板画"。上文编为"第 1 号墓葬"（M1）的也就是这座合葬墓。而迁葬墓，即"第 2 号墓葬"（M2）中彩棺侧板彩画应该就是"第 2 号墓棺板画"。④

---

① 霍巍：《青海出土吐蕃木棺板画的初步观察与研究》，《西藏研究》2007 年第 2 期。
② 笔者在夏塔图墓地考察时，海西州民族博物馆辛峰先生在距离第 1 号墓葬西北约 60 米的地方，又发现一个可能新被盗的墓葬。看来，这一地区墓葬被盗现象一直没有得到有效地遏制。
③ 笔者在青海田野调研时，曾听许新国先生谈到夏塔图"M3"是正式发掘的，其中发现了彩棺的"侧板""挡板"以及"弓箭"等物。笔者还对此进行了记录。其情况与"迁葬墓"显然比较吻合。再根据许新国先生《试论夏塔图吐蕃棺板画的源流》一文开篇所言，便基本可推知"M2"编号，是事后转给开始编为"M3"的夏塔图"迁葬墓"的。参见《青海民族学院学报》（社会科学版）2007 年第 1 期。
④ 从许新国、刘小何《青海吐蕃墓葬发现木板彩绘》文中第 32 页所谓"迁葬墓"文物出土时情况图片看，彩棺之上端呈圆弧状挡板和侧板保存完好，侧板上彩画也隐约可见。这也从一个侧面证实，所谓"第 2 号墓棺板画"就出于夏塔图迁葬墓，即"第 2 号墓"（M2）。另外，笔者也曾听许新国先生讲过，此次正式发掘的另一座墓葬中也发现了彩棺的"侧板"和"挡板"。对照上文相关图片，他讲的应该就是图中的这座迁葬墓。

另外，还有一个问题也需要有所说明。从上引许新国先生对夏塔图所谓"迁葬墓"的情况描述可知，其中"大棺"套"小棺"的葬具形式，很可能就是中原古代棺椁制度在吐蕃地区的一种传播与实际表现。因此，既往相关研究中所提及的夏塔图 M2 中的彩棺，它本身实际上更可能是"椁"，其内所盛"小棺"也许才是真正意义上的"棺"。在此基础上讨论夏塔图 M2 的葬制，可能更能契合历史语境。然而，为了引用既往材料的需要——此点是本书基于材料局限所体现的最重要特征之一，也为了使后文相关论述过程不致过于繁琐、混乱，笔者也只能姑且按照这一既往研究中的"共同意见"来进行研究工作。

这些绘有彩画的棺板与部分构建墓室所用的柏木，发掘清理工作结束后均由青海省文物考古研究所德令哈考古工作站负责保管。大约在 2005 年后的某一时间，可能为了加强保护与研究工作，青海省文物考古研究所将这批棺板画收走，现保管在该所文物仓库中。之后，只有国内外极少数的几位学者被允许观察过这批珍贵的文物。而且，目前除了霍巍先生获许在其《青海出土吐蕃木棺板画人物服饰的初步研究》公布的 2 张分别题名为"二号棺板画 A 板所绘骑马射猎图上的人物形象""青海郭里木流散于民间的吐蕃棺板画"的图像；[①]《吐蕃系统金银器研究》中公布题名"青海吐蕃木棺板画宴饮场面局部"的图像外，[②] 再也没有见到其他与夏塔图墓地相关的新材料被披露。

综上，目前通过各种公开材料可知，夏塔图 M1 出土彩棺侧板 4 块（2 块棺板画有图像公布）、夏塔图 M2 出土彩棺侧板 2 块（均有棺板画局部图像公布）；夏塔图 M1 和 M2 出土挡板及挡板残板 7 块（均有棺板画图像并公布）。[③] 这三具彩棺均未见棺盖、底板相关材料。[④] 另流散于民间、可能

---

① 霍巍：《青海出土吐蕃木棺板画人物服饰的初步研究》，《艺术史研究》第 9 辑，中山大学出版社 2007 年版。
② 霍巍：《吐蕃系统金银器研究》，《考古学报》2009 年第 1 期。
③ 由于夏塔图墓地出土彩棺挡板的公开资料较为零散、混乱，不能完全排除目前已知的 7 块挡板中，存在个别原本就不属于夏塔图 M1、M2 者之可能。
④ 据海西州民族博物馆辛峰先生介绍，夏塔图 M1 墓葬周边散有木板燃烧痕迹，估计是盗墓者夜晚劈开棺板燃烧取暖所致。但夏塔图 M2 是正式发掘，从相关出土情况照片看，似乎彩棺原本就未覆盖板。这个问题应该关注。

出于夏塔图墓地的彩棺侧板2块（1块有棺板画局部图像公布）。① 以上合计彩棺侧板8块、挡板（或残板）7块，其中公布各类图像文本者合计12块。

二　墓葬形制、等级与修建时间

（一）夏塔图第1号墓葬

关于夏塔图墓地第1号墓葬（下文简称：夏塔图M1）的形制，上揭许新国、刘小何《青海吐蕃墓葬发现木板彩绘》和许新国《郭里木吐蕃墓葬棺板画研究》，② 有较明确描述。夏塔图第1号墓葬和夏塔图第2号墓葬（下文简称：夏塔图M2）均由地上封土和地下墓室组成。二者封土残存高度均为约1.5米，略呈覆斗形。③

夏塔图M1封土下是在生土上挖成的墓圹（图1—3），墓室即建于墓圹中。墓室整体约呈东西走向，长约4米，宽约2.5米，高约1.7米，墓室地面距地表约3—4米；四壁用简单修整过的柏木榫卯连接构建，④ 墓室顶由粗柏木覆盖在四壁上沿而成；墓室东壁中部开一宽约1米的墓门，两侧有框柱支撑；墓门前有宽约1米的长方形斜坡墓道（图1—4）。⑤ 目前，相关论述中一般认为M1的形制为"木椁墓"，从古代棺椁制度的含义以及相关考古发现来看，似乎不是很准确。中国古代自战国末至西汉，形成了棺外套椁的墓葬制度，其核心要旨是按墓主身份决定椁的层数。⑥ 北朝

---

① 关于这2块彩棺侧板棺板画内容的有关情况，均是由霍巍先生首先对外公布（参见霍巍《西域风格与唐风染化——中古时期吐蕃与粟特人的棺板装饰传统试析》，《敦煌学辑刊》2007年第1期），其中1块彩侧板棺板画局部图像，亦可见于霍巍《青海出土吐蕃木棺板画人物服饰的初步研究》，《艺术史研究》第9辑，中山大学出版社2007年版。

② 许新国：《郭里木吐蕃墓葬棺板画研究》，《中国藏学》2005年第1期。

③ 海西州民族博物馆辛峰先生告知，夏塔图墓葬原封土大略为覆斗形，现存高度1.5米。据此估计，封土原高至少应该有2—3米。

④ 夏塔图墓葬所用柏木品种均为"祁连圆柏"。这种柏树是中国特有树种，以其为建群种所形成的天然林，集中分布在我国青藏高原东北部和黄土高原西北边缘（王树芝、邵雪梅、许新国、肖永明《跨度为2332年的考古树轮年表的建立与夏塔图墓葬定年》，《考古》2008年第2期）。

⑤ 夏塔图M1墓室高度、墓室地面距地表高度与墓道宽度等数据，由海西州民族博物馆辛峰、陶建国二人提供。

⑥ 李玉洁：《试论我国古代棺椁制度》，《中原文物》1990年第2期。

到唐初，又出现了一种可能是受四川地方文化或道教传统影响的"房形椁"，多为石质椁①。总体而言，"椁"属于安置在墓室整体系统中的葬具子系统，即使有的多层椁体量或远大于棺，但其与墓室的空间关系仍为明确可识别的内置器具性质。简单讲，棺外葬具必须与墓室壁之间存在空间，才能认定为"椁"，否则就已经不属葬具子系统，而是墓葬的墓室了。夏塔图 M1 墓圹中，围成密闭空间的柏木外壁与墓圹之间并没有空间，故这个由柏木构成的独立半封闭空间只能是一个墓室。要之，夏塔图 M1 应该是一座带有斜坡墓道的单室结构的"木室墓"。

图1—3 夏塔图 M1 墓圹现状（东—西）

（作者摄影）

---

① 参见［美］巫鸿撰，郑岩译《"华化"与"复古"——房形椁的启示》，《南京艺术学院学报》（美术与设计版）2005 年第 2 期。另外，该文所举见诸考古报告的 8 座房形石椁中，出土于大同南部智家堡无纪年者（王银田、刘俊喜《大同智家堡北魏墓石椁壁画》，《文物》2000 年第 7 期），严格意义讲并不是"椁"，而是石质墓室。

图1—4 夏塔图M1墓室全貌
（采自许新国、刘小何《青海吐蕃墓葬发现木板彩绘》，第32页）

　　夏塔图M1墓室中的布局目前没有公布，据一些曾参与发掘清理工作的人员回忆，两具彩棺可能是头西脚东对着墓室门并排摆放。至于相关公开资料中讲到的夏塔图M1所出木碗、木马鞍和木鸟等随葬品的情况，也没有任何具体信息可资了解与研究。而且，夏塔图M1是一座被盗掘的墓葬，墓室内部布局的研究价值也是非常有限的。另外，所谓"合葬墓木椁两侧各殉完整的马和骆驼各一匹"，其具体情况——例如马和骆驼各在哪一侧？殉牲头尾朝向？埋葬位置是在墓圹与墓室壁之间还是另外有殉坑？殉牲是在封土下还是在墓圹底部？——也并不明了。还有，笔者在实地调研中发现，墓圹侧壁中混有大量大小不一的不规则青石块（图1—5）。这显然是构筑墓圹时的专门性措施，并且可能还是一种区域性的墓葬建造技术。因为，在夏塔图墓地中的其他墓葬中，也存在有不止一例的同样情况（图1—6）。从大石块多分布在墓圹壁顶部、细小碎石多在下部的情况分析，夏塔图M1墓圹侧壁很可能是用含有碎石的"混合土"夯成，而大青石块有可能是墓圹填平后的"压石"，其上再树封土。

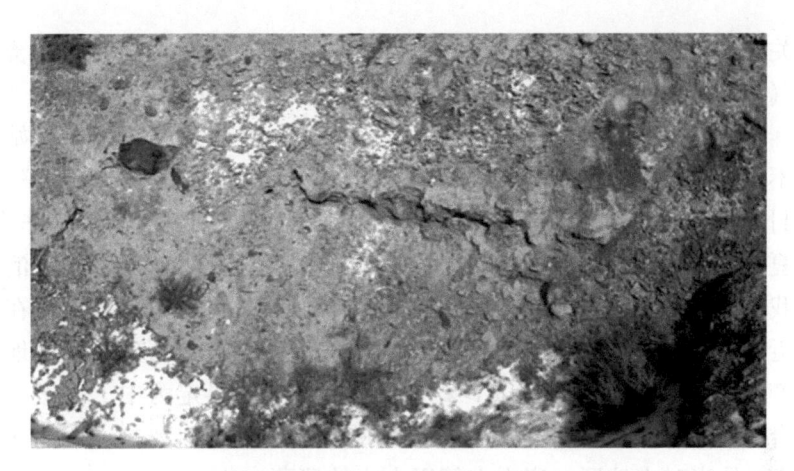

图 1—5　夏塔图 M1 混有青石块的墓圹侧壁（东南—西北）
（作者摄影）

图 1—6　夏塔图墓地其他墓葬的墓圹侧壁（西—东）
（作者摄影）

关于夏塔图 M1 的墓葬等级，有学者认为级别极高，可能是吐蕃著名大论（Blon-chen）噶尔钦陵（mGar-khri-'bring-btsan-brod）与所谓"苏毗王妃"的合葬墓。[①] 墓主具体为何人当然只是一种推测，这里暂时姑且不论。不过，对比目前在青海都兰地区发掘的一系列中古时期墓葬，[②] 其无论从封土规模、墓室的形制与面积等方面而言，等级实不能讲是非常高。即使夏塔图 M1 被盗掘前的封土情况，可能因种种自然与人为原因消减较多，我们不能完全准确地判断其固有规模。但其长方形单体墓室，在本区域接近时代的墓葬中已经是最简单的结构了。而考虑到历史时期该地域整体生产力发展水平，夏塔图 M1 墓室面积尚可基本界定为中上等级。不过作为合葬墓，也实在不能给人再高级别的想象空间了。要之，我们认为夏塔图 M1 是当时本地区一座中上等级人士的墓葬。

考定夏塔图 M1 的建造时间，使用了树轮年表建立与考古标本对比的方法，进行了精确地科学测算研究。其基本方法是，先建立跨度为 2332 年的德令哈地区祁连圆柏的树轮年表，然后采集夏塔图 M1 所出 14 根原木共 28 个树芯，利用一系列科学仪器和分析方法，进行交叉定年。测定结果：夏塔图 M1 的建造时间是公元 756 年。由于所提取夏塔图 M1 的 28 个样本中 12 个有部分边材，测试结果应该具有相当高的准确度。[③] 该年唐纪为玄宗天宝十五年、肃宗至德元年，也是"安史之乱"爆发的年份。此时，吐蕃统治德令哈地区已将近一个世纪，且也即将进入自身发展的巅峰时期。

（二）夏塔图第 2 号墓葬

夏塔图第 M2 墓葬位于夏塔图 M1 北偏西 5—6 米处，地表封土残高

---

① 参见林梅村《丝绸之路考古十五讲》，北京大学出版社 2006 年版，第 275 页。另外，从一些间接资料看，似乎还有将夏塔图 M1 与某位吐蕃赞普、赞蒙挂钩的设想，参见柳春诚、程起骏《吐谷浑人绚丽多彩的生活画卷——德令哈市郭里木乡出土棺板画研读》，《中国土族》2004 年冬季号。

② 参见 Xu Xinguo, *The Discovery, Excavation, and Study of Tubo (Tibetan) Tomb in Dulan County, Qinghai*, Cebtral Asian Textiles and Their Contexts in the Early Middle Ages. 2006 Abegg-Stiftung, Riggisberg, pp. 265 - 279；北京大学考古文博学院、青海省文物考古研究所编著《都兰吐蕃墓》，科学出版社 2005 年版，第 3—10、32—42、58—65、114—121 页。

③ 参见王树芝、邵雪梅、许新国、肖永明合撰《跨度为 2332 年的考古树轮年表的建立与夏塔图墓葬定年》，《考古》2008 年第 2 期。另该文在墓葬编号与本书不同，其将迁葬墓编为"夏塔图 1 号墓"、合葬墓编为"夏塔图 2 号墓"。这点应该注意。

约1.5米。地下墓室为竖穴土坑形制，长约4米，宽约2.5米，墓坑底部到地表距离不详，估计应该略小于夏塔图M1；墓坑上覆盖柏木为顶，上有零散的羊骨；墓门前有长方形斜坡墓道（图1—7）。夏塔图M2是一座未被严重盗掘的正式发掘墓葬，其最令人奇异的是在大棺内套一个小棺，再在小棺内安置散乱骨殖的入殓形式。故一般认为它是所谓"迁葬墓"。从目前公开的零星出土时画面来看，可知墓室局部布局：大棺一面挡板（可能是头挡）距墓坑壁约0.3—0.4米，二者之间略偏右的墓坑地面放置了一个弓袋、一个箭箙；大棺侧板端右侧0.2—0.3米处有一个陶罐（图1—8）。其他情况因和夏塔图M1相同的原因，也就都不是太清楚了。

图1—7 夏塔图M2墓坑现貌（南—北）

（作者摄影）

图1—8 夏塔图墓地"迁葬墓"出土情况（局部）
（采自许新国、刘小何《青海吐蕃墓葬发现木板彩绘》，第32页）

  根据出土的物品，推测夏塔图 M2 墓主有可能为一成年男性武士。[①] 由于墓葬无柏木构建的木室，一般均认为其身份似乎应该低于夏塔图 M1 合葬墓的墓主。但从封土和墓坑规格看，二者的等级差异也不应太过悬殊。呈现在我们面前比较少见的骨殖成殓状态，也许就是墓葬草草而成的一个特殊原因所致的结果，只是我们已经无法知道具体是什么了。

  该墓的建造时间，也被运用树木年轮表进行了精确地交叉定年，确定为公元757年。从这一下葬时间以及两座墓葬的位置关系可以推测，夏塔图 M1 和 M2 的墓主应该不是无任何关系的陌路人。如果以夏塔图 M1 墓室门的东向朝向为墓葬的正向，M2 则处在 M1 的左面。而"左面"在许多中古游牧族的方位观念中，甚至是较为尊贵的一侧。另外，"迁葬"如果是指将尸骸埋葬后再启出，并迁移到另外的地方埋葬的话，那么那具"小棺"假如只是一种死者骨殖的储运工具，它从未被埋入地下，夏塔图 M2 是否还应该算是"迁葬墓"？"小棺"又是什么形制，它能够给我们有价值的启示吗？这些情况，都是我们进一步研究所需要关注与考虑的问题。

[①] 许新国：《郭里木吐蕃墓葬棺板画研究》，《中国藏学》2005 年第 1 期。

第二章 夏塔图棺板画图像材料的公布情况

第一节 夏塔图彩棺侧板棺板画

一 夏塔图 M1 彩棺侧板

（一）棺板概况

夏塔图 M1 彩棺 2 块侧板分别编号 A 板、B 板，本书有时亦简写作"夏塔图 M1 - A \ B"。其中，A 板指画面右高左低之彩棺左侧（头挡—足挡）的棺板；B 板指画面左高右低之彩棺右侧（头挡—足挡）的棺板。A 板、B 板均由三块柏木板连接而成，为一头略高跷之制。因为是同一具彩棺的一对侧板，故形状基本对称一致（图2—1）。它们的大致尺寸为：长2.20米，头宽0.70米、尾宽0.56米，厚0.04米。① 这2块彩棺侧板上的棺板彩画，就是公布最早、最全面，以及研究成果最丰富和社会影响最为广泛者。目前，一般讲到夏塔图棺板画多是指这二者，尤其是其中的 A 板内容，更为人们熟悉。

（二）棺板画图像之摄影

A 板棺板画的摄影形式图像，最早见于《中国西藏》（中文版）2002年第6期所刊许新国、刘小何撰《青海吐蕃墓葬发现木板彩绘》之中。是文中共录三幅图像，均为夏塔图 M1 彩棺 A 板棺板画的局部。最大一幅乃是 A 板中部距尾端约0.4米、以腰悬箭箙骑枣红色马骑士为核心的图像（图2—2）；另外两幅较小，内容一为 A 板前中部两座帐篷为主体之图像、

---

① 该尺寸为中国社会科学院考古研究所边疆民族考古研究室仝涛先生提供。

图 2—1　夏塔图 M1 彩棺 2 块侧板全貌

（采自罗世平《天堂喜宴——青海海西州郭里木吐蕃棺板画笺证》,《文物》2006 年第 7 期,封二）

一为 A 板前部最下端四个妇人之图像。大幅者是目前公开的 A 板棺板画相同内容图像摄影中,线条最为清晰的一幅,估计为出土不久所摄制。但由于期刊图片制作与印刷技术所限,图像偏色比较严重。

图 2—2　最早公开的夏塔图棺板画之图像摄影

（采自许新国、刘小何《青海吐蕃墓葬发现木板彩绘》,第 33 页）

第二章 夏塔图棺板画图像材料的公布情况

2004年8月,新华网在一篇题为《郭里木吐蕃墓葬棺板画》的短文里,刊登了一幅夏塔图M1彩棺A板棺板画图像摄影的局部。该图色彩鲜艳,具有一些棺板画色彩研究价值。不过,其截图取景颇违情理,完全不顾及局部画面提取亦应保持题材之相对完整性原则,很令人遗憾。①

《中国国家地理》2006年第3期《棺板上画的是什么人?》首次以配图形式刊出夏塔图M1之A板棺板画全貌,并提取四个较关键之局部图像予以放大比较(图2—3);随后的一系列相关文章中,刊出了一幅接近全貌的B板棺板画大比例局部图像摄影、四幅B板棺板画局部图像摄影。②

图2—3 夏塔图M1彩棺A板棺板画图像摄影全貌及局部详释
(采自《中国国家地理》2006年第3期)

---

① 参见http://www.qh.xinhuanet.com/wszb/2004-08/07/content_2641380.htm(2004年8月7日)。
② 这批重要的夏塔图棺板画图像,由青海省文物考古研究所提供、关海彤先生摄影《中国国家地理·青海专辑(下辑)》2006年第3期。

这也是自 2002 年 8 月夏塔图墓地发掘清理以来，B 板棺板画图像资料的首次公开。这批重要的夏塔图棺板画图像摄影，除了以上若干"首次"外，图片质量也相对较高，画面色彩亦得到较好还原。然而遗憾的是，对比前揭夏塔图 M1 之 A 板图像摄影，可以明显观察到棺板画线条清晰度的褪化。要之，其色彩的消褪亦是可以想见的憾事了。

《文物》2006 年第 7 期刊登了罗世平先生撰文《天堂喜宴——青海海西州郭里木吐蕃棺板画笺证》。虽作者在文末注释中比较谦逊地表示，上揭《中国国家地理》所刊高质量图片是其研究基础，然经笔者认真比对，罗先生文中所列相关图像摄影，亦有一定新意。首先，文中首次给出 B 板棺板画全貌（图 2—4）；其次，所列 A 板、B 板棺板画局部图像摄影，尽

图 2—4　夏塔图 B 板棺板画全幅图像摄影
（采自罗世平《天堂喜宴——青海海西州郭里木吐蕃棺板画笺证》，第 75 页）

管总体未出《中国国家地理》所刊范围，但除了一幅表现"性爱"场面图像外，其余图幅内容均稍稍多于后者。① 因此，基本可以推定该文所用棺板画图像摄影资料，多不出于《中国国家地理》2006年第3期，而是通过其他更直接的渠道获取。

罗世平文之所刊夏塔图棺板画摄影图像，也为国外有关研究所引用。在一篇发表于2007年10月的关于早期藏区"赭面"习俗的文章"The red-faced men Ⅲ：The red-faced women"中，就转刊了夏塔图M1彩棺A板图像的一些局部。② 显然，这批图像也引起了国外学界的重视。

以上所列夏塔图M1彩棺侧板图像摄影，乃迄2010年2月为止，公开可见的几乎所有的较具价值该形式图像文本资料。③

（三）棺板画图像之摹绘

青海省文物考古研究所的柳春诚先生，于2002年9月到2003年1月，对夏塔图棺板彩画进行了部分摹绘。④ 这批棺板画摹绘包括彩画摹绘与线描摹绘两类。2004年春，许新国先生撰《郭里木吐蕃墓葬棺版画（上）》的题图，对这一摹绘工作就有场景性反映。也正是这一篇文章，首次使用了1幅A板后半部摹绘彩画的黑白效果图，但画幅很小且颇模糊，没有太大参考价值。⑤ 笔者经过勘比，认为此黑白图的原图，应该就是柳春诚先生所摹绘夏塔图棺板彩画之一。

2004年冬，柳春诚、程起骏合作《吐谷浑人绚丽多彩的生活画卷——德令哈市郭里木乡出土棺板画研读》一文中，跨页刊登了一幅夏塔图M1彩棺A板的线描图（图2—5）。此图为最早公开的A板的线描图，其内容丰富、描绘清晰，具有较高的图像可识别性。但不知何故，此图所绘侧棺

---

① 参见罗世平撰《天堂喜宴——青海海西州郭里木吐蕃棺板画笺证》，《文物》2006年第7期。
② The red-faced men Ⅲ：The red-faced women. (http://earlytibet.com/2007/10/05/red-faced-men-iii/) 另外，John Vincent Bellezza 著 Zhang Zhung Foundations of Civilization in Tibet，2008. broschiert. 其中Part 1 中涉及"郭里木棺板画"，应该亦有一些相关图像。不过，由于渠道问题，笔者并没有见到该书，以上也仅仅是一种推测。
③ 《青海日报》在2003年10月上旬，分3期连载了许新国的《郭里木吐蕃墓葬棺板画内容试探》，其中所配发的夏塔图棺板画图像摄影，虽属公开较早者，然图像质量不高，故价值有限。
④ 柳春诚：《郭里木棺板彩画临摹手记》，《中国国家地理》2006年第3期。
⑤ 参见许新国《郭里木吐蕃墓葬棺版画（上）》，《柴达木开发研究》2004年第2期。《柴达木开发研究》2005年第1期续刊许新国《郭里木吐蕃墓葬棺版画（下）》，并登载了2幅A板摹绘彩画的局部黑白效果图，其中一幅几乎占了半个页面，许多内容可以较清楚识读。

板外轮廓颇为失真,严重影响了对整体画面比例与结构关系的准确识读。另外,其线描亦装饰味稍浓,在绘画风格上似与原图有一定差异。这些问题无疑削弱了该图的研究参考价值。①

图2—5　柳春诚绘夏塔图M1彩棺A板棺板画线描图

(采自柳春诚、程起骏《吐谷浑人绚丽多彩的生活画卷——德令哈市郭里木乡出土棺板画研读》,《中国土族》2004年冬季号,第4—5页)

《中国藏学》2005年第1期封三,作为许新国《郭里木吐蕃墓葬棺板画研究》一文的图版页,首次刊登了A板棺板画的彩色摹绘图像。其分为了三个部分,分别为"图4 狩猎及商旅图""图5 狩猎、商旅、宴饮图""图6 帐居、宴饮、射牛、仕女及双身图"(图2—6)。② 可以发现,这三幅图像实际上已经涵盖了A板棺板画的全部内容。这是外界第一次对夏塔图棺板画的情况有了比较深入地了解,也是其所含历史、民族与艺术等综合性研究价值为学术界逐步看重的一个比较重要的开端。比较遗憾的是,上揭对应文章的文字中,并没有对A板棺板画的图像程序给予十分明确的交代,加之"图4"为棺侧板足端彩画,而"图6"为棺侧板头端彩画,与一般习惯性逻辑也颇有些不同。如果没有接触过上文柳氏的A板线描图,

---

① 参见柳春诚、程起骏《吐谷浑人绚丽多彩的生活画卷——德令哈市郭里木乡出土棺板画研读》,《中国土族》2004年冬季号。笔者估计,有可能是在印刷排版过程中,为迁就版式而改变了棺板外轮廓。这一改变不能不影响该图的学术参考价值。另外,许新国论文集收录之《郭里木乡吐蕃墓葬棺板画研究》一文中,将此图以"反转片"形式错误地引用,亦为此图的传播带来一定负面作用,见许新国《西陲之地与东西方文明》,北京燕山出版社2006年版,第301页。

② 许新国先生《郭里木吐蕃墓葬棺板画研究》文中,将这三幅图像位置写作"见封二",应该是"见封三"之误,见《中国藏学》2005年第1期。

第二章　夏塔图棺板画图像材料的公布情况

图4　狩猎及商旅图

图5　狩猎、商旅、宴饮图

图6　帐居、宴饮、射牛、
　　　仕女及双身图

图2—6　《中国藏学》所载最早公布之夏塔图 M1 彩棺 A 板彩色摹绘图像
（采自许新国《郭里木吐蕃墓葬棺板画研究》，《中国藏学》2005年第1期，封三）

将会使观者较难对 A 板棺板画的图像结构建立起准确的整体性把握。另外，"图4"与"图6"图像上部明显内缩变形，这也一定程度上影响了其图像研究的精确度。

2005 年初，许新国《郭里木吐蕃墓葬棺板画（下）》文中又刊出了 2 幅 A 板棺板画局部摹绘图像，分别名之"木棺侧板：迎宾图　宴饮图""木棺侧板：赞普赞蒙帐居图　双身图　射牛图　仕女图"。① 这 2 幅图像均为彩色摹绘的黑白效果图，前者图幅很小且模糊，无多少参考价值；后者约占半个页面，但图像质量亦不理想，参考价值也不大。同样，它们也应该是柳春诚先生摹绘的夏塔图棺板彩画的黑白色翻版图。在这一年《柴达木开发研究》第 2 期，柳春诚、程起骏合作发表的《郭里木棺板画初展吐谷浑生活》中，又跨页刊出了 1 幅 A 板棺板画线描图。② 该图除了首尾略有删缺外，与前揭《吐谷浑人绚丽多彩的生活画卷——德令哈市郭里木乡出土棺板画研读》文中线描图完全一样。

与前文摄影图像情况一样，目前可见最为理想的夏塔图 M1 彩棺侧板——实际就只是 A 板——彩画摹绘图像文本，亦为《中国国家地理》2006 年第 3 期相关所刊者。这正是柳春诚在 2002 年 9 月至 2003 年 1 月间所绘、且为上揭许新国撰文多次以黑白效果图形式公开的那批图像的彩色原本。该图像文本采用几乎 4 个页面的折页对印刊出，画面线条展现清晰，色彩艳丽、饱和，极具视觉冲击力（图 2—7）。通过与前揭柳氏所绘

图 2—7　柳春诚绘夏塔图 M1 彩棺 A 板全幅彩画摹本

（采自《中国国家地理》2006 年第 3 期）

---

① 许新国：《郭里木吐蕃墓葬棺板画（下）》，《柴达木开发研究》2005 年第 1 期。
② 柳春诚、程起骏：《郭里木棺板画初展吐谷浑生活》，《柴达木开发研究》2005 年第 2 期。

A板线描图对比，这幅图像基本就是夏塔图M1彩棺A板彩画的全幅摹本。加之摹本图像的线条，乃是用透明硫酸纸直接拓描于彩棺，而摹绘时间又非常接近棺板画出土时间。① 因此，这幅A板彩画的摹本，无论是在图像全幅结构和细节造型的精确程度上，还是在图像色彩的还原与接近程度方面，均为目前所知之最佳者。故而具有极高的研究参考价值。

2006年7月，罗世平先生在《天堂喜宴——青海海西州郭里木吐蕃棺板画笺证》一文中，发表了2幅全新的夏塔图M1彩棺侧板——即A板和B板——线描图。这2幅线描图在清晰勾画出A板和B板外轮廓的基础上，比较准确与全面地描绘了棺板画的内容（图2—8）。特别是其中之B板线描图，应该是这块彩棺侧板彩画线描之首见者也。罗氏文中这组线描图造型结构比较准确，棺板与其上图像位置关系亦颇清晰，较便于图像内

图 2—8 罗世平绘夏塔图 M1 彩棺 A、B 板棺板画线描图
（采自罗世平《天堂喜宴——青海海西州郭里木吐蕃棺板画笺证》，第69页）

---

① 柳春诚：《郭里木棺板彩画临摹手记》，《中国国家地理》2006年第3期。

容的辨认、识读与整体把握。同时，其线条具有简拙的理性倾向，虽从一般绘画的艺术审美角度观之难称高明，但却多少便于历史与考古学者之常规观察，故多为后来的其他相关研究所引用。①

2007年，霍巍先生在《艺术史研究》第9辑发表的《青海出土吐蕃木棺板画人物服饰的初步研究》一文中，引用了一幅图题名为"一号棺板B板所绘'奔丧图'上的人物形象"的夏塔图彩棺侧板局部线描图（图2—9）。②从线描风格观之，该图乃较罗世平先生B板线描图细腻，

图2—9 绘者佚名之夏塔图M1彩棺B板彩画线描图局部

（采自霍巍《青海出土吐蕃木棺板画人物服饰的初步研究》，《艺术史研究》第9辑，中山大学出版社2007年版，第267页）

---

① 参见许新国《试论夏塔图吐蕃棺板画的源流》，《青海民族学院学报》（社会科学版）2007年第1期；霍巍《青海出土吐蕃棺板画的初步观察与研究》，《西藏研究》2007年第2期；Matteo Compareti. Iranian Elements in Kaśmīr and Tibet: *Sasanian and Sogdian Borrowings in Kashmiri and Tibetan Art*. Transoxiana 14, Agosto 2009。另外，笔者在2008年8月，曾根据罗氏A、B板线描图，并参考相关图像摄影文本，为拙文《考古发现所见吐蕃射猎运动——以郭里木吐蕃棺板画为对象》绘制了2幅以射猎、射牛为内容的线描插图，具体可参见《西安体育学院学报》2008年第6期。

② 霍巍：《青海出土吐蕃木棺板画人物服饰的初步研究》，《艺术史研究》第9辑，中山大学出版社2007年版。

同一部位的图像内容描绘亦更为完整。同时，也不似前揭柳春诚先生夏塔图 M1 彩棺 A 板线描那般有过多个人风格成分。故仅从画面效果看，此图应是目前相对较好的一个线描图版本的局部。

综上可知，目前已公开的夏塔图 M1 彩棺侧板彩画摹绘之素质佳者，一为柳春诚先生所绘 A 板彩色全幅摹本，二为罗世平先生所绘 A、B 板全貌线描图。笔者遍览前后相关诸文所用摹绘图像，乃多采引此二者焉。至于佚名的那个线描图版本[①]，由于公开内容过少，其实际参考价值受到局限。

二 夏塔图 M2 彩棺侧板

对比夏塔图 M1 彩棺侧板彩画图像公开的热闹情形，M2 彩棺侧板图像的有关信息则显得非常稀疏与模糊。在目前已经公开的资料中，仅见霍巍先生若干论文对有关图像有些许透露。

其一，为上揭霍巍先生 2007 年发表的《青海出土吐蕃木棺板画人物服饰的初步研究》。该文在试图解释一种纹锦装饰的服饰形制时，引用了 1 幅题名为"二号棺板画 A 板所绘骑马射猎图上的人物形象"的线描插图，而文章中对应文字明确为"郭里木二号棺板画上的 A 板"。[②] 参考霍巍先生前揭文对夏塔图墓葬编号情况的介绍，可以基本肯定这幅线描图摹绘自夏塔图墓地 M2——即所谓"迁葬墓"——所出彩棺侧板的彩画（图 2—10）。[③] 而从这幅线描图画面所反映出的棺板局部形态分析，也可推知这块彩棺侧板应是一块右侧棺板（头挡—足挡）。故本书将之编为夏塔图 M2 彩棺 B 板，亦简写作"夏塔图 M2－B"。[④]

[①] 笔者博士后出站若干年后，获知此图绘者应该是现供职于中国社会科学院考古研究所的全涛先生。

[②] 参见霍巍《青海出土吐蕃木棺板画人物服饰的初步研究》，《艺术史研究》第 9 辑，中山大学出版社 2007 年版。另外，霍巍先生《青海出土吐蕃棺板画的初步观察与研究》一文透露，全涛先生曾经对夏塔图 M2 彩棺 2 块侧板彩画做过线描，估计其中可能就包括这幅线描图，《西藏研究》2007 年第 2 期。

[③] 霍巍先生在《青海出土吐蕃棺板画的初步观察与研究》中，对夏塔图 M2 彩棺 2 个侧棺板的彩画有极为详尽的文字介绍，在没有更多图像资料的情况下，这段"图像志"性质的文字，具有迄今所见关于夏塔图 M2 棺板画最重要的研究价值，《西藏研究》2007 年第 2 期。

[④] 在本书以及大多数有关论述中，夏塔图 M1 彩棺这一侧的棺板一般被编为"B 板"。霍巍先生在《青海出土吐蕃棺板画的初步观察与研究》中介绍夏塔图 M2 这块彩棺侧板时，也称其为"2 号棺 B 面"（《西藏研究》2007 年第 2 期），而在此处却将这块夏塔图 M2 彩棺侧板命名为"A 板"，其原因与依据不详。

图2—10 绘者佚名之夏塔图M2彩棺侧板彩画线描图局部之一
（采自霍巍《青海出土吐蕃木棺板画人物服饰的初步研究》，第264页）

其二，乃见于霍巍先生2009年发表的《吐蕃系统金银器研究》。文中为说明一种吐蕃银瓶的形制特点，使用了1幅题名"青海吐蕃木棺板画宴饮场面局部"的"郭里木乡发现的吐蕃二号棺板画"线描图。[①] 对照霍巍先生在《青海出土吐蕃木棺板画的初步观察与研究》中，对夏塔图M2彩棺——文中"2号棺"——"画面"的文字描述，基本可以推定这应该是夏塔图M2彩棺左侧棺板（头挡—足挡）彩画的局部线描图（图2—11）。要之，其所本之棺板应为夏塔图M2彩棺A板，简作"夏塔图M2-A"。另外，通过对这2幅线描图上线条与造型风格分析，笔者个人认为，它们与前文霍先生《青海出土吐蕃木棺板画人物服饰的初步研究》所引"一号棺板B板所绘'奔丧图'上的人物形象"线描图的绘者，很可能就是同一个人。

尽管，夏塔图M2下葬时间晚于M1差不多一年，然而，从上面这幅线描图所见棺板画上之座谈对饮和骑射人物、挠酒者、圆顶帐篷和山峦等图像内容，则无论是其具体造型还是在画面中构图位置，均与夏塔图M1彩棺之B板颇为相近。这在表明二者应该具有相同之丧葬观念与丧葬制度背景前提下，似乎还暗示了彩棺的制作者也很可能是同一个人或同一技术

---

① 霍巍：《吐蕃系统金银器研究》，《考古学报》2009年第1期。

图 2—11　绘者佚名之夏塔图 M2 彩棺侧板彩画线描图局部之二
（采自霍巍《吐蕃系统金银器研究》，《考古学报》2009 年第 1 期）

群体——他们的技艺表现太过相似了。另外，这幅棺板画的局部线描图也多少表明了，夏塔图 M1 和 M2 在墓葬系统中最重要子系统——彩棺——基本是一样的等级。这与本书的有关推测相符合。

三　夏塔图墓地或出之流散民间彩棺侧板

除了前文所举若干确定出于夏塔图 M1、M2 彩棺侧板的彩画图像外，还有 1 幅很可能也出于夏塔图墓地，却据称已经流散民间的棺板画图像，也非常值得关注。本书将其编为夏塔图彩棺 X 号侧板，简写作"夏塔图侧板 – X"。

关于这块彩棺棺板的图像资料，最早是由许新国先生在 2002 年北京召开的"西藏考古与艺术国际学术讨论会"上,予以会议内部报告。① 而其相关情况的部分公开,则首见于霍巍先生2007年初发表的《西域风格与唐风染化——中古时期吐蕃与粟特人的棺板装饰传统试析》中一段"图像志"性质的文字。② 随后不久,霍先生又在《青海出土吐蕃棺板画的初步观察与研究》一文里确定,这块棺板"系从郭里木一带的古墓中盗掘所获"。③ 同年,经许新国先生同意,霍巍先生在《青海出土吐蕃木棺板画人物服饰的初步研究》中,首次公开了这幅棺板画的局部图像(图2—12)。

图 2—12 夏塔图墓地或出之流散民间彩棺侧板彩画局部
(采自霍巍《青海出土吐蕃木棺板画人物服饰的初步研究》,第269页)

霍巍先生文中这幅引图,可能因是转印自原本画质就一般的摄影图像,加之又以黑白图像形式刊印,故画面并不清晰。但缘其所含之若干关键内容,可能对其他棺板画的识读,起到一定效果的辅助勘比作用,因此,在相关棺板画图像志研究中具有较重要意义。

---

① 霍巍:《青海出土吐蕃棺板画的初步观察与研究》,《西藏研究》2007年第2期。
② 霍巍:《西域风格与唐风染化——中古时期吐蕃与粟特人的棺板装饰传统试析》,《敦煌学辑刊》2007年第1期。
③ 霍巍:《青海出土吐蕃棺板画的初步观察与研究》,《西藏研究》2007年第2期。

第二节 夏塔图彩棺挡板棺板画

一 彩棺挡板棺板画概况

与彩棺侧板的情况类似，关于夏塔图 M1 和 M2 彩棺挡板彩画图像的信息公开，亦一直较为零散和无序，甚至到现在其中也还夹杂着许多模糊与矛盾的成分。笔者初步梳理，有两点值得注意：其一，虽公开材料一般都讲，夏塔图墓地2座墓葬的3具彩棺共出土了"6块前后挡板"，如柳春诚等最早在2004年就公布此说，并介绍挡板上"绘有青龙、白虎、朱雀、玄武四灵之图案，还有金乌玉兔的形象。画工精湛，造型奇崛。"[①] 罗世平的《天堂喜宴——青海海西州郭里木吐蕃棺板画笺证》中亦列举了6幅挡板彩色摹本。似乎更印证以上挡板数量。但实际上，目前已知挡板彩画摹本应该有7幅，故夏塔图墓地出土大小挡板至少为7块。其二，夏塔图彩棺挡板彩画的公开图像均为彩色摹绘一种图像文本形式，迄今未见相关摄影图像或线描图之图像文本形式。

二 彩棺挡板棺板画的公布与重新编序

（一）彩棺挡板棺板画的公布情况

从笔者了解的情况看，最早刊出 M1 和 M2 彩棺挡板图像者，亦为上揭许新国《郭里木吐蕃墓葬棺版画（上）》一文。

相关图像为彩色摹本的黑白效果图，共3幅，无图题名。图像质量均较差，仅能勉强辨认出宝相团窠长尾白禽（缺禽首）、玄武和朱雀的大体图纹模样[②]，故基本没有多少图像研究的价值。同样的图像在许新国《郭里木吐蕃墓葬棺板画研究》一文中，则以较高质量的全幅彩色图版形式载

---

① 柳春诚、程起骏：《吐谷浑人绚丽多彩的生活画卷——德令哈市郭里木乡出土棺板画研读》，《中国土族》2004年冬季号。
② 许新国：《郭里木吐蕃墓葬棺版画（上）》，《柴达木开发研究》2004年第2期。

于《中国藏学》2005年第1期的封二，其图像题名分别为"图1 朱雀凤鸟图""图2 朱雀图""图3 玄武图"（图2—13）。这3幅棺板画彩色摹绘图像的清晰度较高，还用线描形式勾绘出了彩棺挡板的外轮廓。虽然图像色彩还原质量一般，但总体来讲仍具有相当高的研究参考价值。

图1 朱雀凤鸟图

图2 朱雀图 　　　　图3 玄武图

图2—13　夏塔图墓葬彩棺挡板彩画彩色摹绘之一
（采自许新国《郭里木吐蕃墓葬棺板画研究》，封二）

2005年3月，澳大利亚在线杂志《中国遗产》（*China Heritage*），在一篇题为《青海的新发现》（New Discoveries in Qinghai）的简讯中，转刊

了许新国《郭里木吐蕃墓葬棺板画研究》中之"图 2 朱雀图"和"图 3 玄武图"的彩色摹绘图像。这 2 幅图像虽颜色艳丽,然色调却过于偏暖。失却了棺板画固有的沧桑韵味。更为遗憾的是,文中尽管明言"郭里木"(Guolimu)云云,但在图文中却错写为棺板画出土于"都兰"(Dulan)。① 颇有不知所云之感。

《中国国家地理·青海专辑(下辑)》中,也刊出了 3 幅色彩艳丽的夏塔图墓葬彩棺挡板之彩色摹绘图像。其中除了与上文内容相同的 2 幅所谓"朱雀凤鸟"和"玄武"外,还新公布了 1 幅双层卷草团窠白兔图纹的棺挡彩画,图题名曰"金乌玉兔"。② 遗憾的是这幅"金乌玉兔"与"玄武"的图像均被裁切以符合排版,故图像结构研究的参考价值有所降低。不过,鉴于《中国国家地理》杂志在国内居于一流的图片分色印刷技术,包括"朱雀凤鸟"在内的这 3 幅彩棺挡板彩色摹本之色彩研究价值,还是应该受到肯定的。另外,通过这期《中国国家地理·青海专辑(下辑)》,我们亦大体可知,以上所见各样夏塔图墓葬彩棺挡板彩画的彩色摹绘,也与外界熟知的 M1 彩棺 A 板摹本一样,均应是出自柳春诚先生之手。

罗世平先生在《天堂喜宴——青海海西州郭里木吐蕃棺板画笺证》一文开篇即言:夏塔图墓地"出土的彩绘棺板虽已难作组合拼对,但部分彩绘画面保存较好,内容有画在棺头挡上的朱雀、玄武和花鸟",并以"图三—八"的图号形式,随后附上了 6 幅彩色"挡板画局部(摹本)"。③ 罗文诸图具有以下几个特点:

第一,"图三"和"图八"为首次公开的夏塔图彩棺挡板彩画图像新材料。其中"图三"图像内容为:莲座之上悬浮一朱红色有翅无爪、略似龙状之物,周边饰以卷草;"图八"图像内容为挡头残板中部绘有花草一束,其两侧各饰一只面向花草、状似鸽雀的立禽(图 2—14)。结合图像绘画风格以及摹绘人能够接触考古实物等情况看,这 2 幅彩绘摹本绘者推测亦应为柳春诚先生。

---

① China Heritage Project. 2005. "New Discoveries in Qinghai". *China Heritage Newsletter* 1 (online journal) (http://www.chinaheritagequarteriy org/articles.php? searchterm = 001 _ qinghai. inc&issue = 001)。
② 该图像"金乌玉兔"之名,最早见于柳春诚、程起骏合撰之《吐谷浑人绚丽多彩的生活画卷——德令哈市郭里木乡出土棺板画研读》一文,参见《中国土族》2004 年冬季号。
③ 罗世平:《天堂喜宴——青海海西州郭里木吐蕃棺板画笺证》,《文物》2006 年第 7 期。

图 2—14　夏塔图墓葬彩棺挡板彩画彩色摹绘之二
（采自罗世平《天堂喜宴——青海海西州郭里木吐蕃棺板画笺证》，第70、71页）

第二，所有摹本均为具有线描棺板外轮廓线的全幅图像形式。其中，"图六"——即上揭所谓"金乌玉兔"的全幅摹本（图2—15），完全弥补了《中国国家地理》刊图裁缺的不足。不过，罗文中将6幅彩棺挡板摹本均题名作"挡板画局部"，似乎并不妥帖。从考古遗存状态而言，其绘出了挡板外轮廓线，即是遗存之全貌矣。即使以完好程度为标准，其之"图五"，即上揭许新国文中所谓"图2朱雀图"，以及"图七"，即许氏所谓"图1朱雀凤鸟图"，也是保存相当完整的。

图 2—15　夏塔图墓葬彩棺挡板彩画彩色摹绘之三
（采自罗世平《天堂喜宴——青海海西州郭里木吐蕃棺板画笺证》，第70页）

第二章　夏塔图棺板画图像材料的公布情况

第三，公布彩棺挡板彩画为6幅，与前揭柳春诚氏所言之出土3具彩棺共有6块挡板，在数字上吻合。这一点也已为霍巍先生所注意。① 但这6块挡板是否就是对应着夏塔图M1、M2出土的3具彩棺，并有助于彩棺复原工作的开展呢？罗世平先生文中云"已难作组合拼对"。而笔者认为，认真利用这6块彩棺挡板，是可以在现有材料基础上，开展与推进这批彩棺复原的相关工作的。本书后面将对此进行一些尝试。

第四，所有摹本应该均出自柳春诚先生之手。目前，仅有《中国国家地理·青海专辑（下辑）》明确标明，其刊出之夏塔图彩棺彩色摹本的绘图者为柳春诚先生。通过比较上揭许新国与罗世平文中相关摹本的画面形态，并考虑绘图人乃能够直接接触出土棺板实物者之身份，基本可以确定目前公开的这6幅夏塔图彩棺挡板彩画的彩色摹本，应该都是由身为青海省文物考古研究所工作人员、也是夏塔图M1彩棺A板彩画摹本作者的柳春诚先生所摹绘。进而推测，罗世平先生掌握的有关图像资料，至少有一部分也应直接源于柳氏。

几乎与罗世平文发表的同时，许新国《西陲之地与东西方文明》所录《郭里木乡吐蕃墓葬棺板画研究》一文中，也提供了6幅质量比较高的挡板彩绘摹本。其中，图版十三－1"郭里木出土吐蕃兽面图"为首次公布，② 亦为目前所知夏塔图墓葬出土的第7块彩棺挡板彩画之彩绘摹本。该图像呈扇形，全幅，上绘一瞋目张口兽首，应为彩棺挡板上部残板（图2—16）。基于前揭同样原因，笔者推测此幅彩绘摹本的绘者应该还是柳春诚先生。另外，根据该彩绘摹本刊出的文本情境，笔者推测，其可能也出于夏塔图M1或者夏塔图M2中之某具彩棺。

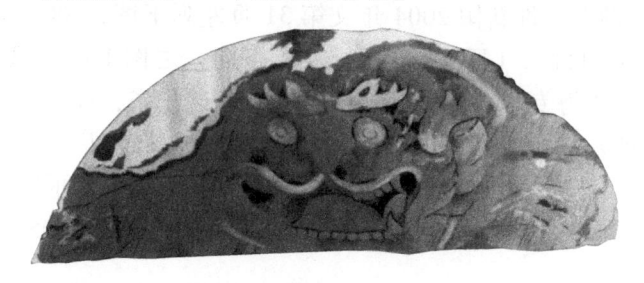

图2—16　夏塔图墓葬彩棺挡板彩画彩色摹绘之四
（采自许新国《西陲之地与东西方文明》，北京燕山出版社2006年版，图版十三－1）

---

① 霍巍：《青海出土吐蕃棺板画的初步观察与研究》，《西藏研究》2007年第2期。
② 许新国：《西陲之地与东西方文明》，北京燕山出版社2006年版，图版十三－1。

综上所记，有一些问题仍感模糊，其中比较突出者就是所谓"四灵""四神"中，① 除了所谓"朱雀凤鸟""朱雀""玄武"图像可识别——学界似乎也基本默认——之外，其余之"青龙""白虎"却始终未见十分确定可对应的图像。然相关论述在文字中往往不但"四神"并举，而且许新国先生还曾明确讲"吐蕃墓棺版画中的四神一般绘于棺两头的挡板上，青龙图像与唐墓壁画中的形式较为接近，白虎采用虎头正视的形式，与唐画差别较大"。② 难道上面那幅"郭里木出土吐蕃兽面图"中相当典型的"兽首"，被识读为虎头正视的"白虎"了？这似乎不太可能。那么，到底是实际上并没有出土"青龙""白虎"图像（或"标准像"），还是有关材料没有公开呢？我们不得而知。不过，从前面罗世平文中仅讲"棺头挡板上的朱雀、玄武和花鸟"，而未及其他的情况来看，起码他文中所录的6块夏塔图彩棺挡板彩画中，实在是没有真正意义上之"青龙""白虎"图像。因此，要对这批彩棺挡板彩画开展图像志研究，还是需要相当的勇气与丰富的想象力。

（二）彩棺挡板图像的编序

为了后面的相关研究表述更为清晰与方便，本书大体在罗世平所录挡板彩画摹本排序基础上，重新对以上7幅图像进行定名与编序：

夏塔图彩棺1号挡板，简写作"夏塔图挡板-1"。其亦为罗世平2007年文第70页图三；许新国《西陲之地与东西方文明》图版十四-2"郭里木出土吐蕃凤鸟纹图"。

夏塔图彩棺2号挡板，简写作"夏塔图挡板-2"。其亦为罗世平2007年文第71页图七；许新国2004年文第31页左列下图，2005年刊文《中国藏学》第1期封二（原文作"封一"，下同）之图1朱雀凤鸟图；《中国国家地理·青海专辑（下辑）》第96页彩图之朱雀；许新国《西陲之地与东西方文明》图版十四-1"郭里木出土吐蕃凤鸟纹图"。

夏塔图彩棺3号挡板，简写作"夏塔图挡板-3"。其亦为罗世平2007年文第70页图四；许新国2004年文第31页左列中图，2005年刊文《中

---

① 《礼记·礼运》有"麟、凤、龟、龙，谓之四灵"句，故对于由朱雀、玄武、青龙、白虎所构成的新系统，名之"四神"似乎更为妥当。
② 参见许新国《郭里木吐蕃墓葬棺版画（上）》，《柴达木开发研究》2004年第2期；许新国《郭里木吐蕃墓藏棺板画研究》，《中国藏学》2005年第1期；许新国《试论夏塔图吐蕃棺板画的源流》，《青海民族学院学报》（社会科学版）2007年第1期。

国藏学》第 1 期封二之图 3 玄武图;《中国国家地理·青海专辑（下辑）》第 98 页彩图之玄武;许新国《西陲之地与东西方文明》图版十三-2"郭里木出土吐蕃玄武图"。

夏塔图彩棺 4 号挡板,简写作"夏塔图挡板-4"。其亦为罗世平 2007 年文第 70 页图五;许新国 2004 年文第 31 页左列上图,2005 年刊文《中国藏学》第 1 期封二之图 2 朱雀图;许新国《西陲之地与东西方文明》图版十二-1"郭里木出土吐蕃宝花云鸟图"。

夏塔图彩棺 5 号挡板,简写作"夏塔图挡板-5"。其亦为罗世平 2007 年文第 70 页图六;《中国国家地理·青海专辑（下辑）》第 97 页彩图之金乌玉兔;许新国《西陲之地与东西方文明》图版十二-2"郭里木出土吐蕃宝花兽纹图"。①

夏塔图彩棺 6 号挡板,简写作"夏塔图挡板-6"。其亦为罗世平 2007 年文第 71 页图八。

夏塔图彩棺 7 号挡板,简写作"夏塔图挡板-7"。其亦为许新国《西陲之地与东西方文明》图版十三-1"郭里木出土吐蕃兽面图"。

---

① 该图在许新国《西陲之地与东西方文明》图版十二中,排版放置出现横竖方向错误。实在令人遗憾。

第三章　夏塔图棺板画既往图像志研究的回顾与分析

第一节　本书"图像志"研究方法的一些说明

"图像志",英文作 iconography,其后缀 graphy 源于希腊文 graphein,意为"写",其暗示着一种纯粹描述性、且多为资料统计式的方式。故 iconography——图像志——最基本与直接的内容,就是对图像的描述与分类。因此,美国艺术史学家潘诺夫斯基(Erwin Panofsky)认为,图像志是一种有局限、或曰辅助性的研究,其只能为观察者揭示某些主题在何种时空条件下,能够以何种特定母题(motif)[①]来体现。为了更清楚说明他对图像志的看法,潘诺夫斯基还将之划分为两个层次:前图像志描述、图像志分析。至于接下来的一个层次,潘诺夫斯基认为,就到了"图像学"(iconology)解释了。[②] 对于"图像志"含义的描述,波兰学者比亚洛斯托基(Jan Bialostocki)则认为,"在现代用法中,图像志指对艺术作品内容的描述和阐释"。[③] 他的这种说法,包含内容要多于潘诺夫斯基一些——似

[①] "母题",英文作 motif,在美术学中其大致有三种含义:第一,指构图中独特的、支配性的成分;第二,指设计中的一个单位,通过重复这个单位来形成一种图案或强调一种主题;第三,艺术作品的主题或题材。参见范景中《〈木马沉思录〉简释》,载《图像与观念——范景中学术论文集》,岭南美术出版社 1992 年版,第 44 页。

[②] Panofsky, E. (1939): *Studies in Iconology: Humanistic Themes in the Art of the Renaissance*, New York, Oxford University Press, pp. 6 – 12.

[③] Bialostocki, J. (1973): *Dictionary of the History of Ideas*: ICONOGRAPHY. New York, Vol. 2, p. 524.

第三章 夏塔图棺板画既往图像志研究的回顾与分析

乎一只脚已经站到了图像学的台阶上了。这也符合他的另一个看法：图像志研究绝不是一个封闭的系统。① 而英国艺术史学者贡布里希（E. H. Gombrich）甚至认为，"图像志"与"图像学"二者的区别并不明显，对它们进行严格区分也不是非常重要。②

潘诺夫斯基的说法，某种程度上更适合笔者——这多少是个人原因——对这一复杂艺术史学之学理问题理解与接受的方向。同时，可能也比较适合夏塔图棺板画图像现已经公布、且可资研究材料的实际情况。本书认为，简单地讲，在一幅图画中，借助若干线条色彩构成的一个"形"——或曰"形式母题"或曰"图形"——是"什么"的问题，就对应着"前图像志描述"；若干个"形"组成的有约定俗成情态含义的"完整题材"——或曰"综合母题"或曰"图像"——是"什么"的问题，就对应着"图像志分析"。

就夏塔图棺板画而言，由于图像载体之棺板的保存实际状态，以及图像材料公布过程的曲折、图像形式多样且缺乏系统，故使前图像志的任务亦颇繁重。从目前相关研究现状观之，其中确实不乏一些"图形"的"误读"。这种情况的产生，至少有两个原因：其一，图像本身的保护或公布状态不佳，使"图形"的正确识读有客观性困难。其二，对"图形"识读的作用和方法理解与掌握情况不佳，使"图形"的正确识读存有主观性困难。不过，其中第二点，往往也涉及经验的因素。而"经验"亦包含两重含义：一是图像观察者为主体的"经验能力"，其指观察者在长期图像观察中，形成的以丰富"视觉经验"为基础的图像识读能力。二是以图像本身为主体的"经验机会"，其指同类型考古图像出现频度之多少，及其为图像观察者建立"视觉经验"所提供的机会频度。一般而言，有一定轰动效应的考古发现，其往往表明"经验机会"的相对缺弱状态，所谓"物以稀为贵"。夏塔图棺板画上一些"图形"所具有的特殊性，学界已经有相对丰富认识。但就前图像志研究比较规范的要求观之，既往相关认识仍需更为拓展视野，方能更符合或曰更趋近对象"特殊性"的实际。

---

① Bialostocki, J. (1973): *Dictionary of the History of Ideas*: ICONOGRAPHY. New York, Vol. 2, p. 541.
② [英] E. H. 贡布里希著，杨思梁、范景中编选：《象征的图像：贡布里希图像学文集》，上海书画出版社1990年版，第6页。

图像作为若干图形组成之具约定俗成情态含义的结构，对它进行图像志研究必须借助所谓"原典知识"，即那种对特定图像主题与概念的熟知。例如，一只兔子的图像，在中国传统文化语境中，我们都了解它往往具有两个最常见的含义：广寒宫之兔、十二生肖之兔。"龙"图像也存在类似情况。那么，诸如中国古代关于十二生肖以及四神方位观念等，就是兹所对应的"原典知识"。而具体到夏塔图棺板画图像志研究中，哪些是必需的"原典知识"呢？有些似乎是没有争议的，有些则完全不同。它们无疑影响到我们对图像象征之理解，更进一步关乎我们对图像表现观念之理解。当然，最后这一层已经是完全意义上的"图像学"研究了，其超出了本节讨论的范畴。

至此不难发现，对于像夏塔图棺板画这样的"图像"，如果不在正确鉴定其所包含各个综合母题——甚至是前图像志对应的各个"形"——的基础上，对这些图像母题结构进行正确的图像志分析，则所有进一步的研究——其往往具有或像具有"图像学"属性——基本都是一些猜测。而猜测的结果，一般就仅仅只是个运气问题。当然，图像志研究并不完全排除运气，可能往往还要依靠运气。贡布里希就曾相当明确地说：

> 像所有历史探案工作一样，揭开图像志之谜需要运气和一定的背景知识。有了这种运气，那么图像志的研究结果有时可能得到确切的证明标准。[①]

实际上我们不得不承认，即使不考虑笔者个人在"背景知识"方面的不足，就算在好运气帮助下我们的图像志研究能够走在基本正确的道路上，但后面的图像学研究要想获得真正的价值，多少还是要靠一些好运气甚至是更好的运气。图像志研究的过程常常就是这样：趣味与风险共存。每每想到这一点，笔者心中就对前人在研究中所作出的种种努力，以及他们所体现出的学术勇气，产生了由衷的钦佩与深刻的理解。

---

① [英] E. H. 贡布里希著，杨思梁、范景中编选：《象征的图像：贡布里希图像学文集》，上海书画出版社1990年版，第6页。

第三章 夏塔图棺板画既往图像志研究的回顾与分析

第二节 夏塔图彩棺侧板彩画图像志

一 夏塔图 M1 彩棺侧板

（一）夏塔图 M1 彩棺 A 板（图3—1）

图3—1 夏塔图 M1 彩棺 A 板彩绘摹本

［采自青海省博物馆《尘封千年的岁月记忆：丝绸之路（青海道）沿线古代彩绘木棺板画》，文物出版社2019年版，第150页］

　　夏塔图 M1 彩棺 A 板图像内容丰富，既往图像描述可分为全幅描述与局部描述两种。其中局部描述相对零散、随意，基本是文中相关局部配图一般说明，内容也未见超越有关全幅描述者，兹故不专述之。而夏塔图 M1 彩棺 A 板图像全幅描述，目前大约可以见到以下几种：

　　a. 许新国《郭里木吐蕃墓葬棺版画（上）》（2004年）、《郭里木吐蕃墓葬棺板画（下）》（2005年）二文中，对夏塔图 M1-A 图像依从右至左顺序（侧棺板低端至高端，下同），按以下图像母题描述：《狩猎图》→《商侣图》→《宴饮图》→《男女双身图》→《射牛图》→《妇女图》。二文均未见全幅夏塔图 M1-A 图像。[①] 文中没有明显"前图像志"识别的

[①] 参见许新国《郭里木吐蕃墓葬棺版画（上）》，《柴达木开发研究》2004年第2期；《郭里木吐蕃墓葬棺板画（下）》，《柴达木开发研究》2005年第1期。

问题，故具体内容不详引。以下及后文均同此例。

b. 柳春诚、程起骏《吐谷浑人绚丽多彩的生活画卷——德令哈市郭里木乡出土棺板画研读》（2004年），对夏塔图M1-A也依从右至左的图像顺序，作了系统的图像母题描述：《狩猎图》→《行商图》→《宴乐图》→《野外做爱（图）》→《射牛祭天地祖宗（图）》→《贵妇（图）》。文中列柳春诚绘跨页全幅夏塔图M1-A线描图。①

c. 许新国《郭里木吐蕃墓葬棺板画研究》（2005年），对夏塔图M1-A图像亦依从右至左顺序，按以下图像母题描述：《狩猎图》→《商旅图》→《宴饮图、帐居图》→《男女双身图》→《射牛图》→《妇女图》。该文于封三刊出3幅柳春诚绘夏塔图M1-A彩画之彩色摹本局部，涵盖了棺板画全部内容。但未见全幅图像。②

d. 柳春诚、程起骏《郭里木棺板画初展吐谷浑生活》（2005年），对夏塔图M1-A仍按从右至左的图像顺序，作图像母题描述：《狩猎图》→《行商图》→《宴乐图》→《野外做爱（图）》→《射牛祭天地祖宗（图）》→《贵妇（图）》。文中配列柳春诚绘跨页全幅夏塔图M1-A线描图。③

e. 罗世平《天堂喜宴——青海海西州郭里木吐蕃棺板画笺证》（2006年），对夏塔图M1-A同样按从右至左的图像顺序作图像母题描述：《A板图①猎鹿驱牛》→《A板图②驼运赴盟》→《A板图③拂庐宴饮》→《A板图④客射牦牛》→《A板图⑤男女合欢》。该文配罗世平绘全幅夏塔图M1-A线描图。④

f. 许新国《试论夏塔图吐蕃棺板画的源流》（2007年），对夏塔图M1-A仍按从右至左的图像顺序作图像母题描述：《狩猎图》→《商旅图》→《宴饮图》→《射牛图》→《爱欲图》。该文亦配罗世平所绘全幅夏塔图M1-A线描图。⑤

---

① 柳春诚、程起骏：《吐谷浑人绚丽多彩的生活画卷——德令哈市郭里木乡出土棺板画研读》，《中国土族》2004年冬季号。
② 许新国：《郭里木吐蕃墓葬棺板画研究》，《中国藏学》2005年第1期。
③ 柳春诚、程起骏：《郭里木棺板画初展吐谷浑生活》，《柴达木开发研究》2005年第2期。
④ 罗世平：《天堂喜宴——青海海西州郭里木吐蕃棺板画笺证》，《文物》2006年第7期。
⑤ 参见许新国《试论夏塔图吐蕃棺板画的源流》，《青海民族学院学报》（社会科学版）2007年第1期。该文末所配夏塔图M1-A/B棺板画线描图系引自罗世平前揭文，遗憾的是在图解文中将A板与B板颠倒了。

第三章 夏塔图棺板画既往图像志研究的回顾与分析

可以看出，由于母题内部结构关联性的相对明确，上面几种夏塔图 M1－A 图像志描述上有许多的共同点，如均注意到棺板画中所有人物均有"赭面"、图像母题划分大体相近等，但具体的分歧也不少。首先，a、b、c、d 把全幅图像分为 6 个部分或曰图像母题，而 e、f 则分为 5 个。其次，a、b、c、d、f 与 e 从左至右第 2 组图像主题有"商旅"与"赴盟"之别。再次，b、d 与 a、c、e、f 在从左至右底组图像上有"宴乐"与"宴饮"之别。最后，a、c、f 与 b、d 和 e，在棺板画右端中上部那组射牛图像的题材识别上，有"射牛""射牛祭天地祖宗""客射牦牛"的母题顺次差异。

关于第 1 个差别，本书倾向全幅图像分为 5 个图像母题。具体而言，就是像 e、f 那样把 a、b、c、d 中的《宴饮（乐）》与《妇女（贵妇）图》合并为 1 个《宴饮图》。不过，其中有一个问题有必要进一步讨论。就图像现存状态与棺板画右端下方 5 个立姿女性图像的形态看，[1] 她们并没有与左面 4 个立姿男性（其中 1 个右侧举杯）有目光或其他肢体语言的交集。如果是仅仅这样，以图像构成一般逻辑讲，那么棺板画中这 5 个立姿女性应该有成为一个独立母题的可能。而问题的关键就是二者中间那一片缺失的部分。从目前公开的其他夏塔图侧板棺板画图像文本观之，"宴饮"是一个共有的主要图像母题，而除了圆形帐篷、若干人物外，图像结构中起到"徽铭"作用者[2]——除各式酒杯——还有高大的"酒瓮"。[3] 要之，我们基本可以推定，夏塔图 M1－A 此处原来的图像应该是以大酒瓮与酤酒人为主要内容。而 5 个立姿女性图像以"大酒瓮"为连接，就可以比较自然地和左面 4 个立姿男性图像发生结构交集，并共同融入整个"宴饮"母题之中。

---

[1] 有人认为，这应是一排 6 个立姿女性，见柳春诚、程起骏《吐谷浑人绚丽多彩的生活画卷——德令哈市郭里木乡出土棺板画研读》，《中国土族》2004 年冬季号；柳春诚、程起骏《郭里木棺板画初展吐谷浑生活》，《柴达木开发研究》2005 年第 2 期。笔者通过观察相关图像文本认为，可以确定者应该只有 5 位。

[2] 图像中有一些图形，即"徽铭"往往起到"隐喻"的作用，即"以一物代一物"的作用。看似差不多的图像结构，因为一个"徽铭"，则就象征着完全不同的图像含义。参见［英］E. H. 贡布里希著，杨思梁、范景中编选《象征的图像：贡布里希图像学文集》，上海书画出版社 1990 年版，第 252—260 页。

[3] 参见本书前揭夏塔图 M1－B、夏塔图 M2－A/B 等相关图像。据笔者观察，夏塔图棺板画中可见 3 种"大酒瓮"形制的图像，后文会有专门性讨论。

第 2 组图像内容之"商旅"和"赴盟"之间，后者似乎比较牵强。虽然，"盟誓"是吐蕃政治统合之最重要方法，① 但迄今并没有任何材料能够验证"驼运"母题可以作为"盟誓"图像的"徽铭"。从图像构成一般逻辑上讲，似乎也想象不出二者的象征意义的互联性。"赴盟"说法，也许多少受到了西安北周安伽墓出土石榻背屏第 4 幅（左—右）《宾主相会图》（图 3—2），② 被有些学者识别为"会盟"图像的观点影响③。但中古突厥（或粟特）"会盟"图像中的常见要件——"歃血"意象母题④——在兹无任何体现，而吐蕃"会盟"也未知与运载货物的驼马队伍有何直接关系。故从直观上看，这组图像与"商旅"主题可能更为接近。不过，在夏塔图 M1–B 中所谓"灵帐"后上方有 1 个驮架卸空的骆驼（图 3—3），其会不会和所谓《商旅图》中的骆驼是同一只呢？假若是，则所谓"商队"就也可以被识别为运送丧葬活动所需物品的队伍了。⑤ 另外，夏塔图 M1 木墓室外侧殉葬的骆驼——在吐蕃丧葬仪轨中未见之动物⑥——可能也为解读棺板画图像中"驼运"题材提供了一些机会。不过，二者一为"驮牲"一为"殉牲"，之间的联系更可能是偶然、间接与图像范式化的，而非实际关联性。当然，这些推测目前没有更多的材料证实，是不是过度解读笔者亦

---

① 林冠群：《唐代吐蕃史论集》，中国藏学出版社 2006 年版，第 90—93 页。
② 陕西省考古研究所：《西安北周安伽墓》，文物出版社 2003 年版，第 31 页。
③ 姜伯勤：《中国祆教艺术史研究》，生活·读书·新知三联出版社 2004 年版，第 81—84、106—110 页。
④ 关于"歃血"母题，除了安伽墓石榻背屏《宾主相会图》外，在日本兹贺县 Miho 博物馆"秀明藏品"之北朝石棺床 G 板上亦有非常清晰地展现，参见 Miho Museum, South Wing, 1997, p. 253。
⑤ 关于夏塔图 M1–A 骆驼所载之物，有人认为是"平放着的一层层成匹的丝绸"，有的认为是"长方形的货箱"，等等。但成匹丝绸不可能那么宽，成对的货箱倒有些相似。然如果结合夏塔图 M1–B 所谓"灵帐"后的空载骆驼，似乎暗示夏塔图 M1–A 骆驼所驮之物应该直接与"灵帐"有关。2 个长方形箱子除了装一般丧葬用物，是否也有可能盛放按苯教仪轨经过"剖尸"处理的男性墓主尸骸与合葬女子的尸骸呢？这当然仅仅是一种非常浅层的推测。另外，霍巍先生在质疑"会盟"母题解读的基础上，推测图像可能再现了外邦宾客携带供品、前来奔丧的情景，参见霍巍《青海出土吐蕃棺板画的初步观察与研究》，《西藏研究》2007 年第 2 期。
⑥ 按文献记载，吐蕃苯教丧葬仪轨所用动物不出马、牛与羊 3 类（参见褚俊杰《吐蕃本教丧葬仪轨研究——敦煌古藏文写卷 P. T. 1042 解读》，《中国藏学》1989 年第 3 期），甚至，其他需用动物祭祀的仪式，如吐蕃大、小会盟也不用骆驼（参见《旧唐书》卷 196 上《吐蕃传上》，中华书局 1975 年版，第 5220 页）。故笔者推测，夏塔图 M1 所见殉驼当是一种因地制宜的"地方特色"。其仪轨之功能途径与目的估计基本与"殉马"相类。

第三章 夏塔图棺板画既往图像志研究的回顾与分析

无把握。希望将来会有更多的有关材料，能促进对这个问题更深入地勘比与分析。

图3—2 安伽墓石榻背屏《宾主相会图》
（采自陕西省考古研究所《西安北周安伽墓》，文物出版社2003年版，第31页）

图 3—3　夏塔图 M1 – B 中骆驼图像
(采自霍巍《青海出土吐蕃木棺板画人物服饰的初步研究》，第267页)

上面夏塔图 M1 – A 第三组图像命名有《宴乐图》与《宴饮图》之别，盖在于 b、d 对该组图像下方一位仰首以口接手擎牛角状物者（图3—4），识别为"高举大筚篥仰天吹奏《西凉乐》"之题材。① 而 a、c 认为该图像为"1人手举角形杯正抬头饮酒"②；e、f 识别之为"一人仰面吹角"。③"筚篥"亦作"觱篥"，乃我国西北少数民族（或专指"龟兹"）一种似笛竖吹之竹制管乐器。④ 图中角状物显非"筚篥"，而《西凉乐》众所周知乃为合奏之部乐，绝无独奏之理。故可知 b、d 误矣。余下2种看法，笔者相对倾向 a、c 之说。理由如下：首先，单从纯形式图像粗观，e、f "吹角"的观点似也可接受，然纵观目前可见之中古"宴乐""乐舞"母题图

---

① 参见柳春诚、程起骏《吐谷浑人绚丽多彩的生活画卷——德令哈市郭里木乡出土棺板画研读》，《中国土族》2004年冬季号；柳春诚、程起骏《郭里木棺板画初展吐谷浑生活》，《柴达木开发研究》2005年第2期。
② 参见许新国《郭里木吐蕃墓葬棺板画（下）》，《柴达木开发研究》2005年第1期；许新国《郭里木吐蕃墓葬棺板画研究》，《中国藏学》2005年第1期。
③ 参见罗世平《天堂喜宴——青海海西州郭里木吐蕃棺板画笺证》，《文物》2006年第7期；许新国《试论夏塔图吐蕃棺板画的源流》，《青海民族学院学报》（社会科学版）2007年第1期。
④ 参见汉语大字典编辑委员会《汉语大字典》（缩印本），湖北辞书出版社、四川辞书出版社1992年版，第1251页；孙机《中国圣火：中国古文物与东西文化交流中的若干问题》，辽宁教育出版社1996年版，第224—233页。

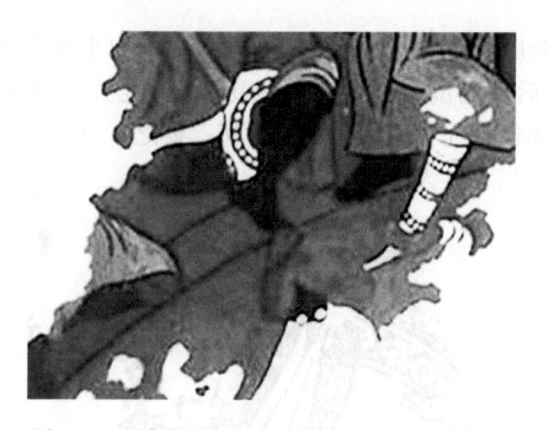

第三章 夏塔图棺板画既往图像志研究的回顾与分析

图 3—4　夏塔图 M1 - A 棺板画中持角状物者
（采自《中国国家地理》2006 年第 3 期）

像，基本都是以"部乐"形式展现，即使偶见独奏，所用乐器亦多是箜篌、琵琶之属，[①] 而非军事色彩浓厚之"角"。[②] 其次，同样在可见之中古"宴乐""宴饮"母题图像中，人物手持角状物者通常多可识别为"角杯"，亦曰"来通"（rhyton），乃源于希腊的一种饮酒器（图 3—5）。[③] 再次，图中角状物上勒联珠纹装饰，乃为"来通"最典型之装饰图案母题。

---

① 参见李星明《唐代墓室壁画研究》，陕西人民美术出版社 2005 年版，第 167—170 页；陕西省考古研究所《西安北周安伽墓》，文物出版社 2003 年版，第 26、28、34、37 页；西安市文物保护考古所《西安北周凉州萨保史君墓发掘简报》，《文物》2005 年第 3 期；山西省考古研究所、太原市文物考古研究所、太原市晋源区文物旅游局《太原虞弘墓》，文物出版社 2005 年版，第 106—107、113、123、147 页。
② 参见汉语大字典编辑委员会《汉语大字典》（缩印本），湖北辞书出版社、四川辞书出版社 1992 年版，第 1631 页。另外，"角"亦称"大角"，其考古图像在太原娄叡墓墓道西壁下栏可见（山西省考古研究所、太原市文物管理委员会《太原市北齐娄叡墓发掘简报》，《文物》1983 年第 10 期）。其形制长大，须双手托举方能吹奏，绝非单手可擎吹之物。而吐蕃文献提到的可以单手持吹的乐器，大约以海螺号较为典型，参见褚俊杰《吐蕃本教丧葬仪轨研究——敦煌古藏文写卷 P. T. 1042 解读》，《中国藏学》1989 年第 3 期。
③ 参见天水市博物馆《天水市发现隋唐屏风石棺床墓》，《考古》1992 年第 1 期；孙机《中国圣火：中国古文物与东西文化交流中的若干问题》，辽宁教育出版社 1996 年版，第 178—197、201 页图三 -28；陕西省考古研究所《西安北周安伽墓》，文物出版社 2003 年版，第 33 页；B. I. Marshak, V. Raspopova, Wall Painting from a House with a Granary, Panjikent, 1st Quarter of the Eighth Century A. D. Silk Road Art and Archaeology, 1990, fig. 29；山西省考古研究所、太原市文物考古研究所、太原市晋源区文物旅游局《太原虞弘墓》，文物出版社 2005 年版，第 136 页。

这一特点除以上片治肯特图外,还可在吐蕃时期银来通实物上清楚地看到(图3—6)。最后,比量图像中有人物暴饮至呕吐的周边情境来看,勘其为以"来通"痛饮之人物图像似较为贴切。要之,这组图像归为比较单纯的"宴饮"母题当无太大问题。

图3—5　片治肯特P-86 XXIV-28号地点南壁壁画所见"来通"图像
(采自B. I. Marshak, V. Raspopova, Wall Painting from a House with a Granary, Panjikent, 1st Quarter of the Eighth Century A. D., Silk Road Art and Archaeology, 1990, fig. 29)

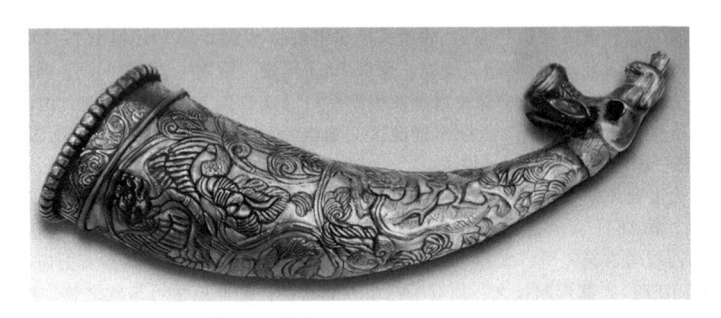

图3—6　美国克里弗兰艺术博物馆
(The Cleveland Museum of Art)藏吐蕃银"来通"
(采自霍巍《吐蕃系统金银器研究》,《考古学报》2009年第1期,图版叁-4)

另外,罗世平文中以"拂庐"名谓对应棺板画中圆形帐篷,经吕红亮先生专门考证而有不同看法。吕红亮先生在《"穹庐"与"拂庐":青海吐蕃墓棺板画毡帐图像试析》一文中指出,夏塔图棺板画所见圆形帐篷图像，其原型乃为欧亚大陆最流行之帐篷形制（Yurt），汉文史料曰之"穹庐"；"拂庐"一名大体在唐代兴起，乃为吐蕃语的汉字音译，其专指吐蕃毡帐，其类型属于流行于中东与古代波斯南部的"黑帐篷"（Black Tent）。① 笔者倾向吕氏之说。同时，这一情况也为我们考虑夏塔图棺板画的"粉本"来源，提供了一个思考的方向。据国外学者研究，北方草原圆形帐篷在古代萨满仪式中起着类似"坛场"一样的作用，② 而其上的出烟孔通常被视为"萨满"或"精灵"进出的通道。③ 要之，夏塔图棺板画之"穹庐"图像，其粉本应源于草原民族——突厥可能性最大——或吐谷浑。并且，可能还和这些民族丧葬文化中之"萨满"意象遗存有一定关系。至于夏塔图墓地相关人群，在真实生活中是否真的就使用着这种帐篷形制，目前尚无法确定。

夏塔图 M1-A 最右端中上部那组由 6 人和 1 牦牛组成的"射牲"图像，乃此全幅图像中"仪式化"特征较为显著的部分。因此，既往研究中对之图像母题的识读，也有较多不同观点。前揭 b、d 解读图像为吐谷浑人"射牛祭天地祖宗"，并认为图像所反映内容，可以与都兰吐谷浑人"祭祀台和一号大墓"相关遗迹勘比。④ 然夏塔图诸墓葬均建造于吐蕃盛期，侧板棺板画内容亦皆有比较明显的苯教丧葬仪轨特征⑤。而苯教与丧葬活动有关的杀牲并不是祭天地祖宗，而是希冀用献祭动物作为死者替身，把死者灵魂从黑暗痛苦的死人世界赎出，并在献祭动物的帮助下通过种种艰险，顺利到达九天之上去享受天国之乐。⑥ 二者在目的上有相当差异。当然，关于夏塔图和都兰的一些中古墓葬的文化属性与墓主族属，目前仍存在广泛争议。笔者在此处暂不展开讨论，不过基于

---

① 吕红亮：《"穹庐"与"拂庐"：青海郭里木吐蕃墓棺板画毡帐图像试析》，《敦煌学辑刊》2011 年第 3 期。

② A. F. Anisimov, The Shaman's Tent of the Origin of the Shamanistic Rite, in H. N. Michael, ed *Studies in Siberian Shamanism*, Toronto 1963, pp. 91–99.

③ ［日］原山煌：《〈『元朝秘史』〉に見える「煙出し穴」に關する二つのモチーフ》，《江上波夫教授古稀紀念論集 民族·文化篇》，山川出版社 1976 年版，第 345—365 页。

④ 参见柳春诚、程起骏《吐谷浑人绚丽多彩的生活画卷——德令哈市郭里木乡出土棺板画研读》，《中国土族》2004 年冬季号；柳春诚、程起骏《郭里木棺板画初展吐谷浑生活》，《柴达木开发研究》2005 年第 2 期。

⑤ 霍巍：《青海出土吐蕃棺板画的初步观察与研究》，《西藏研究》2007 年第 2 期。

⑥ 褚俊杰：《吐蕃本教丧葬仪轨研究（续）》，《中国藏学》1989 年第 4 期。

这种复杂的情况，单指相关图像为"祭天地祖宗"过于泛化，确指"吐谷浑习俗"又因实际上并无太确切证据而略显主观。故笔者不太倾向是说。

关于 e 之"客射牦牛"说，罗世平先生乃引《新唐书·吐蕃传》一段记载为图解之引，书曰："其宴大宾客，必驱牦牛，使客自射，乃敢馈。"①并以图中射牛者脚下有方毯验证其大宾客的身份。② 不过，通过仔细观察图像，笔者认为《宴饮图》之居于圆形帐篷中男子与射牛者应该为同一个人。理由如下：第一，全幅图像中，惟二者首服之造型与色彩完全一样。第二，二者外穿袍服色彩完全一样。最关键的是第三点，即二者面部无论脸型、眉眼、胡须样式，③ 还是"赭面"图纹均完全相同。从中古时期丧葬艺术图像总体规制来看，居于画面焦点位置的圆形帐篷中坐饮男子应该比定为"主人"。不论这个"主人"是具体指"墓主"，还是相关丧葬观念中具有泛指倾向的概念化"主人像"。若之，射牛之人就不应该是"客"，而"客射牦牛"亦无从说起。所谓"客"的图像意象，也许仅仅是源于衔接前揭"赴盟"的逻辑而来。

综上，此组图像名之许新国先生上揭诸文所定题目《射牛图》，似更为合适。至于《射牛图》的图像含义，我们从其较强的"仪式"性与非规制母题内容——图像母题在其他同类棺板画对应画面位置未呈规律性出现——等特点观之，有可能是墓主"光荣经历"的再现，估计大体或也与"盟誓"或"献祭"等有关。不过，这种过细或"深入"解读的边界非常模糊，在没有更多佐证的情况下，直观命名是比较好的选择。

在《射牛图》中还有一个问题也有必要予以讨论，即图像中除射牛者外另 5 人的性别问题。如前揭 b、d 中，认为这 5 人全为女性，④《中国国

---

① 《新唐书》卷 216 上《吐蕃传上》，中华书局 1962 年版，第 6072 页。
② 罗世平：《天堂喜宴——青海海西州郭里木吐蕃棺板画笺证》，《文物》2006 年第 7 期。
③ 夏塔图 M1–A 中人物胡须样式大体可分为两种，一为唇上八字胡，为帐中坐饮人物、射牛人所蓄。圆形帐篷左前坐饮最左一人，似乎也留与之差不多的胡须样式。但与前二者还有一定差异。二是疏髯样胡须，有手握阳具箕坐人物、圆形帐篷门左侍者和圆形帐篷前右向立姿人物等 3 人。可以看出，整体全幅上图像中蓄须之人应是极少数。
④ 参见柳春诚、程起骏《吐谷浑人绚丽多彩的生活画卷——德令哈市郭里木乡出土棺板画研读》，《中国土族》2004 年冬季号；柳春诚、程起骏《郭里木棺板画初展吐谷浑生活》，《柴达木开发研究》2005 年第 2 期。

家地理·青海专辑（下辑）》相关图解持基本相同看法。① 这种观点似乎也为国外的一些相关研究所接纳。② 但是，无论从服饰、发式，还是"赭面"图纹，实在没有任何直接证据能够证明以上看法。难道是这些人物正在从事的侍应性质活计，③ 间接证明了其女性身份？难道在吐蕃或中古时期的德令哈一带，也有盛唐长安士女阶层喜着男装的流行风尚？难道因为其中有些人面目清秀无须？笔者认为，这几个问题无论在图像本身，还是已知史料中，恐怕都不能找到确定的答案。如果这样，还不如直观而表象一些地把这5个人看作男性为妥。

夏塔图M1-A图像志研究中看法最一致者，显然是"狩猎"内容的图像母题。不过，其中一个细节似乎应该有所注意和讨论。在《狩猎图》右边缘棺板上沿扭身回射牦牛的绯衣骑士，其所骑飞奔骏马的前后腿根处，均绘有2—3道黑色横纹。根据笔者观察，其颇似一种"虎纹"（图3—7）。敦煌古藏文写卷P.T.1217记，达日札夏因功被大尚论和大尚论喻波寒挈逋授予小银告身和虎皮马垫；④《贤者喜宴》载松赞干布统一吐蕃后立"六勇饰"中有"缎鞯及马蹬（镫）缎垫"，⑤ 二者皆用虎皮为饰。⑥ 可知吐蕃一些有军功之勇士，得以在马具上饰虎皮为功彰。而在马腿部绘以"虎纹"却颇为罕见。⑦ 夏塔图M1-A棺板画所见"虎纹"马身装饰，并非所有骑士均有，是否意味着其与虎皮马具类似，仅为有军功之勇士所得用？若之，对于了解吐蕃所谓"大虫皮"制度，棺板画无疑提供了一个崭新的视点。

---

① 参见《中国国家地理》2006年第3期《青海专辑（下辑）》图4图解。
② The red-faced men Ⅲ：*The red-faced women*，http：//earlytibet.com/2007/10/05/ red – faced – men – iii/（2007年10月5日）。
③ 柳春诚、程起骏二位先生还认为，圆形帐篷门右着绿衣之人亦为女性，参见《吐谷浑人绚丽多彩的生活画卷——德令哈市郭里木乡出土棺板画研读》，《中国土族》2004年冬季号；柳春诚、程起骏《郭里木棺板画初展吐谷浑生活》，《柴达木开发研究》2005年第2期。
④ 王尧、陈践：《敦煌藏文文献选》，四川民族出版社1985年版，第108—109页。
⑤ （明）巴卧·祖拉陈哇著，黄颢译注：《贤者喜宴》摘译（三），《西藏民族学院学报》1981年第2期。
⑥ 陆离：《大虫皮考——兼论吐蕃、南诏虎崇拜及其影响》，《敦煌研究》2004年第1期。
⑦ 后见教于单钊先生，始知美国大都会艺术博物馆（The Metropolitan Museum of Art）藏五代后唐李赞华《获鹿图卷》（摹本）中奔马前后腿皆绘虎纹。二者应出于同一文化传统，推测受北方草原文化或突厥文化影响的可能性较大。

图 3—7　夏塔图 M1 – A 棺板画中腿部绘"虎纹"之奔马
（采自《中国国家地理》2006 年第 3 期）

　　虽然，以上 6 种夏塔图 M1 – A 有关研究中，对图像的描述存有不少差异，但也有一处大家毫无争议的地方，即所有棺板画图像描述均是从左至右，即自侧棺板的低帮开始向高帮顺序进行。这种对彩棺侧板彩画自低帮到高帮的图像描述顺序，也见诸其他公开的既往夏塔图侧棺板彩画图像志或图像志性质的描述。① 关于此，罗世平先生认为此乃"叙事顺序"或"叙事结构"，② 许新国先生认为棺板画"画面以棺板的矮帮为起首，渐向棺板的高帮推进，到……形成高潮"，③ 霍巍先生认为棺板画"画面是以矮帮作为整个画面的起首，逐次向高帮展开推进。……说明当时的画匠在棺板画的创作布局上可能已经形成某种固定的格套或意匠"。④ 这些被描述得看似顺理成章、自然而然的图像顺序，真的是夏塔图 M1 – A 棺板画本质所固有的特征吗？或曰棺板画的主顾与绘制者就是这般计划与营造的吗？笔者认为似乎值得商榷。

　　所谓"叙事顺序"与"叙事结构"就此本身而言原系语言文字性用

---

① 参见罗世平《天堂喜宴——青海海西州郭里木吐蕃棺板画笺证》，《文物》2006 年第 7 期；许新国《试论夏塔图吐蕃棺板画的源流》，《青海民族学院学报》（社会科学版）2007 年第 1 期；霍巍《青海出土吐蕃棺板画的初步观察与研究》，《西藏研究》2007 年第 2 期。
② 罗世平：《天堂喜宴——青海海西州郭里木吐蕃棺板画笺证》，《文物》2006 年第 7 期。
③ 许新国：《试论夏塔图吐蕃棺板画的源流》，《青海民族学院学报》（社会科学版）2007 年第 1 期。
④ 霍巍：《青海出土吐蕃棺板画的初步观察与研究》，《西藏研究》2007 年第 2 期。

第三章　夏塔图棺板画既往图像志研究的回顾与分析

辞，即一般用语言文字描述某故事情节时，为体现与适应"文学审美"而有目的采用的有递进逻辑特征之结构。绘画内容当然也存在结构，甚至有时还是比较复杂的内部结构，故对绘画图像进行语言性描述时多有借用。但图像毕竟有别于语言文字，其内在逻辑秩序往往并不表现为"线性"推进的简单故事模式，即所谓"连环画"模式。目前，在中古分屏类型考古图像研究中，多有使用"图像程序"（pictorial program）一词论事，其基本目的在于复原单屏图像之间的原有结构关系以探索图像之原有文化意义。然而，即使这种形式上已经非常"连环画"的图像，其"图像程序"也不一定就是线性结构，如姜伯勤先生对虞弘墓出土石椁浮雕的图像程序考订，就是极好的例子。① 对于单幅图像而言，其"图像程序"往往体现的更多是主次关系，而非直观的线性顺序关系。因此，笔者认为此处"图像秩序"一词似乎更为贴切。

那么，在夏塔图 M1-A 图像中，什么是"图像秩序"的基础呢？我们认为，"首尾"关系及其相应的观念应该才是"图像秩序"决定性因素，或曰设置基础。简单讲，彩棺侧板靠"高帮"的前部就是"图像秩序"中的"主"结构，顺势而下至"低帮"部分就是"图像秩序"中的"次"结构。要之，本书认为夏塔图 M1-A 棺板画之"叙事顺序"或"图像顺序"或"图像程序"或"图像秩序"，初步应该改定为：《射牛图》→《宴饮图》→《野合图》→《商旅图》→《狩猎图》。② 这点非常重要，因为，"图像秩序"不仅仅体现着棺板画绘者的构图逻辑，也隐含着那一时期人们的许多观念——这也是后文将要重点讨论的问题之一。而这些观念中，与图像构成关系最密切者，除了上面提到的"首尾"外，还有"对称"。如此我们也就不难理解，为何夏塔图 M1-B 棺板画亦在靠侧板"高帮"的前部，绘制以围绕"圆形帐篷"人群为主体的画面了。当然，古代丧葬艺术图像虽然也多有规制，但绘画技术的特征决定其表现绝没有宗教图像——包括宗教绘画与雕塑——那般严格。故在没有见到所有夏塔图棺

---

① 姜伯勤：《中国祆教艺术史研究》，生活·读书·新知三联出版社2004年版，第126—138页。
② 关于《野合图》与《宴饮图》哪个应该放在前面，也是需要严密讨论的问题。如果能够界定《野合图》象征的是"标准仪式"或"仪轨"，甚至是确定之"观念"象征，其就应该置于《宴饮图》之前。而如果其属性更多的是相对单纯的"场景再现"，则无论其位置在《宴饮图》上部或下面，其在"图像程序"中都应该放在后者之后。由于这个问题的复杂性，在此处我们暂且给出目前的排列顺序。

板画之前，我们并不十分确定其他彩棺侧板图像体现"首尾"与"对称"观念一定像夏塔图 M1 所见这般典型。但我们基本可以肯定的是，其总体面貌应该差之弗远。①

夏塔图 M1-A 棺板画既往图像志研究中最具争议性的 1 组画面，就是位于《射牛图》左上侧以"性爱"为主题意象的图像母题。由于其中需讨论的内容较多，故本研究将在后文之"宗教与方术"环节论述之。

（二）夏塔图 M1 彩棺 B 板（图3—8）

图3—8 夏塔图 M1 彩棺 B 板彩画线描图

（采自罗世平《天堂喜宴——青海海西州郭里木吐蕃棺板画笺证》，第69页）

夏塔图 M1 彩棺 B 板棺板画全幅图像描述，现在有如下 2 种：

a. 罗世平《天堂喜宴——青海海西州郭里木吐蕃棺板画笺证》（2006年），对夏塔图 M1-B 棺板画大体按从左到右——彩棺侧板低帮至高帮——的顺序，作了全幅图像母题描述："B 板图①灵帐举哀"→"B 板图②多玛超荐"→"B 板图③送鬼祈福"→"B 板图④牛马献祭"→"B 板图⑤踞地拜谒"→"B 板图⑥葬吉宴饮"。文中列有罗世平绘全幅夏塔图 M1-B 线描图。②

b. 许新国《试论夏塔图吐蕃棺板画的源流》（2007年），对夏塔图

---

① 本书所讲的"图像秩序"概念之相关讨论，也可见于［美］巫鸿《何为变相——兼论敦煌艺术与敦煌文学的关系》中，关于敦煌晚期"降魔"内容壁画之图像所谓"隐藏的"次序的论述（［美］巫鸿著，郑岩、王睿编：《礼仪中的美术——巫鸿中国古代美术史文编》，郑岩等译，生活·读书·新知三联书店2005年版，第381—382页）。

② 罗世平：《天堂喜宴——青海海西州郭里木吐蕃棺板画笺证》，《文物》2006年第7期。

第三章　夏塔图棺板画既往图像志研究的回顾与分析

M1-B棺板画同样按从右至左顺序、亦分"6个序号"作图像母题描述：《哀悼图》→《超度图》→《祈福图》→《殉牲图》→《拜谒图》→《宴饮图》。该文亦配罗世平所绘全幅夏塔图M1-B线描图。①

a、b在图像志描述中，虽然对图像母题的命名不同，但使用了同样的图像文本，所有文字也几乎完全一样。② 因此，我们下面的讨论基本围绕a的图像志展开。首先，仅就目前可见其他形式夏塔图M1-B图像勘比，可以确定a之相关图像志至少存在4个"前图像志"问题。第一，关于所谓"多玛超荐"的图像识别。a文对之图像志描述如下：

> 图像画于棺板右上角，画三人，板边彩马的上方画一扬头举袖作呼号状的人物，着蓝色衣，人物仅画出半身，头上戴有小冠，身后画一位红袍红帽的人物，与这二人相对，也有一位戴小冠的男子，作跨步伸手的姿势，手上持有类似画笔的物件，手前方是一件挂起的红衣，衣有长带垂下。③

可见，罗文该图像之母题定名为"多玛超荐"依据了："跨步伸手戴小冠男子"→"类似画笔物件"→"垂有长带红衣"所构成的形式图像（图形）结构关系。但是，"垂有长带红衣"无疑是1具横向悬于双腿支架上的"双面架鼓"，④ 相似的图像在夏塔图或出流散民间的那副彩棺侧板上，也有比较清楚地再现（图3—9）。那么，"类似画笔物件"自然就是"类似鼓槌物件"了。同理，这组图像的母题只能被识别为"击鼓"。同时，我们还很容易注意到，以上2幅棺板画中"双面架鼓"与所谓"灵帐"在画面中处于颇具内聚性的空间位置。结合这种情况，笔者推测"双面鼓"与"灵帐"很可能是此期同类题材棺板画中，一组相对固定的物件图像结构关系。

---

① 许新国：《试论夏塔图吐蕃棺板画的源流》，《青海民族学院学报》（社会科学版）2007年第1期。
② b中相关图像志内容，除了在《殉牲图》中增加了都兰热水乡血渭1号墓、乃东切龙则木吐蕃墓，以及两《唐书·吐蕃传》中关于会盟刑牲的史料外，几乎完全使用了a的内容。
③ 罗世平：《天堂喜宴——青海海西州郭里木吐蕃棺板画笺证》，《文物》2006年第7期。
④ 关于此组图像为"击鼓"母题的提示，亦见于《中国国家地理》2006年第3期《青海专辑（下辑）》对夏塔图M1-B大局部摄影图像的图解文字中。

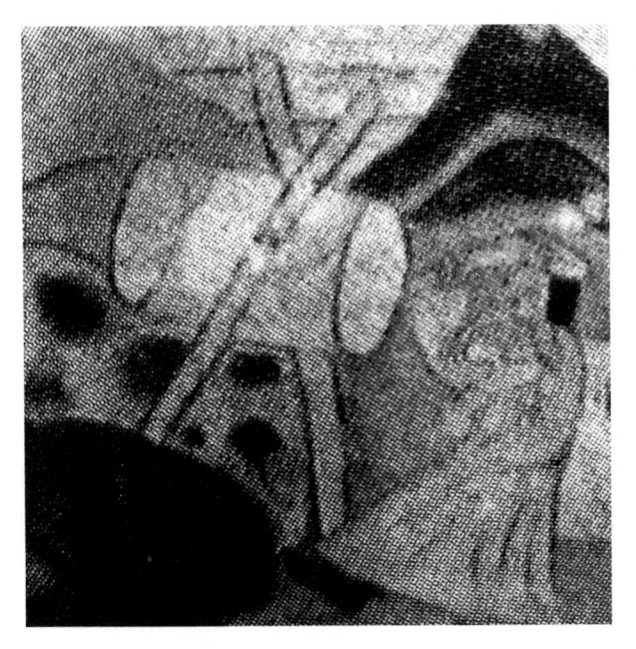

图 3—9　夏塔图或出流散民间彩棺侧板棺板画中"双面架鼓"图像
（采自霍巍《青海出土吐蕃木棺板画人物服饰的初步研究》，第 269 页）

　　a 的第二"前图像志"问题，可能属于摹绘对象模糊不清所致。我们可以通过将之与另一幅绘者佚名的夏塔图 M1-B 局部线描图比较而获得答案。这幅局部线描图包括了罗文所谓"B 板图①灵帐举哀"大部、"B 板图③送鬼祈福"几乎全部、"B 板图④牛马献祭"全部和"B 板图⑥葬吉宴饮"最右侧若干人物（图 3—10）。可以清楚发现，罗文线描图比之后者在"B 板图④牛马献祭"最左骑马人脚下位置，缺绘一仰首向左、上举右臂的人物；该骑马人左下缺绘一面向左前方、头戴上略狭之筒状首服之人物（只见头部）。从这 2 个缺绘之人面部或身体朝向判断，他们应该归于所谓"B 板图⑥葬吉宴饮"一组的宴饮人群。要之，罗文中所统计的此组 28 位的人数，① 至少应该再添 2 个。

---

① 笔者经过反复观察与计数，发现确定属于罗文夏塔图 M1-B 线描图《B 板图⑥葬吉宴饮》人数应该为 27 人。除非将圆形帐篷左侧，靠近棺板"高帮"的 1 位形象模糊的妇人计入，才能凑够其所言之 28 人。但从图像所表现出的实际情况，该妇人有可能不应归于《B 板图⑥葬吉宴饮》的范畴。

第三章 夏塔图棺板画既往图像志研究的回顾与分析

图 3—10 绘者佚名之夏塔图 M1 彩棺 B 板彩画线描图局部
（采自霍巍《青海出土吐蕃木棺板画人物服饰的初步研究》，第267页）

第三个"前图像志"问题，也是通过与这幅绘者佚名之夏塔图 M1 - B 局部线描图比较而发现。罗文"B 板图④牛马献祭"中描述道：

> 画在擎幡骑队的下方，右接灵帐举哀图，画上生动地画出四位持棍棒赶牛马的人物，其中三人骑马正将拢集起来，另有一位红衣人站在灵帐后，扶棍躬身合手，正向守灵者禀告事宜。①

所谓"三人骑马"，其实只有最左边一位手举细直杆、策马冲向牛马群。另外2个手举曲首棍棒者，实际上均是步行。

第四，罗文"B 板图⑤踞地拜谒"所名图像中，右边双手据地之人似乎并不是在很正式地行礼，而是右腿前跪、左腿向后高高扬起，表现为正扑倒在地的动作瞬间。此情态可以从《中国国家地理·青海专辑（下辑）》

---

① 罗世平：《天堂喜宴——青海海西州郭里木吐蕃棺板画笺证》，《文物》2006 年第7期。

所刊夏塔图 M1-B 棺板画摄影图像中比较清楚地观察到。① 而罗氏引《旧唐书·吐蕃传》记事，② 考图中双手据地者"即是伏地作狗叫的姿势，……为吐蕃人的拜见礼"的说法，恐怕更是误以古人成见为据的事情了。③

以上4个"前图像志"问题中第1个误读的纠正，显然直接涉及夏塔图 M1-B 棺板画图像母题的重新划分。笔者认为，"击鼓"图像与罗文所谓《B 板图③送鬼祈福》中的"骑射人物"，可能构成了一组对应的情态图像结构关系。首先，一般而言古代"击鼓"意象者，总预示着或显示着某种仪式活动将要或正在激烈地进行。其类似情境，今人实际亦颇熟悉，例如，京剧的出场鼓点，以及古代军阵上的"一鼓""二鼓""再鼓"等。夏塔图 M1-B 棺板画图像中最符合此特征者，就是"B 板图③送鬼祈福"中"激烈"奔跑的5名骑士，即前3骑持所谓"幡"及其随扈者、后2骑之引弓欲射者。而对比前面"图3—9"中"击鼓"对应的"激烈"活动仅余2个骑射之人、另外一队骑士却基本已趋平静状态的画面。二者相交，重叠之"激烈"情态者惟有"击鼓"与"骑射人物"矣！故本书暂且将之合为一组图像，名之"击鼓骑射图"。但此处佐以"击鼓"的"骑射"所射击之物，当不是夏塔图 M1-A《狩猎图》中各类鹿牛之属的一般动物，而应该是一种适合相关仪轨的目标。关于此点，后文在"夏塔图侧板-X"图像志分析中，将予以专门讨论。

在"骑射人物"左前有3骑，从前揭"图3—10"中，可以较罗世平文线描图更为清晰地观察到有关图像：左起第1骑士，身着夏塔图 M1-B 上最多见服饰，手持一极长似旌幡样物，④ 策骑前奔；第2骑士，头戴方形高冠（略似后世之"方巾"）、身披长袖大袍，随后疾驰；第3骑士，头顶有披帛之"鲜卑帽"、身跨"三花马"，⑤ 紧跟前骑。此3骑显然为护拥

---

① 程起骏：《棺板彩画：吐谷浑人的社会图景》，《中国国家地理》2006年第3期《青海专辑（下辑）》。
② 《旧唐书》卷196上《吐蕃传上》，中华书局1975年版，第5220页。
③ 林冠群：《汉文史料记载唐代吐蕃社会文化"失实部分"之研究》，《中国藏学》2003年第2期。
④ 中原地区古代"麾"有一种形制为细杆上挂长条形布帛的"旌幡"，与此物模样颇似。其可以用作指挥军队打仗或指挥乐队演奏，相关图像在顾恺之《洛神赋图》与李寿墓线刻《侍女图》中均可见，参见孙机《中国圣火：中国古文物与东西文化交流中的若干问题》，辽宁教育出版社1996年版，第200、202页。
⑤ "三花马"，是指唐代受突厥传统影响、将马鬃剪为三辫以为装饰的马匹，参见孙机《中国古舆服论丛》（增订本），文物出版社2001年版，第107—115页。

第三章　夏塔图棺板画既往图像志研究的回顾与分析

"极长似幡样物"（按比例推算长 3.5—4 米）的一组独立人马。而在夏塔图 M2 - B 线描图中，也有颇为相似的 1 件"极长似幡样物"，竖立在所谓"灵帐"的右侧（图 3—11）。可见，其乃吐蕃丧葬仪式中一件比较重要的仪轨用品。据敦煌古藏文写卷 P. T. 1042（第 28—33 行），在吐蕃苯教丧葬活动中，第 2 天下午所施"灵魂归附尸体仪式"有用到一种"仪轨飘帘"（gur），为便于后文引申比较，兹录相关内容如下：

　　此后是灵魂归附尸体的仪式。归附的仪轨和次序是：灵魂（象征物）左右放上兵器，灵魂（象征物）顶端站有殡葬本波和供献本波。其后是乳品桶，其后是彩线结，其后是食物，其后是（死者）像，左右两边是供食袋。其后是魂像，其后是"温洛"，其后是死者亲友。两个仪轨飘帘的左右两边是内侍官和舅臣侍官，置放供食的祭典地的左右两边，有两排，一排是愚顽，一排是病者。①

图 3—11　夏塔图 M2 - B 棺板画线描图局部
（采自霍巍《青海出土吐蕃木棺板画人物服饰的初步研究》，第 264 页）

---

① 褚俊杰：《吐蕃本教丧葬仪轨研究——敦煌古藏文写卷 P. T. 1042 解读》，《中国藏学》1989 年第 3 期。

故图像中"极长似幡样物",可能就是吐蕃丧葬活动中用于"招魂"的所谓"仪轨飘帘"。其顶端略呈五边"圭"形物,与唐墓壁画中"门戟"所用装饰极似,① 颇疑乃唐物移植借用之属。而后垂极长"幡样"布帛可能就是画图案的一种丝绸或其他织品做成的、看上去像"汉人屋子上(或屋子里)的飘帘"。这种"仪轨飘帘"还可按上面所绘图案不同,分为"魂像飘帘"(thugs-gur)和"尸像飘帘"(ring-gur)。② 又按敦煌古藏文写卷P. T. 1042(第40—44行):

……小供献本波将尸体、尸像和供食搬到墓室门前。断火巫师和大力巫师选择魂主,此后魂尸相合:将给尸体的供食和给灵魂的供食、尸像和魂像互相碰三次(表示尸、魂相合),献上一瓢"相合酒"。此后尸主留于此地,魂主向左转着走来,一共转三圈,在这期间每转一圈都要致礼并供上一瓢酒。③

显然,由骑士手持者,肯定是"向左转着走……三圈"的"魂像飘帘";立于所谓"灵帐"前者,可能就对应的是"尸像飘帘"。当然,也不能完全排除后者是"魂像飘帘"的可能。另外,"魂像飘帘"后头戴"鲜卑帽"、身跨"三花马"的随扈,也许就是一位出于"吐谷浑邦国"之"舅臣侍官"。④ 另一位戴方形高冠者大约也可比定为"内侍官",其类似形象亦可见于图2—21之"尸像飘帘"左下。而这位出现在丧葬仪式中的"内侍官"也许不是一般的吐蕃官员,其奇异的服饰暗示,他可能是某一外来宗教的神职人员。而致礼所用供献酒水,无疑就盛在上揭2图均见的"大酒瓮"中。若之,此持拥"仪轨飘帘"3骑之图像,似可定名为"幡帘招魂图"。

---

① 参见陕西历史博物馆《唐墓壁画真品选粹》,陕西人民美术出版社1991年版,第51页;贺梓城《唐墓壁画》,《文物》1959年第8期;昭陵博物馆《唐昭陵段蕳璧墓清理简报》,《文博》1989年第6期。
② 褚俊杰:《吐蕃本教丧葬仪轨研究——敦煌古藏文写卷P. T. 1042解读》,《中国藏学》1989年第3期,语词注释[7]。
③ 褚俊杰:《吐蕃本教丧葬仪轨研究——敦煌古藏文写卷P. T. 1042解读》,《中国藏学》1989年第3期。
④ 吐谷浑源于慕容鲜卑,后属吐蕃后与吐蕃王室结为姻亲,故有"舅臣"即外戚之身份,参见林冠群《唐代吐蕃史论集》,中国藏学出版社2006年版,第29页。

第三章 夏塔图棺板画既往图像志研究的回顾与分析

另外，以圆形帐篷为中心的人群，罗文定名"B板图⑥葬吉宴饮"、许文曰"宴饮图"，盖识别其图像意趣大同于夏塔图M1-A之《宴饮图》也。不过，依笔者看法，此二图虽然形式颇似，然细析之则不难发现内容气氛的很大差异。首先，这组图像中除圆形帐篷内一白衣少年手捧高身大杯、帐门前正襟踞坐者似捧杯递与对面躬身立者，可能与"宴饮"意象多少有关之外，其他人无论男女均坐立有序、施礼有章，甚至帐门左侧2人交谈也只敢耳语。其整体气氛之肃穆，绝不似夏塔图M1-A《宴饮图》众人觥筹交错，甚至有人狂饮呕吐的轻快场景。其次，一般在"宴饮"意象图像中有重要"徽铭"作用的"大酒瓮"，此处除了体量特大外，其左侧方毯上持细直杆盘腿端坐之黑衣人——此服饰颜色在棺板画中极为特殊——似乎亦为监护"大酒瓮"之专设人员。因此，笔者推测此组图像很有可能是一个人群集团内部、以"赐酒"为形式的权益——领地或财富——公开颁授的仪式性场景再现。这不禁使人联想到吐蕃时期，苯教丧葬仪轨中反复进行的"分定权势"的仪式环节。按敦煌古藏文写卷P.T.1042所载，在为期3天的丧葬仪式进行过程中：

  第一天上午（第6—13行）

  哭丧仪式，大王致礼……尚论内侍官、死者亲友……厨师，其后是杂勤……持武器者，大力巫师们致（礼）……金、玉、白陶土、海螺、冰珠石、朱砂、麝香等以及药……投入酒浆后，述说方剂药物的仪轨故事供上一瓢，此后献上粮食，再供上一瓢酒。此后将（死者）眷属领到大王跟前，献上盔甲，其后大王分定领辖权势。

  第一天下午（第47—54行）

  哭丧后御用辛和鞠本波在宝马等牲口上盖几层纸。此后到墓室去，其次序是：王家御用辛和两个供献本波共三人领头，其后是彩线结，其后是内府乳品桶，其后是食物，其后是左右两边的供食袋，其后是（死者）塑像，其后是魂像，其后是尸像，其后是"温洛"。到墓室后，由侍者依次致礼，然后供上酒碗，不能搞乱。大王又分定权势，说："为分权势而来集合！"于是贤良、恶徒依次趣（趋）前倾听，喊声大作。

  第二天下午（第101—106行、第106—112行）

  葬仪中大王分定权势，厌胜术士消除魔罗。供于墓穴的物品有：

衣服、糕饼、各种武器、出行物品、卧具、炊具等，由降魂师献上的物品有：棋子、乐器、各种须臾不可缺少的物品，饮食睡卧用品、神馐制作用具、食物饮料，等等，各种用具全部置于墓穴中。大王分定权势，记有两册，一册交与掌大权的内侍官，另一册交与遮庇羊。……处理牦牛的仪轨和"大剖尸"仪轨一样。下午大王分定权势后，（众人）向大王作"墓穴献新"，御用辛、供献本波们，又对供于墓穴的物品——作除鬼法事，此后御用辛献上剖割工具，去赴晚上的丧宴，（仪轨）与上午一样。

而在第二天"分定权势"前，当天上、下午还要向"棺材致礼"一共3次。① 假如我们以夏塔图M1-B棺板画图像，对比这些关于吐蕃苯教丧葬仪轨的记载，似乎能够找到许多对应关系：肃立、端坐或施礼有章者-"贤良"；前扑跌倒者-"恶徒"；坐于方毯持细直杆黑衣人-以酒碗致礼时秩序的监督人；最右侧举手仰面（呼号）-"喊声大作"，等等。要之，则可以尝试将罗文中《B板图⑤踞地拜谒》与《B板图⑥葬吉宴饮》合二为一，以丧葬活动中频繁出现的仪式——"分定权势"——为其图像之母题名谓。

罗世平文中《B板图①灵帐举哀》所名之画面，笔者认为可能就是再现了吐蕃苯教丧葬活动第一天下午，在墓地进行的"尸魂相合"仪式接近尾声、哭丧仪式刚刚开始时的一个场面。仍据敦煌古藏文写卷P.T.1042（第40—44行）：

"温洛"② 的后面和左右两边，由两个御用辛带来（两排供品），两排顶端都是一个飞跑马（？），其后是大宝马，其后是大小香马，其后是一般的骑士……其后是佳妙乐器、佩饰马……断火巫师和大力巫师选择魂主，此后魂尸相合……此后尸主留于此地，魂主向左转着走来，一共转三圈，在这期间每转一圈都要致礼并供上一瓢酒。备马官向左转着走来……对死者致礼。侍者和死者亲朋们哭丧。

---

① 褚俊杰：《吐蕃本教丧葬仪轨研究——敦煌古藏文写卷P.T.1042解读》，《中国藏学》1989年第3期。
② "温洛"，指吐蕃苯教丧葬仪式中以母舅或外公一类的身份献给死者的一种供品，参见褚俊杰《论苯教丧葬仪轨的佛教化——敦煌古藏文写卷P.T.239解读》，《西藏研究》1990年第1期。

以上所谓"佩饰马",按古藏文写卷 P. T. 1136 对"献祭良马"模样的描写:"马鬃上饰以绵缎(疑为'锦缎'之误),头上插鸟羽鹏羽,尾巴往下梳理,……马尾系上小套子",① 对照图中最右侧 4 匹马观之,显乃一类之物。而"灵帐"左上骑士所持"魂像飘帘"与"灵帐"后泪流满面的妇女与周围人员图像(图 3—12),均能较贴切地对应"尸魂相合"之后紧接着的"侍者和死者亲朋们哭丧"仪式环节。还有一个细节,在夏塔图 M1-B 棺板画"灵帐"右下部,隐约可见一个五边"圭形"之物,颇似"仪轨飘帘"顶端构件形状。结合上下文,推测其可能就是与"魂像飘帘"相碰 3 次后,留置于尸体上的"尸像飘帘"。综上,笔者以为将《B 板图①灵帐举哀》改为《灵帐哭丧图》,可能更加符合这组图像的母题。

图 3—12　夏塔图 M2-B 棺板画"哭泣妇女"摄影图像
(采自《中国国家地理》2006 年第 3 期)

虽然,本书以敦煌古藏文丧葬仪轨写卷内容参比夏塔图 M1-B 棺板画图像,不一定在等级上完全符合后者真实情况,但与总体历史和文化背景

---

① 褚俊杰:《吐蕃本教丧葬仪轨研究(续)——敦煌古藏文写卷 P. T. 1042 解读》,《中国藏学》1989 年第 4 期。

估计相差不会太远。而研究中出现的大量可对应互证情况，也从一个侧面表明二者内在的结构性联系。总之，通过以上研究，本书可以尝试重新按左—右的顺序（彩棺侧板高帮—低帮），对夏塔图 M1－B 棺板画的图像母题和图像秩序进行定名与排定：《分定权势图》→《幡帘招魂图》→《牛马献祭图》→《灵帐哭丧图》→《击鼓骑射图》。

最后，在此笔者还想强调三点，其一，夏塔图 M1－B 棺板画表现出的较为明显之丧葬母题内容，似乎与夏塔图 M1－A 的画面氛围有相当不同。而前者画面人物均无"赭面"的情况，可能也在提醒我们，在整个葬具彩画系统中，左右 2 块侧棺板上的棺板画分别承担着不同的图像子系统功能。这一点，在后续的研究中应该特别注意。其二，笔者感觉吐蕃苯教丧葬仪轨虽然极其繁复，然其核心乃是在关照死者的过程中，来解决生者的问题，即生者如何合法地继承与分配死者的权利与财富——假如死者有的话。在仪轨活动的第一天、第二天反复进行的"分定权势"仪式，以及最后的"嫡幼子驾临的仪式"（第 134—137 行），① 已经能够说明问题。其三，虽然大量"杀牲"对当时的中原人士与今人而言可谓"触目惊心"，但其本身只是吐蕃人丧葬活动中"献祭"仪式的组成部分，而围绕死者遗体或者装殓死者遗体的葬具——包括附属用具——进行的"哭丧""分定权势""尸魂相合"与"施行还阳术"等仪式，在仪轨程序重要性方面与整个"献祭"环节相比毫不逊色、甚至还超越之。丧葬美术在选择题材时，我想无非要着重考虑以下两点：第一，代表性或关键性仪式内容；第二，可以并方便表现的程序场景。前者是丧葬美术所谓"纪念碑性"的内在需要，② 后者是技术层面的客观选择。

二 夏塔图 M2 彩棺侧板

（一）夏塔图 M2 彩棺 A 板（局部）（图 3—13）

夏塔图 M2 彩棺 A 板棺板画，目前没有公开任何图像文本形式的全幅图像，也没有直接对照图像进行的图像志描述。仅在霍巍先生所撰《吐蕃

---

① 褚俊杰：《吐蕃本教丧葬仪轨研究——敦煌古藏文写卷 P. T. 1042 解读》，《中国藏学》1989 年第 3 期。
② 巫鸿：《美术史十议》，生活·读书·新知三联书店 2008 年版，第 111—115 页。

第三章 夏塔图棺板画既往图像志研究的回顾与分析

图 3—13 夏塔图 M2－A 棺板画线描图局部
（采自霍巍《吐蕃系统金银器研究》，第 106 页）

系统金银器研究》中，可以见到 1 幅局部线描图。如果夏塔图 M2－A 与夏塔图 M1－A/B 尺寸与形状大体差不多，人物大小也接近的话，按比例推算，这幅线描图对应棺板长度大约为 0.6 米，所反映画面仅仅占全幅棺板画的 1/4 至 1/3。不过，霍巍先生在《青海出土吐蕃棺板画的初步观察与研究》一文里，对夏塔图 M2－A 却有比较详细的、未配图像之"图像志"性质的文字描述。其对我们在现有条件下，部分了解相关图像内容具有不小帮助，兹故全文录于下：

2 号棺 A 面：画面大体可分为 3 组。
第 1 组：低帮（左起）绘两骑者正在追射 3 只长角鹿，鹿已中箭，另有 1 骑者头戴"山"形高冠（类似高冠也见于流散于民间的那具棺板画人物形象中），反向冲向牦牛群，另有 1 骑者正扭转身躯射鹿，在其前方还有 1 名骑者正在射杀 3 头大耳驴，整个画面表现射猎

· 83 ·

和驱赶牲畜的场面。

第2组：整个画面围绕毡帐展开，画面上方绘有3匹马，马均已解下马鞍，有1人头枕马鞍正在睡觉，画面下方帐外有8人饮酒，其中1人扶抱醉者，醉者长袖拖地，不能自持。2名妇人正在敬酒，1人手持杯，1人手持胡瓶。帐下有3人，2人相对而立，1人正从大酒瓮中汲酒。帐内1男1女2人对坐，2名侍从侍于门外，下方另站有2人，整个画面反映酒宴的场景。

第3组：帐后上方绘有9人，最右端2人相拥亲吻，1人从帐后探身向前，6妇人呈半弧状站立，发式、衣着均异，1男子手中持物，面向妇人。其下方又有3人，其中1人背对而立；1人身披长袍，手持胡瓶；另1人似为小孩，发式为顶部无发，而在项后留发，与文献记载的"髡发"式样十分相似。

画面最上端为一周山峦起伏，山上生长有大树。①

从上面文字描述可知，夏塔图M2-A局部线描图当为"第2组"画面的左半部分。而霍巍先生的图像志描述，应该讲还是相当详尽和基本准确的。然以图勘文，似仍有几点可略加讨论。其一，局部线描图左上3匹马居中者并未卸鞍；其二，图像下方敬酒2人中捧杯者，似不应识别为女性；其三，帐下正从"大酒瓮"中汲酒者可能是女性。关于第一点，图像表现直观无须多论。但这3匹马腿部的"虎纹"应该有所注意。前面夏塔图M1-A《狩猎图》讨论中，笔者也曾初步谈及这个问题。此处一下子出现了3匹腿根绘有"虎纹"的骏马，再联系墓主"男性成年武士"的身份，是否意味着酒宴人群特点与夏塔图M1-A《宴饮图》有些不同？笔者感觉，棺板画绘制者这样的表现，随意为之的可能性不大。不过，由于材料局限，这个问题目前恐无好的答案。惟望今后有更多材料的公布和新的考古发现，以推进此问题的讨论。

关于夏塔图棺板画人物性别的识辨，本书仍按前文的标准：不按人物工作（或动作）属性和其时中原贵族风尚，来界定吐蕃人的实际生活情况，而仅以确定的服饰、发式等为区分标准。故笔者认为，2位所谓"敬酒者"中捧杯者为男子，后面双手持胡瓶者因袍服拖地，似可定为女性。

---

① 霍巍：《青海出土吐蕃棺板画的初步观察与研究》，《西藏研究》2007年第2期。

2人右侧汲酒者同理也可考虑定为女性。实际上，古代北方草原民族女性有喜着宽松曳地类长袍的习俗，自中古而迄辽、西夏、金、元各代而不绝，所谓辽、金之"团衫"和"襜裙"、蒙元时之"团衫"亦是之大类也。① 吐蕃妇女服饰大体也不脱其中。② 而据笔者来看，甚至包括清朝女子的"旗袍"，应该与之也有一定关系。故我们大体可以考虑，以袍服下摆是否及地来作为夏塔图棺板画中，辨别服饰、样貌相近者中男女之别的一个参考因素。

我们以圆形帐篷门左侍者为对应点，尝试把夏塔图 M2－A 局部线描图与夏塔图 M1－A 进行重叠，发现了一个有趣的情况，即 2 图中圆形帐篷左半边以及帐篷左前环坐宴饮人物之左端也基本可以重叠。这无疑表明，出于不同墓葬彩棺的同侧棺板画，在画面构图、重要造型物尺寸与位置上均惊人地一致。其尺度远远超出画面题材相似的范畴。再将上面"第 1 组""第 3 组"以及"第 2 组"未见部分画面图像志性质描述，与夏塔图 M1－A 棺板画图像内容进行比对，二者整体画面也表现出同样的情况。这表明 2 具彩棺的同侧棺板上彩画的绘制，应该是先采用了同一粉本进行画面整体性规划，然后在细节上予以调整、变化而成。实际上，甚至在其中一些细节上，二者也有极大的关联，例如，都将"狩猎"母题置于棺板低帮一端，仅仅是将 3 骑对射目标由 2 只牦牛改为"3 只长角鹿"；在帐篷右侧的画面中，均安排多为妇人，只不过把后者之 5—6 妇人横排站立改为前者"6 妇人呈半弧状站立"，等等。至于在图像母题"徽铭"方面，我们更是可以轻易地联想到许多"相似"：全部人物的"赭面"、帐篷门内的男女"主人像"、"性意象"图像、呕吐的醉汉、胡瓶……技术层面的高度一致性证明，2 具彩棺上的彩画是出于同一人或同一技术人群之手，而图像"徽铭"的共性，则暗示着图像象征意义的接近，以及它们在葬具系统中相同的图像功能。

---

① 参见周锡保《中国古代服饰史》，中国戏剧出版社 1984 年版，第 334、342、356 页；黄能馥、陈娟娟《中国服装史》，中国旅游出版社 1995 年版，第 234—235、238—239、241—243、246—254 页；沈从文编著，王予予增订《中国古代服饰研究》（增订本），上海书店出版社 1997 年版，第 392—395 页。

② 关于夏塔图棺板画所反映吐蕃服饰情况，可参考霍巍先生《青海出土吐蕃木棺板画人物服饰的初步研究》，《艺术史研究》第 9 辑，中山大学出版社 2007 年版。在后面也将进行一些补充研究。

夏塔图 M2－A 棺板画的图像母题和图像秩序，由于图像内容的缺失，肯定无法准确给出。然而，基于其与夏塔图 M1－A 以上诸多不同层面的关联性，粗略地尝试——过细的母题区分在此实际也并无太多积极意义——应该是允许的，且试录如后：《戏吻图》→《宴饮图》→《狩猎图》。

（二）夏塔图 M2 彩棺 B 板（局部）（图 3—14）

图 3—14　夏塔图 M2－B 棺板画线描图局部
（采自霍巍《青海出土吐蕃木棺板画人物服饰的初步研究》，第 264 页）

夏塔图 M2 彩棺 B 板棺板画也未见任何形式的全幅图像公布，与夏塔图 M2－A 情况类似，其也是通过霍巍先生在所撰《青海出土吐蕃木棺板画人物服饰的初步研究》一文中使用了 1 幅局部线描图，才使我们对之有了一些有限的直观认识。好在同样霍巍先生在《青海出土吐蕃棺板画的初步观察与研究》中，也对夏塔图 M2－B 做了比较详细的、未配图像之"图像志"性质的文字描述。我们现也全文录之于下：

2 号棺 B 面：因画面下半部漫漶严重，仅可观察到 2 组画面：

第 1 组：低帮（从左至右）（当为"从右至左"之误，笔者注），可分为上、下两部分：上部首起绘出射猎场面，4 名猎手从 2 个方向上围猎，均头上绕头巾，最左面 1 人身着白色长袍，左袖上佩有蓝底

第三章 夏塔图棺板画既往图像志研究的回顾与分析

红条黄点的联珠纹样臂章。下部画面起首处似绘有大口酒瓮，可能也有饮酒宴享之场景，但已模糊漫漶不清。

第2组：围绕帐篷展开画面，帐外共有8位妇人坐地，均着长袍，在衣袖、领口等部位镶有各色织物，上皆有联珠纹样图案，计有：蓝底黄点联珠纹、青底红条黄点联珠纹、红底黄点联珠纹样等。8位妇人均未赭面。1名男子面向妇人站立，手中执杯，绕红色头巾，留有胡须。帐上方有4人，其中1对男女正相拥亲吻，均赭面，服饰有华丽的联珠纹样。其身后有2名男子作偷袭状，1人手中执有长刀，1人手中执一曲形长棍，衣饰为单色长袍。帐内共3人，1人背向而立，着蓝色长袍；另2人侧身而立，衣饰华丽，手中执杯饮酒。帐外门两侧各有1男侍站立，绕短头巾，领上有联珠纹样织物镶嵌。帐外侧最右侧（疑为"最左侧"之误，笔者注）为2人野合，取男子上位，女子身下有红色似血样条状流出，男子身着白色长袍，头绕红色头巾。下方似还另绘有2人，但已不清。①

对比文字描述，可以了解这幅夏塔图M2-B棺板画局部线描图，包括了"第1组"画面几乎全部内容，② 以及"第2组"画面右侧之一部。其对应棺板长度，按人物尺寸比例推算，大约在1.2—1.3米上下，而面积可能占到了整个棺板画的55%—60%。如果以夏塔图M1-B对应位置画面作比较，我们可以在这幅局部线描图中较明显地观察到以"灵帐"为中心之"粉本"使用的各种痕迹："灵帐"残存图像及其外侧背对观者的一排人物；"灵帐"右上方的"大酒瓮"和汲酒人；"灵帐"左侧"殉牲"的残留图像；"灵帐"右侧隐约可见的戴"山形帽"人物和若干"佩饰马"。同样，与前者《击鼓骑射图》之2人对射图像的对应位置，也有"骑射"人物出现，但人数增加为4人，这样就大体占满了前者《幡帘招魂图》的画面对应空间。而"仪轨飘帘"被转移到了"灵帐"右侧"大酒瓮"的前面，持飘帘者头戴高帽，笔者将其比定为夏塔图M1-B《幡帘招魂图》中那位戴"方形高冠"的"内侍官"。由于识读边界界定的问题，这个

---

① 霍巍：《青海出土吐蕃棺板画的初步观察与研究》，《西藏研究》2007年第2期。
② 按夏塔图M1-B低帮所绘"佩饰马"情况比较，这幅夏塔图M2-B棺板画线描图右侧边线，可能距棺板低帮边沿0.1—0.15米。

"仪轨飘帘"暂时无法准确识别出是"魂像飘帘"还是"尸像飘帘"。由于图像的部分损坏，在"灵帐"左侧目前仅仅隐约可见1匹立马的后半身，这个残留的不完整形式图像不能够支撑我们对空白处原来图像内容的推测与判断——即使其有原为"殉牲"母题图像的可能性，故不尝试给定图像母题名称。

在线描图中归于"第2组"画面的部分尽管十分狭小，我们同样也可以找到与夏塔图M1-B《分定权势图》母题极其准确对应的一些内容：坐地的妇人、面向左侧（圆形帐篷）的站立人群，以及人群中1个同样戴着"上略狭之筒状首服"的人。虽然，画面再向左移，我们只能借助文字描述来想象图像内容，不过，"围绕帐篷展开的画面"的描述已经足够证明，"对应"的情况仍在继续。要之，我们将夏塔图M2-B上所谓"围绕帐篷展开的画面"之主体部分的图像母题，猜测性地继续对应定名为"分定权势图"，亦不能完全视为"空中楼阁"式的想法。① 同样通过文字描述，我们可以了解到在夏塔图M2-B棺板画"第2组"画面中，除了主体之所谓"分定权势"图像内容外，还有2组以"性意象"为明显特征的图像形式母题。其中，以"接吻"为母题之图像中人物——夏塔图M2-B棺板画众多人物中唯一者——"赭面"状况，在形式图像层面推测大约是夏塔图M2-A《戏吻图》的直接"粉本"复制。而如果所谓2个"偷袭者"与之确定有图像象征意义的交集，是否与他们在整个画面中反常"赭面"有直接关系呢？这给了我们一个极其重要的暗示："赭面"与丧葬仪式场面是互相排斥的、不正常的。进而推之，在夏塔图棺板画中对"赭面"人物的图像再现——在此"赭面"也已是一种图像意义的"徽铭"——正常情况下象征着非丧葬仪式场面，甚至是欢快性质的场面。

目前，在研究吐蕃"赭面"的论述中必引的汉文典籍文本，就是《旧唐书·吐蕃传上》所载松赞干布，亦曰"弃宗弄赞"迎娶文成公主事中相关记述：

---

① 不过，从描述文字透露的信息看，这组图像中大约有多达3只往往具有"徽铭"功能的"酒杯"。如果这些"酒杯"以不同的形式母题再现，并以不同的画面位置出现，是能够"组合出"不同的图像意义的。由于这3只"酒杯"具体图像与画面的准确位置不可知，我们只能暂时依循前面该棺板画中之各种"对应"的惯性，将"第2组"画面中围绕帐篷的主体图像内容定名为"分定权势图"。

第三章　夏塔图棺板画既往图像志研究的回顾与分析

贞观十五年，太宗以文成公主妻之，令礼部尚书、江夏郡王道宗主婚，持节送公主于吐蕃。弄赞率其部兵次柏海，亲迎于河源。……及与公主归国，谓所亲曰："我父祖未有通婚上国者，今我得尚大唐公主，为幸实多，当为公主筑一城，以夸示后代。"遂筑城邑，立栋宇以居焉。公主恶其人赭面，弄赞令国中权且罢之，自亦释毡裘，袭纨绮，渐慕华风。①

就这段文字的总体语境并按一般逻辑分析，作为初嫁入吐蕃的唐朝宗女，文成公主最先见到的"赭面"场合，想必应该有松赞干布迎亲的仪式、到达逻些后相应的各类礼仪性与欢庆类仪式，等等。丧葬仪式恐怕一时尚不得见。要之，亦从一个侧面表明，"赭面"多用于喜庆意象场合，而绝少见诸丧葬仪式矣。这点在夏塔图 M1、夏塔图 M2 出土彩棺侧板彩画中，实际上已经比较明确地展现出来了。关于"赭面"的起源，有人认为乃是西藏高原古代部落的传统，② 有人认为可能源自鲜卑人的习俗。③ 这些说法都有一些道理，但本书认为似也应该在更大的历史地理空间跨度中，考虑一下犍陀罗艺术所见女性额、颊之妆靥，以及中原地区汉魏以来女子有"以丹注面"的爱好、男子有妆容傅粉的风流，以及在此基础上产生的唐代非常流行的面妆："花钿""妆靥"和"斜红"等。④ 这些社会文化现象与"赭面"在主要目的与意趣方面，可能均有一定程度的交集。

夏塔图 M2 - B 棺板高帮边缘"交媾"图像的再次出现，同样也证明前揭所谓《野合图》，很可能也是夏塔图棺板画———一种区域性丧葬艺术的物化载体———图像中的"徽铭"。其以这种对于汉文化而言"惊世骇俗"的形式图像再现，应该象征着图像使用者与绘制者接受之的某种复杂与特殊的途径与图像渊源，表现着他们共同拥有——以图像使用者为主——的丧葬艺术观念。

综上所述，尽管依然受到很多局限，然为了表现本研究的目标倾向，兹故循前例亦给出初步的夏塔图 M2 - B 棺板画的图像母题划分以及图像顺

---

① 《旧唐书》卷196上《吐蕃传上》，中华书局1975年版，第5221—5222页。
② 李永宪：《略论吐蕃的"赭面"习俗》，《藏学学刊》第3辑，四川大学出版社2007年版。
③ 仝涛：《木棺装饰传统——中世纪早期鲜卑文化的一个要素》，《藏学学刊》第3辑，四川大学出版社2007年版。
④ 孙机：《中国古舆服论丛》（增订本），文物出版社2001年版，第238—240页。

序：《野合图》→《戏吻违制图》→《分定权势图》→《骑射图》→《灵帐哭丧图》。

三 夏塔图墓地或出之流散民间彩棺侧板（局部）（图3—15）

图3—15 夏塔图墓地或出流散民间彩棺侧板棺板画（局部）
（采自霍巍《青海出土吐蕃木棺板画人物服饰的初步研究》，第269页）

据《跨度为2332年的考古树轮年表的建立与夏塔图墓葬定年》所述，除了夏塔图M1、夏塔图M2以外，夏塔图墓地还有2座墓葬建造时间亦予树轮年表定年测定，其中所谓"3号墓的年代为公元790年，4号墓年代为公元785年或晚于公元785年"。① 我们推测，这幅棺板画应该出于这2座公元8世纪末的墓葬之一。其产生时间距夏塔图M1、夏塔图M2彩棺棺板画已几近半个世纪矣。关于这块夏塔图彩棺侧板的彩画内容，最早见于霍巍先生《西域风格与唐风染化——中古时期吐蕃与粟特人的棺板装饰传统试析》中一段文字描述：

---

① 王树芝、邵雪梅、许新国、肖永明：《跨度为2332年的考古树轮年表的建立与夏塔图墓葬定年》，《考古》2008年第2期。

另一具流散于民间的吐蕃棺板画上，在木棺中部位置上设有一呈须弥座式的台子，台上置有一具黑色棺木，棺由棺盖与棺身构成，棺的一侧有三名守灵人，面呈悲色，棺台左前方在两根立木之间树立有一裸体人像，一骑手正引弓向其射击，另一骑手反身作射箭状也指向裸体人形；在棺之上方，绘出前来奔丧的一队宾客，衣着冠饰各不相同，队中高树一华盖。棺前一人已下马站定，正面向棺木正拱手致哀。①

而霍巍先生《青海出土吐蕃木棺板画人物服饰的初步研究》一文在首次公布该棺板画局部摄影图像黑白效果图的同时，对其又作了更为详尽的图像描述：

该木棺板画可能系一块棺侧板，它是由三块木板拼接而成，也分为低帮与高帮两端，在上面分别彩绘着射猎、击鼓、殡丧、毡帐乐舞、奔丧、商队等场景。其中一个场景可能反映的是殡丧及奔丧时的情景，这个场景绘在棺板的下部，画面的中央放置着一个呈须弥座式的高台，上面安放一具黑色的棺木，高台和棺木上部都被一座圆形顶部带有气孔的灵帐所覆盖，棺木后立有两位守灵人，仅露出头部，可见到其头上均缠头巾。棺木的下方有两骑士正引弓射向一呈裸体的人形，右方绘有一人击鼓，骑者与击鼓者的服饰特点均与上文所述主体民族无异，均头上缠巾，身穿三角形翻领或圆领的长袍。击鼓者的身边有两头牦牛和一匹正在卧地休息的骆驼，骆驼身上还驮着货物。击鼓人的后面有一人站立，正向灵帐致丧，其装束为头戴"山"字形的船形帽，身着黑色长袍，其衣饰特点尤其是头上的冠饰与击鼓者和骑射武士明显不同。在灵帐的上方，有一队骑马人一字排开，前后共计六骑，头前两人缠头巾，身着三角形大翻领长袍，衣饰特点当系本文所述主体民族，紧随其后的四位骑马人则衣饰特点各异：其中两人头上戴有"山"字形的船形帽，衣饰特点与上述站立于灵帐前面致丧者相同；一人头戴呈圆筒形的高帽，身穿三角形翻领长袍；还有一人头上似戴有三角形的浑脱帽。②

---

① 霍巍：《西域风格与唐风染化——中古时期吐蕃与粟特人的棺板装饰传统试析》，《敦煌学辑刊》2007年第1期。
② 霍巍：《青海出土吐蕃木棺板画人物服饰的初步研究》，《艺术史研究》第9辑，中山大学出版社2007年版。

实际上，这幅棺板画摄影图像黑白效果图的画质非常不理想，许多重要的细节不借助文字几乎无法辨别。而从大体的绘画技术与艺术水平看，这幅棺板画显然也与夏塔图 M1 棺板彩画有一定差距。另外，据笔者观察，这幅配图中所显示的 3 块木板——实际应该为 4 块木板——之最上者与中、下 2 块当不属同一块彩棺侧板，这一点可以从上、中 2 板接缝处的长方形豁口看出。如果是这样，以上文字描述的画面内容当为这块流散于民间的夏塔图棺板画之中上部。再结合配图显示构成棺板之木板宽窄大致轮廓走势，基本可以判断其乃彩棺侧板靠低帮一侧的后半部分。要之，这幅棺板画应该属于某具彩棺的右侧棺板（头档—足档）。虽然，一般习惯上我们总将这侧的棺板编为 B 板，但这块侧棺板毕竟尚有许多存疑之处未得确答，故权且编序为：夏塔图侧板 - X。

尽管这幅棺板画局部图像存有许多遗憾，但若深究亦可为进一步了解夏塔图棺板画之内在结构提供若干重要线索。首先，夏塔图侧板 - X 棺板画中最典型之"徽铭"乃所谓"灵帐"，究其在画面中位置，再联系上文描述之"毡帐乐舞"画面当属未见之棺板高帮一侧，则略知其总体布局大同于夏塔图 M1 - B 和夏塔图 M2 - B 的棺板画。故已知如此模式绝非一人——棺板画的主顾或绘者——一时的偶然，而是一数十年不大变之规制。其次，图像中"击鼓射箭"画面除再次印证上述规制存在外，还非常清晰地表现出射箭的目标图像，乃为"两根立木之间树立有一裸体人像"。按敦煌古藏文写卷 P. T. 1042（第 78—79 行）载，吐蕃苯教丧葬仪轨要求在丧葬仪式进行第 2 天下午之"侍者向活人致礼（告别）"后，还要献上所谓"交叉柱"（brnal-kab）。褚俊杰先生认为，这种"交叉柱"很可能就是用于"人祭"，并进一步指出"本（苯）教赎身仪式中就有将作为赎品的小孩绑在柱（vdre）上的内容"。① 类似"骑士箭射裸体人"的图像，在都兰热水墓群出土的棺板画上也曾有发现。② 证明其是一种当时比较流行的丧葬艺术之图像母题，且极有可能直接对应着吐蕃时期的苯教丧葬仪轨。最后，所谓衣着各异的"宾客奔丧"图像母题，隐约体现出了一种图像志双

---

① 褚俊杰：《吐蕃本教丧葬仪轨研究——敦煌古藏文写卷 P. T. 1042 解读》，《中国藏学》1989 年第 3 期。
② 参见程起骏《吐谷浑人血祭、鬼箭及马镫考》，《柴达木开发研究》2006 年第 1 期。该文将都兰热水出土棺板画中"骑士射箭裸体人"图像，解读为所谓吐谷浑人"鬼箭血祭"仪式的再现，可能略显牵强。

第三章 夏塔图棺板画既往图像志研究的回顾与分析

重性（double iconography）特征。所谓图像"图像志双重性"概念，原由马科乌斯·莫德（Markus Mode）提出，其意乃指祆教图像中的 Ōhmazd（Adbag）神，可以有"伊兰式"图像，也可以有"印度式"图像。[1] 本书借指内容相似或相近的一类图像，可以表现出不同图像志意义的图像学现象。前揭夏塔图 M1/M2 – B《幡帘招魂》图像——"仪轨飘帘" + "（吐谷浑）舅臣"的固定图像结构——乃是比较符合吐蕃苯教仪轨之丧葬仪式场景再现，而夏塔图挡板 – X 已因将"仪轨飘帘"改为"华盖"，[2] 并增加外族人物种类与数量，使之逐步体现出"职贡图"或"客使图"类图像的特点。[3] 这种在丧葬艺术中表现出来的图像双重性现象，在反映一种图像"规制"隐约形成的同时，是否也意味着相关民族集团的社会观念也在发生着某种微妙的漂移呢？

另外，夏塔图挡板 – X 摄影图像中最上面那块木板，笔者认为可能属于另一块彩棺侧板。从仅见的些许零散图像分析，棺板画大约包括：圆形帐篷、帐篷门外两侧侍者、帐篷左侧 2 个人物，以及一只头右尾左、卧于帐门左前的"黄犬"。在卧犬左后还隐约似有一排背向席地而坐的人物。其中"黄犬"乃画面中最为清晰而完整的形式母题图像。实际上，"黄犬与鹰"是唐代非常流行的一种图像母题，据张彦远《历代名画记》载，于阗画派尉迟乙僧就曾在洛阳毓材坊大云寺佛殿绘有《黄犬及鹰》图画，时人称之"最妙"。[4] 而在唐懿德太子墓壁画（图 3—16）、敦煌藏经洞绢画，以及丹丹乌里克壁画上均可见到清晰的相关对应图像。[5] 以上夏塔图棺板画中"黄犬"与这些图像中"黄犬"样貌极其相似，这也许是吐蕃时期当地豢养此种犬类的事实写照，但笔者认为，我们是否更应将其视为一种对夏塔图棺板画中之形式图像——所谓"黄犬"图像——粉本来源的一种暗

---

[1] Markus Mode, "Sogdian Gods in Exile-Some iconographic evidence from Khotan in the light of recently excavated material from Sogdiana", *Silk Road Art and Archaeology*, 2, 1991/1992.

[2] 由于图像模糊难辨，笔者实际上并没有识别出具有"华盖"意象的形式图像母题，惟有按相关文字描述进行推断。我们并不完全排除图像误读这种"前图像志研究"问题存在的可能性。

[3] 关于"职贡"或"客使"图像的研究，可以参考郑岩所撰《"客使图"溯源——关于墓葬壁画研究方法的一点思考》，载陕西历史博物馆编《唐墓壁画国际学术讨论会论文集》，三秦出版社 2006 年版，第 165—180 页。

[4] （唐）张彦远：《历代名画记》卷 3《记两京外州寺观壁画·东都寺观壁画》，人民美术出版社 2004 年版，第 132 页。

[5] 林梅村：《丝绸之路考古十五讲》，北京大学出版社 2006 年版，第 210—211 页。

示性信息。若之，无疑为我们了解夏塔图棺板画图像模式的产生和发展以及粉本来源，提供了一个很好的契机。

图3—16　唐懿德太子墓壁画之"黄犬"图像

（张建林摄影）

如果我们以上观察无误，"黄犬"所附乃一独立之彩棺侧板彩画，其可能就是霍巍先生在《西域风格与唐风染化——中古时期吐蕃与粟特人的棺板装饰传统试析》中讲到的另外1幅出土于夏塔图墓地、已流散民间的棺板画。为发表后续行文，姑且名之：夏塔图侧板–Y。霍先生文中对之图像内容亦有两段文字描述，兹录如下以供参考，并借作一阶段性结尾：

> 青海郭里木现已流失于民间的一具棺板画的起首也绘有射猎场面，身穿吐蕃服饰的骑手手持弓箭、腰系箭囊，从两个方向射杀牦牛，而在这个画面的上方绘着一匹驮载货物的骆驼，货物上覆盖着带有条纹的织物，骆驼后面跟随一骑马人，头上戴着似"山"字形的船形帽，似为押运货物的人员。
>
> ……

青海吐蕃木棺板画中也有不少帐外宴饮乐舞场面，如上面所列举的一具现已流散于民间的吐蕃棺板画上，在大帐外设有一四足胡床，主人身穿翻领长袍、头上缠高头巾，坐于胡床之上，其左侧有人侍立，面前一人正屈身弯腰向其敬礼。主人右后方站立有一排五位乐人，手中各执乐器正在演奏，面对主人的空地上一舞者头戴高冠，一只长袖高举过头正在起舞，左后方一排四人席地而坐，正在观看表演。在大帐后方绘有一树，树下拴有两匹虽然带有马鞍却已无人乘骑的马，神态安然悠闲。[1]

第三节　夏塔图挡板彩画图像志

一　夏塔图彩棺1号挡板（图3—17）

夏塔图挡板-1棺板画图像目前只有彩绘摹本一种图像文本形式，分别由许新国、罗世平在各自论著与论文中公布。然他们所用的图像完全一样，而公布的时间也都在2006年7月。[2] 前者在图释中称此图像为"郭里木出土凤鸟纹图"，而对夏塔图挡板-2也使用了完全一样的图释。在对文中，许文统揽而言："（夏塔图棺板画）朱雀的形式具有浓厚的中亚、西亚特征与中亚、西亚的凤鸟纹图形较为接近。……朱雀体态的曲折多变，……均表现出吐蕃绘画的自身风格和地域特色。"[3] 后者没有进行明确对应的说明，只是在文中泛泛道："（夏塔图棺板画）内容有画在棺头档上的朱雀、玄武和花鸟"，[4] 随后直接以"挡板画局部（摹本）"为图释附上了图像。

---

[1] 参见霍巍《西域风格与唐风染化——中古时期吐蕃与粟特人的棺板装饰传统试析》，《敦煌学辑刊》2007年第1期。作者在注释中说明，此棺板画乃青海省文物考古研究所所长许新国先生见示。

[2] 夏塔图挡板-1棺板画彩绘摹本，见许新国著《西陲之地与东西方文明》之图版十四-2，北京燕山出版社2006年版。亦见于罗世平《天堂喜宴——青海海西州郭里木吐蕃棺板画笺证》，《文物》2006年第7期。

[3] 许新国：《西陲之地与东西方文明》之图版十四-2，北京燕山出版社2006年版，第300—302页。

[4] 罗世平：《天堂喜宴——青海海西州郭里木吐蕃棺板画笺证》，《文物》2006年第7期。

图 3—17　夏塔图挡板 - 1 棺板画彩绘摹本
(采自罗世平《天堂喜宴——青海海西州郭里木吐蕃棺板画笺证》，第 70 页)

实际上作为单独使用的图纹，一般人们都将这种形态类禽的想象物称作"凤凰"，按《尔雅·释鸟》："鹢、凤，其雌皇（凰）。"郭璞注："瑞应鸟。鸡头，蛇颈，燕颔，龟背，鱼尾，五彩色。高六尺许。"① 对比夏塔图挡板 - 1 棺板画图像，"蛇颈—蛇腹"之图形最为典型，并发挥着图像"徽铭"的功能。其上似鱼鳍之物略可勘对"鱼尾"之形，其他甚至如头、翅膀等重要结构均较为抽象。特别是身体左侧扬起的翼翅，更趋花卉图纹的抽象色彩。实际上，中国古代此类或曰"朱雀"、或曰"凤凰"、或曰"鸾鸟"的图像，从汉代开始就有将其自其颈部顶端至腹底表现为"蛇腹"的图形样子，发展到唐代时，其绝大多数者均作此式

---

① （晋）郭璞注，（宋）邢昺疏，王世伟整理：《尔雅注疏》卷 10《释鸟》，上海古籍出版社 2010 年版，第 542 页。

第三章 夏塔图棺板画既往图像志研究的回顾与分析

(图3—18)。① 因此,"蛇颈—蛇腹"在唐代类禽图纹中,亦具标定"朱雀—凤凰"图像的"徽铭"功能,同时也是前者与古代"孔雀"图像区分之主要依据之一。② 另外,虽无论古今,一般情况下,人们有将"凤凰""鸾鸟""朱雀"等视为一物的认识态度,③ 然而,在"四神"的图像语境之下,将之称为"朱雀"应该是唯一的正确选择。所谓"朱雀"者,乃代表正南之位,故其在古代宇宙模式之"二十八星宿"中,亦为"南方七宿"井、鬼、柳、星、张、翼、轸之总。④ 鉴于与夏塔图挡板-1伴出的那批彩棺挡板中有所谓"玄武"图像,我们也似乎应该倾向——尽管还是比较犹豫——将图像母题尝试性地定为"朱雀"。这同时也意味着我们已经基本上也将之视为某一具夏塔图彩棺的头挡了。不过,在目前公开的7块夏塔图彩棺挡板与档板残片中,还有1块也绘有可以识别为"朱雀"的图像,而能够与它们建立起明确"四神—四向"方位对应关系的"玄武"仅见1块,且图像风格与夏塔图挡板-1有较大差异,故目前"朱雀"的图像母题识别也还是存有一定的风险。换言之,如果夏塔图挡板-1仅仅是在头挡使用了"朱雀"图像而在足挡未使用"玄武"图像,那么,夏塔图挡板-1图像母题就应该定为"凤凰"或"鸾鸟"之类的名称。这种"朱雀"与"玄武"不共出的情况,在都兰热水血渭吐蕃大墓殉马坑出土之疑为舍利容器上就有发现,⑤ 因此,为慎重起见,本书权且将夏塔图挡板-1图像母题名称定为:"朱雀—鸾凤图"。

---

① 关于汉代凤纹中的"蛇腹"图形,可参考郭廉夫、丁涛、诸葛铠主编《中国纹样辞典》之"汉代画像石交颈双凤纹",天津教育出版社1998年版,第46页。另外,唐代墓志盖上明确为"朱雀"者,其"蛇腹"图形可参考张鸿修《唐代墓志纹饰选编》,陕西人民美术出版社1992年版,第72—74、86、116页;唐代墓葬壁画可明确为"朱雀"者,其"蛇腹"图形,可参考陕西长安南里王村韦氏家族墓墓室南壁《朱雀图》,王仁波《隋唐文化》,学林出版社1997年版,第10页。
② 可参见陕西富平唐节愍太子墓前甬道券拱顶西侧之"孔雀"图像,陕西省考古研究所、富平县文物管理委员会《唐节愍太子墓发掘报告》,科学出版社2004年版,彩版10。
③ 王抗生:《中国传统艺术(4):瑞兽纹样》,中国轻工业出版社2000年版,第20—21页。
④ 高文、高成英:《四川出土的十一具汉代画像石棺图释》,《四川文物》1988年第3期。
⑤ 青海都兰热水血渭吐蕃大墓1号殉马坑,1985年出土了1件周边饰有镀金银片的木质容器,许新国先生将之定为"舍利容器"。该容器复原后整体形态接近前部高阔、后部低狭的棺形,在其侧板前部对称装饰了非常典型的"立凤"主题饰片。此"立凤"造型与潼关税村隋代石棺(实为"石椁",笔者注)头挡《朱雀图》中"朱雀"极似,然因无"玄武"对应,只能定为"凤"。参见许新国《都兰热水血谓(渭)吐蕃大墓殉马坑出土舍利容器推定及相关问题》,许新国《西陲之地与东西方文明》,北京燕山出版社2006年版,第260—265页;陕西省考古研究院《陕西潼关税村隋代壁画墓线刻石棺》,《考古与文物》2008年第3期。

图 3—18 唐代朱雀（凤凰）纹中之"蛇颈—蛇腹"图形
　　a. 唐华表石刻图纹　b. 唐永泰公主墓石椁图纹

（张海霞摹绘）

　　夏塔图挡板－1《朱雀—鸾凤图》图像下部有"仰莲"图案，应该主要是受佛教图像的一种影响。① 这种"朱雀（凤凰）—莲座"的图像模式，在敦煌壁画与唐代墓志盖装饰图像中均可见到，但莲座多为"覆莲"——或者是莲瓣张开至几乎翻转——的样式（图 3—19）。② 而且，从目前图像残留的画面看，"朱雀—鸾凤"似乎是漂浮在"莲座"之上。如果识别无误，这也是以前未见的一种情况。至于"朱雀—鸾凤"四周环绕的云气状花卉缠枝变形图纹，则可先从太原唐代高宗时期墓室壁画

---

① 青海玉树结古镇南约 20 公里的贝纳沟浮雕《大日如来佛与八大菩萨》各身下均有"仰莲"，距贝纳沟东北约 8 公里的勒巴沟沟口所谓《文成公主礼佛图》和《三转法轮图》线刻中，释迦牟尼身下与狮子下亦有"仰莲"。这二处遗迹据传均与文成公主入蕃所做或有关，故知"仰莲"图像作为宗教艺术母题，应该在吐蕃地方政权早期就有了，而且其应该还属于汉地佛教造像艺术母题的范畴，参见汤惠生《青海玉树地区唐代佛教摩崖考述》，《中国藏学》1998 年第 1 期。结合夏塔图棺板画所出之地理空间，其受唐代汉地佛教艺术影响应该是可以确定的。
② 参见郭廉夫、丁涛、诸葛铠主编《中国纹样辞典》，天津教育出版社 1998 年版，第 52 页；张鸿修《唐代墓志纹饰选编》，陕西人民美术出版社 1992 年版，第 116 页。

第三章　夏塔图棺板画既往图像志研究的回顾与分析

中找到一些滥觞,① 其真正一属之者有天宝七年（748）张去逸墓志盖"四神"纹样,② 而从样式到整体画面布局均比较类似的形态,亦可见于现藏西安碑林之盛唐"燃灯台石刻"（图3—20）。如果考虑到唐代石刻原本均有艳丽的色彩,后者与夏塔图挡板彩画的云气状花卉缠枝纹样近似的情况亦可知矣。可以发现,此类棺板画装饰图纹,乃是盛唐后期成熟起来的一种典型的花卉缠枝类纹样。夏塔图棺板画的今日研究价值,更多地体现在对那时纹样色彩运用情况的高质量反映。

图3—19　唐代敦煌壁画中的朱雀（凤凰）纹
（张海霞摹绘）

图3—20　唐代燃灯台石刻纹样摹本
（张海霞摹绘）

---

① 据山西省考古研究所《太原市南郊唐代壁画墓清理简报》载,太原市焦化厂唐墓墓室南北两壁"朱雀""玄武"图像两侧均有云气顶端生花的图像,参见《文物》1988年第12期。
② 杨建军、崔笑梅:《中国传统纹样摹绘精粹》,中国轻工业出版社2001年版,第64—65页。

可能因为夏塔图挡板-1图像整体的抽象意味，使相关研究者对其图像的渊源有了更多的想象空间。不过，类似这种"落英缤纷"风格的"朱雀—鸾凤"图像，在唐代关中基本同期的墓葬壁画中也有发现。位于陕西蒲城保南乡山西村的宝应元年（762）唐玄宗泰陵陪葬墓之高力士墓，其墓室南壁的《朱雀图》，在图像风格上与夏塔图挡板-1彩画就颇有神韵相通之感（图3—21）。但是总体而言这种类型的"朱雀—鸾凤"还是较为少见的，笔者推测，这应该是盛唐末开始出现的一种新的图像形式。其最大的特征就是图案化，传统朱雀或鸾凤之"具象感"的紧凑图形结构开始松散，装饰味道上升为画面主调，甚至多少干扰了图像的规制性识别。出现这种变化，虽然不能完全排除外来的影响，不过似乎更应该从当时中原王朝的整体社会氛围中寻找原因。"安史之乱"的政治原因，可能突然截断了这类图像在中原地区发展的路径。但是，图形技术可能还有一些存

图3—21　蒲城高力士墓墓室南壁之朱雀线摹图

（采自陕西省考古研究所《唐高力士墓发掘简报》，《考古与文物》2002年第6期）

续的空间，我们从晚唐、五代时期的一些墓志盖上的《朱雀图》中多少也能感受到一些痕迹，只不过夏塔图挡板－1中边饰为云气纹样式的卷草类，而后者直接以云气纹进行装饰①。毕竟古代一种图像形式的明显变化较今天而言实在是极其不易的事情，这也是"粉本"流行、图像类型大幅度跨越时空的却大同小异的最重要原因。

夏塔图挡板－1彩画是此类型"朱雀—鸾凤"图像目前所见发育最为成熟的一例，讲它具有地域代表性应该有一定道理。笔者甚至认为，在今后的"朱雀—鸾凤"图像研究中，它还很可能会被单列为一种类型。而为什么它会出现在夏塔图的彩棺挡板的问题，似乎应该更多考虑一下敦煌和于阗方向的影响，②但由于是孤例，过多的推测实际上意义是不大的。因为，诸如地域性生产与经济水平、社会观念倾向、外来的影响、棺板画主顾的好恶、绘者的技术类型与来源、"粉本"的选择等偶然因素太多，解释的边界必然非常的模糊。惟望更多材料的发现与公布，来推动相关研究的继续深入。

二　夏塔图彩棺2号挡板（图3—22）

夏塔图挡板－2是所有挡板中保存最为完整的一块，结合《中国西藏》（中文版）2006年第6期所刊墓葬发掘状况的摄影图片，③我们基本可以肯定，其是夏塔图M2——即所谓"迁葬墓"——出土彩棺的"头挡"。夏塔图挡板－2棺板画是较为典型的"朱雀—鸾凤"图像，和夏塔图挡板－1《朱雀—鸾凤图》相比，具有比较明显的"具象"特征。对于夏塔图挡板－2"朱雀"图像的要旨性介绍，目前较为易见者有：

---

① 参见唐贞元二十年（804）柳昱墓志盖图像、会昌五年（845）刘士准墓志盖图像，载张鸿修《唐代墓志纹饰选编》，陕西人民美术出版社1992年版，第86、110页；五代东海徐夫人墓志盖图像、五代太原王氏墓志盖图像，载香港科学馆《星移物换——中国古代天文文物精华》，康乐及文化事务署，2003年，第112—113页。

② 鉴于夏塔图墓地这一时期的政治、社会生态以及地理空间条件等状况，绘画艺术技术与"粉本"的传入方向以敦煌和于阗最为现实。敦煌方向传入的可能多为绘画技术与"粉本"，而于阗方向也许还在图像与棺木结合方面，可以给夏塔图周边地区以更多启发。关于于阗与夏塔图周边地区在这方面的互动，可以参见林梅村《丝绸之路考古十五讲》，北京大学出版社2006年版，第268—270页。

③ 许新国、刘小何：《青海吐蕃墓葬发现木板彩绘》，《中国西藏》（中文版）2002年第6期。

青海夏塔图吐蕃时期棺板画艺术研究

图 3—22　夏塔图挡板－2 棺板画彩绘摹本
（采自罗世平《天堂喜宴——青海海西州郭里木吐蕃棺板画笺证》，第 71 页）

　　a. 许新国在所撰诸文中之"吐蕃墓棺版画中的四神一般绘于棺两头的挡板上，……朱雀的形式具有浓厚的中亚、西亚特征，与中亚、西亚的凤鸟纹图形较为接近。……但吐蕃四神图像中白虎和朱雀体态的曲折多变，……均表现出吐蕃绘画自身的风格和地域特色。四神陪衬的云气、莲花和繁杂的忍冬纹等更未见于中原唐墓壁画"①。

　　b. 柳春诚、程起骏在撰文中所曰："三具棺木有其后档板六块。档板上绘有青龙、白虎、朱雀、玄武四灵之图案，……如朱雀为南方之神，属火，色属赤，故朱雀被尊为万鸟之王，是祥瑞的象征，最初为东方部族所崇拜的图腾。羽色斑斓，生性高洁，食必择食，栖必择枝，朱雀见而天下

---

① 参见许新国《郭里木吐蕃墓葬棺版画（上）》，《柴达木开发研究》2004 年第 2 期；许新国《郭里木吐蕃墓葬棺板画研究》，《中国藏学》2005 年第 1 期；许新国《试论夏塔图吐蕃棺板画的源流》，《青海民族学院学报》（社会科学版）2007 年第 1 期；许新国《郭里木乡吐蕃墓葬棺板画研究》，载《西陲之地与东西方文明》，北京燕山出版社 2006 年版，第 301—302 页。

第三章 夏塔图棺板画既往图像志研究的回顾与分析

太平。"①

由上可见，对于夏塔图挡板－2彩画图像母题识别为"朱雀"，已经成为一种公认的观点。a中关于图像风格影响源的思考比较新颖，虽然很可惜始终未见明确的论证，但也不影响图像母题识别之宏旨。关于夏塔图挡板－2彩画中"朱雀—鸾凤"四周的陪衬，具体讲有"仰莲"、云气状变形花卉等图纹。情况与夏塔图挡板－1差不多。不过，夏塔图挡板－2"朱雀—鸾凤"身上的一个细节，似乎应该予以特别关注。由于贴近典籍标准的需要，唐代此类图像中一般都有一些"徽铭"功能的图形，例如上文所说的"蛇颈—蛇腹"。而夏塔图挡板－2彩画中"朱雀—鸾凤"的"蛇颈—蛇腹"部分却被若干水滴状装饰替代。

这种情况也见于都兰吐蕃墓出土的金银物件上，如都兰热水血渭吐蕃大墓出土的一对镀金银质"方形立凤纹忍冬唐草纹饰片"之"立凤"与夏塔图挡板－2中"朱雀—鸾凤"颇似，也同样以卷草纹代替了"蛇颈—蛇腹"的图纹（图3—23）。不过，这只所谓"立凤"扬起的一对翼翅上之"一排竖向的连珠纹"，却与陕西潼关税村隋代线刻石棺（实为"石椁"②，笔者注）头挡"朱雀"完全一样（图3—24）。由此细节多少亦可证明，即使是一些典型的西方造型元素，如"联珠纹"等，吐蕃很可能也是依托中原传统图像来局部使用，中原文化在此的影响应该还是主流性的。在中原"朱雀—鸾凤"图像的大体结构之下，着眼于细节的变化，亦应是包括以上棺板画在内之吐蕃该期同类艺术造型的一个共性。其创意的动力，除了吐蕃人自身的观念与艺术冲动，自然也须考虑多源外来文化传播的影响。于此前贤多有较为深入的专项讨论，③兹不赘述。

---

① 参见柳春诚、程起骏《吐谷浑人绚丽多彩的生活画卷——德令哈市郭里木乡出土棺板画研读》，《中国土族》2004年冬季号；柳春诚、程起骏《郭里木棺板画初展吐谷浑生活》，《柴达木开发研究》2005年第2期。另外，《中国国家地理》2006年第3期《青海专辑》（下辑），在这幅"朱雀"棺板画图像的图释中，直接使用了以上文字内容。
② 潼关税村隋代壁画墓中所谓线刻"石棺"的底板上，发现了十分明确的木棺痕迹，参见陕西省考古研究院《陕西潼关税村隋代壁画墓线刻石棺》，《考古与文物》2008年第3期。按古代墓葬与葬具制度传统，棺在内椁在外，因此，这具潼关税村隋代壁画墓出土的石刻葬具，实际上是1具"石椁"。
③ 许新国：《西陲之地与东西方文明》，北京燕山出版社2006年版，第213—296页。

图3—23　青海都兰热水血渭吐蕃大墓出土凤纹饰片线描图

（采自许新国《西陲之地与东西方文明》，第263页）

图3—24　陕西潼关税村隋代线刻石棺头挡图像线描图

（采自陕西省考古研究院《陕西潼关税村隋代壁画墓线刻石棺》，《考古与文物》2008年第3期）

第三章 夏塔图棺板画既往图像志研究的回顾与分析

最后，鉴于这幅"朱雀—鸾凤"图像在"具象"的造型风格方面，与夏塔图墓葬出土的"玄武"图像比较接近，它们构成"朱雀—玄武"对应关系的可能比较大，同时，也为了与夏塔图挡板－1上图像区别，本书将夏塔图挡板－2棺板画定名为"朱雀图"。

三 夏塔图彩棺3号挡板（图3—25）

图3—25 夏塔图挡板－3棺板画彩绘摹本
（采自罗世平《天堂喜宴——青海海西州郭里木吐蕃棺板画笺证》，第70页）

对夏塔图挡板－3棺板画图像进行较专门分析者，目前仅见于许新国先生若干相关研究论述中，其内容如下：

> 玄武的蛇与龟头尾相勾、不相勾和相缠，构成了复杂的图像变化，从南北朝时期就已经基本定型。吐蕃棺画中的玄武形象，蛇身缠龟身，头与尾不相勾，与太原金村（"金胜村"之误，笔者注）6号墓中的玄武图形较为接近。

……，玄武被蛇反复缠绕、整体复杂的装饰和纤细的线条等，均表现出吐蕃绘画自身的风格和地域特色。四神陪衬的云气、莲花和繁杂的忍冬纹等更未见于中原唐墓壁画。①

上文所谓"玄武"，乃是"四神"中蛇缠龟的形象。宋人洪兴祖补注《远游》曰："玄武谓龟蛇，位在北方，故曰玄；身有鳞甲，故曰武。"② 因此，其也是"北方七宿"斗、牛、女、虚、微、室、壁的总称。③ 从目前笔者掌握资料来看，中原"玄武"图像中"头尾不相勾"的情况应该并不少见，除了许文所举之外，从西汉长安未央宫"四神"瓦当中"玄武"、东汉末四川芦山王晖石棺足挡"玄武"浮雕，④ 到太原唐开元十八年（730）温神智墓墓室壁画《玄武图》（图3—26）⑤、唐刘士准墓志盖"玄武边饰"⑥，等等，不胜枚举。由于这种"头尾不相勾"的"玄武"图像多出于太原地区唐至五代墓葬壁画和墓志盖边饰，⑦ 故有其为一种该期地域性"玄武"图像的可能。至于"玄武被蛇反复缠绕"的样式，在唐及五代时期的情况与上述者亦差不多，不赘述。

实际上，夏塔图挡板-3棺板画上最耐人寻味的因素，应该是在"玄武"语境下被识别为所谓"龟"的图形结构。按《说文》："龟，旧也，外骨内肉者也。从它（即'蛇'，笔者注），龟头与它头同……象足、甲、尾之形。"⑧ 如将此字解套于图像，惟有"龟甲"是不能与他物互喻之物

---

① 参见许新国《郭里木吐蕃墓葬棺版画（上）》，《柴达木开发研究》2004年第2期；许新国《郭里木吐蕃墓葬棺板画研究》，《中国藏学》2005年第1期；许新国《试论夏塔图吐蕃棺板画的源流》，《青海民族学院学报》（社会科学版）2007年第1期（"……"后内容未见）；许新国《西陲之地与东西方文明》，北京燕山出版社2006年版，第301—302页。
② （宋）洪兴祖撰，白化文、许德楠、李如鸾、方进点校：《楚辞补注》卷5《远游》，中华书局1983年版，第171页。
③ 高文、高成英：《四川出土的十一具汉代画像石棺图释》，《四川文物》1988年第3期。
④ 任乃强：《辩王晖石棺浮雕》，《康导月刊》1943年第5卷第1期。
⑤ 常一民、裴静蓉：《太原市晋源镇果树场唐温神智墓》，陕西历史博物馆编《唐墓壁画国际学术讨论会论文集》，三秦出版社2006年版，第210页。
⑥ 张鸿修：《唐代墓志纹饰选编》，陕西人民美术出版社1992年版，第86、110页。
⑦ 参见常一民、裴静蓉《太原市晋源镇果树场唐温神智墓》，陕西历史博物馆编《唐墓壁画国际学术讨论会论文集》，三秦出版社2006年版，第210页；山西省考古研究所《太原市南郊唐代壁画墓清理简报》，《文物》1988年第12期；五代太原王氏墓志盖拓本，载香港科学馆《星移物换——中国古代天文文物精华》，康乐及文化事务署，2003年，第112页。
⑧ （汉）许慎：《说文解字》（影印本）卷13下《龟部》，中华书局1963年版，第285页。

第三章　夏塔图棺板画既往图像志研究的回顾与分析

图 3—26　太原唐温神智墓墓室壁画《玄武图》

（张海霞摹绘）

也。同理，在中国古代"玄武"图像中，对"龟甲"的刻画都是极其重要的一环。①"龟甲"在中国古代"龟"意象图像中实际起着所谓"徽铭"功能（图3—27）。而反观夏塔图挡板－3棺板画中被蛇缠绕之物，虽体态、头、足、尾等均可列属古代"龟"意象图像，但就是缺少了"龟甲"这一图形结构。那么，有没有其他可以确定的"玄武"图像中，也存在夏塔图挡板－3棺板画这种情况呢？笔者亦发现一例。在太原市焦化厂初唐至盛唐间墓葬墓室之明确"四神"图像母题壁画中，位于穹顶北壁下方所绘"玄武"图像里的"龟"也没有"龟甲"图形结构。有趣的是，这只被蛇缠绕的"龟"——墓室壁画之明确的"四神"规制限定其必须是"玄武"中的"龟"——除了没有"龟甲"外，浑身还以圆点图纹进行了装饰（图3—28）。显然，其与夏塔图挡板－3棺板画上主体图像具有极大的相似性。考虑到前述初期系统之"云气状花卉图纹"、玄武中蛇"头尾不相勾"等问题，都可以在太原市这座唐墓中找到具有关联性的蛛丝马迹，是否可以设想，太原唐墓壁画与夏塔图棺板画之间存在某种"源"与"流"的关系？这个重要的假设，在此暂不讨论。不过无论如何，至此我们可以比较放心而确定地将夏塔图挡板－3棺板画图像母题定名为"玄武图"。

---

① 王抗生：《中国传统艺术（4）：瑞兽纹样》，中国轻工业出版社2000年版，第66、67、79、113、119页。

图 3—27 陕西潼关税村隋代线刻石棺足挡图像线描图

（采自陕西省考古研究院《陕西潼关税村隋代壁画墓线刻石棺》，第43页）

图 3—28 太原市焦化厂唐墓墓室北壁壁画《玄武图》线描图

（张海霞摹绘）

这幅图像中也有"莲座"和"花卉"装饰，但风格比前面 2 幅"朱雀—鸾凤"意象图像"具象"了很多，特别是花卉图纹，除了花叶勾画明确写实外，甚至还添加了一些勾连穿插的枝杈来增添图像的"合理性"与"真实感"。从而使画面意趣表现出与前 2 幅"朱雀—鸾凤"图像迥乎的风格。这种情况又派生了一系列问题：风格对立的图像能够在"四神"情境下统一在一个葬具系统中吗？如果能够，或者历史事实就是如此，那又意味着什么呢？这些问题的探究，相信对于我们了解青海西部吐蕃时期丧葬艺术发展情况，是具有一定意义的。

四　夏塔图彩棺 4 号挡板（图 3—29）

图 3—29　夏塔图挡板 - 4 棺板画彩绘摹本
（采自罗世平《天堂喜宴——青海海西州郭里木吐蕃棺板画笺证》，第 70 页）

就目前可以见到的材料来看，对夏塔图挡板 - 4 彩画图像进行过明确性描述和图像母题识别者有三，内容如下：

a. 柳春诚、程起骏在《吐谷浑人绚丽多彩的生活画卷——德令哈市郭里木乡出土棺板画研读》和《郭里木棺板画初展吐谷浑生活》二文中认为：

> （夏塔图）棺板上所绘的金乌玉兔，其历史更为久远，可以追溯到中华民族形成之初。中国远古的神话中就有"日中有乌，月中有兔"的传说，合称日月为乌兔。郭里木棺板画的绘制者，将中原汉地的民俗文化与本民族文化有机地融为一体，所绘的四灵与乌兔均有新的创意，而非汉地四灵、乌兔的复制，具有十分明显的地域民族特色。①

显然，夏塔图挡板-4彩画图像母题，被定为华夏远古神话中代表太阳的"金鸟"或曰"金乌"。

b. 许新国先生在《郭里木吐蕃墓葬棺板画研究》之彩色图版中，将对应夏塔图挡板-4彩画图像的图释写作"朱雀图"。②

c. 许新国先生在《郭里木乡吐蕃墓葬棺板画研究》之彩色图版中，将对应夏塔图挡板-4彩画图像之图释写作"郭里木出土吐蕃宝花云鸟图"。③

根据笔者个人的观察，以上a的看法可能存在一些前图像志的瑕疵。首先，所谓"日中有乌"者，在图像构成中必须有一个"○"形的模拟太阳图形结构，其颜色一般为红色。其次，"○"中的"金乌"作三足（或二足）乌鸦或鸽雀状，④或立或飞，颜色一般为黑色。⑤ 夏塔图挡板-4彩画图像中并无"○"形之要件性图形，而画面中心禽类也绝非"乌鸦或鸽

---

① 参见柳春诚、程起骏《吐谷浑人绚丽多彩的生活画卷——德令哈市郭里木乡出土棺板画研读》，《中国土族》2004年冬季号；《郭里木棺板画初展吐谷浑生活》，《柴达木开发研究》2005年第2期。
② 许新国：《郭里木吐蕃墓葬棺板画研究》，《中国藏学》2005年第1期。
③ 许新国：《西陲之地与东西方文明》，北京燕山出版社2006年版，图版十二-1。
④ 关于"金乌—太阳"的图像结构象征关系，笔者认为其起源当与早期东方部族，即所谓"东夷"之"鸟图像"传统有关，这方面研究，可参考［美］巫鸿《东夷艺术中的鸟图像》一文，［美］巫鸿著，郑岩、王睿编《礼仪中的美术——巫鸿中国古代美术史文编》，郑岩等译，生活·读书·新知三联书店2005年版，第11—28页。
⑤ 参见孙作云《长沙马王堆一号汉墓出土画幡考释》，《考古》1973年第1期；洛阳博物馆《洛阳卜千秋墓发掘简报》，《文物》1977年第6期；陕西省考古研究所、西安交通大学《西安交通大学西汉壁画墓发掘简报》，《考古与文物》1990年第4期；陕西省考古研究所、西安交通大学《西安交通大学西汉壁画墓》，西安交通大学出版社1991年版，第25页。

第三章 夏塔图棺板画既往图像志研究的回顾与分析

雀"之属。故知其谬。b 之"朱雀"说，以夏塔图棺板画中已知"朱雀"图像比考之，其是非已明矣。c 之"吐蕃宝花云鸟"定名中"吐蕃宝花"没有太大问题，惟"云鸟"似乎值得商榷。通常情况，在进行古代图像描述时，须有"云气"和"鸟"之形式图像共出时，方适用"云鸟"一词。可见此说亦非妥帖。

本书认为，夏塔图挡板-4彩画中心类禽之物，乃是在"十二生肖"语境下对应之"生肖鸡"图像。"十二生肖"又称十二属相、十二属、十二辰、十二时。其起源于天文，在古代数书中，十二生肖主要功能是与年相配，用以标志生年，以供人推测年命；在"楚帛书"与战国秦汉"日书"中，十二生肖也用于配日，和古人取名直接有关。① 而与十二生肖配属的十二辰位是古代天文学重要的时空标识系统。南北朝至隋唐时期，基于时人丧葬观念中宇宙模式图像构成之认识习惯，在墓志盖与式镜上将"四神"与"十二生肖"配套使用成为一种常见现象（图3—30）。② 这种图像配置的基本结构机理，多是借用"式图"③之空间结构的"四方""十二度"（或"十二辰"）与时间结构的"十二'小时'"的框架，④ 将"四神"图像置于内层以表方位、"十二生肖"置于外层以表方位与时间而构成。某种程度上，其也可以视为一种四分、十二分配物的"缩水版"式图（图3—31）。缘此可见，中古时期在"四神"伴出的丧葬空间中，配物图像最大可能就是"生肖"图像。而夏塔图挡板-4彩画中心之物，就其残存部分观之，也与唐代常见"生肖"图像中"鸡"——特别是垂柳般的鸡尾——极其吻合。⑤ 另外，以"酉鸡"在式图上相对之"卯兔"——在"四神—十二生肖"结构下——恰恰背靠着代表"西方"之

---

① 李零：《中国方术正考》，中华书局2006年版，第172—183页。
② 参见李星明《唐代墓室壁画研究》，陕西人民美术出版社2005年版，第171—206页；李零《中国方术正考》，中华书局2006年版，第104—105、110—111、172—174页。
③ "式"乃古代数术家占验时日的一种工具，后世亦称"式盘""占盘"，"式图"即"式"上的图形，参见李零《中国方术正考》，中华书局2006年版，第69、92—101页。
④ "大时"指太岁右旋，从卯开始，经子、酉、午复归于卯；"小时"之意乃斗柄左旋，从寅开始，经卯、辰、巳、午、未、申、酉、戌、亥、子、丑，复归于寅。前者表示四分的时间概念，后者表示十二分的时间概念，参见李零《中国方术正考》，中华书局2006年版，第111页。南北朝至隋唐文中诸物所见，以"十二生肖"图像皆朝左行，即今之顺时针方向，故知其所用为"小时"矣。
⑤ 参见张鸿修《唐代墓志纹饰选编》，陕西人民美术出版社1992年版，第44—45、47页；徐殿魁《洛阳地区隋唐墓的分期》，《考古学报》1989年第3期。

"白虎"和代表"东方"之"青龙"。① 这种用隐喻方式表现出的当时人们极为复杂之时空交融观念模式,恐怕不能仅仅视为一种巧合。

图3—30 隋代"四神十二生肖镜"
(采自赵力光、李文英《中国古代铜镜》,陕西人民出版社1997年版,第112页)

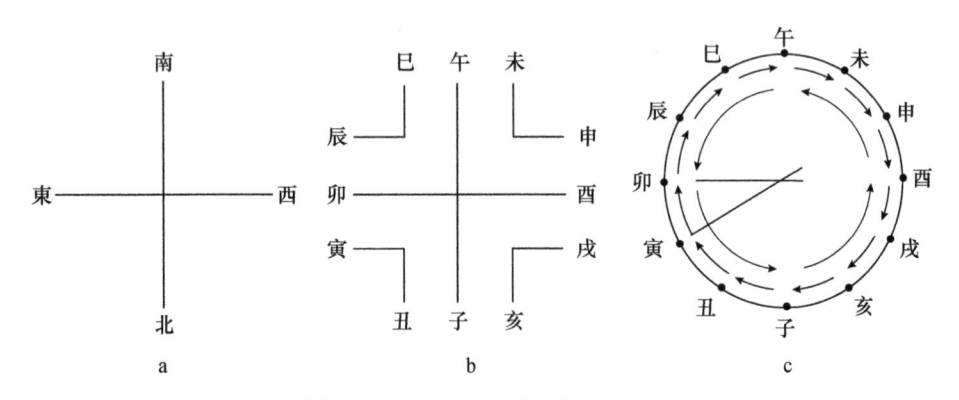

图3—31 式图中时空结构示意图
　　a. 四方　b. 马王堆《禹藏图》小图之"十二度(辰)"　c. "大时"和"小时"
(张海霞摹绘)

---

① "白虎"位于"西方",为"西方七宿"奎、娄、胃、昴、毕、觜、参之总;"青龙"代表东方,是"东方七宿"角、亢、氐、房、心、尾、箕的总称。

第三章 夏塔图棺板画既往图像志研究的回顾与分析

综上所述，笔者认为无论是以当时社会广泛流行的宇宙时空观念，还是以图像所存之图形形式来衡量，将夏塔图挡板-4彩画中心图像母题推定为十二生肖中的"酉鸡"，应该是可以接受的。要之，夏塔图挡板-4棺板画似可定名为"宝花团窠酉鸡图"。

五 夏塔图彩棺5号挡板（图3—32）

图3—32 夏塔图挡板-5棺板画彩绘摹本
（采自罗世平《天堂喜宴——青海海西州郭里木吐蕃棺板画笺证》，第70页）

既往对夏塔图挡板-5的图像描述或定名情况，与夏塔图挡板-4一样，也是由柳春诚、程起骏与许新国在上揭诸文中发表的。其中，柳、程两位先生在"金乌玉兔"定名之下，还专门对夏塔图挡板-5彩画绘画技术特点进行评价：

（金乌玉兔中）将玉兔采取强烈的色彩对比与图案化的表现手法，用莲花、忍冬完美地组合为外围团花图案加以衬托，重点突出玉兔的

· 113 ·

中心地位。动静相宜，构思巧妙，寓意深邃。①

而许新国先生则在《郭里木乡吐蕃墓葬棺板画研究》一文之彩色图版中，则将对应夏塔图挡板－5彩画图像的图释写作"郭里木出土吐蕃宝花兽纹图"。②

本书对夏塔图挡板－5的图像母题识别为"生肖兔"，主要理由如前。另外，也再作几点针对性说明：其一，虽然中古较汉魏时期，"月"图像使用蟾蜍渐少而兔子为多，但多作"桂树"——亦为一图像"徽铭"——下踞兔或执药杵立兔样式而极少奔兔；③其二，夏塔图挡板－5彩画中兔子的奔跑方向为左，与夏塔图挡板－4彩画中鸡朝向一致，这种动态与朝向的图形结构关系，在中古"十二生肖"图像中极为典型，乃象征着"式图"中"小时"所属时间结构之顺时针运行。相反，作为"月中有兔"者，自其流行之西汉时始，就因日月图像中"月"一般居于左侧，为取与右边"日"的对称与内聚效果，"兔"朝向多见向右。④这些情况，在我们推定夏塔图挡板－5彩画中"兔图像"的图像志含义时，也是需要特别考虑的因素。

综上，本书乃将夏塔图挡板－5彩画定名为"宝花团窠卯兔图"。

六 夏塔图彩棺6号挡板（图3—33）

夏塔图挡板－6图像内容，罗世平先生文中指称为"花鸟"，⑤从图像形式或彩画的艺术母题来看，是基本正确的。不过，图像中两只燕雀以单

---

① 参见柳春诚、程起骏《吐谷浑人绚丽多彩的生活画卷——德令哈市郭里木乡出土棺板画研读》，《中国土族》2004年冬季号；《郭里木棺板画初展吐谷浑生活》，《柴达木开发研究》2005年第2期。
② 参见许新国《西陲之地与东西方文明》，北京燕山出版社2006年版，图版十二－2。此图版由于排版工作疏忽，图像被错误地向左倾倒放置。
③ 隋张寿墓志盖右下角"月亮"图像对之有非常明确描绘，参见李星明《唐代墓室壁画研究》，陕西人民美术出版社2005年版，第197页。
④ 参见孙作云《长沙马王堆一号汉墓出土画幡考释》，《考古》1973年第1期；洛阳博物馆《洛阳卜千秋墓发掘简报》，《文物》1977年第6期；陕西省考古研究所、西安交通大学《西安交通大学西汉壁画墓发掘简报》，《考古与文物》1990年第4期；陕西省考古研究所、西安交通大学《西安交通大学西汉壁画墓》，西安交通大学出版社1991年版，第25页。
⑤ 罗世平：《天堂喜宴——青海海西州郭里木吐蕃棺板画笺证》，《文物》2006年第7期。

第三章 夏塔图棺板画既往图像志研究的回顾与分析

图 3—33　夏塔图挡板 -6 棺板画彩绘摹本
（采自罗世平《天堂喜宴——青海海西州郭里木吐蕃棺板画笺证》，第 71 页）

束花草为中心面对而立，显然是为装饰彩棺挡板而专门绘制的一种带有规制色彩的"花鸟图"。

按李星明先生对唐代墓室壁画中花鸟画研究的看法，唐代墓室花鸟画按功能性质可以分为三类：第一类是神瑞化的花鸟画，第二类是作为人物画点缀的花鸟形象，第三类乃独立成幅的主题性花鸟画。[1] 而夏塔图挡板 -6 的"花鸟画"似乎可将一、三者功能集中于一身。首先，从残存棺板外轮廓分析，其很可能是一块挡板的偏上部分，其上图像功能略可对应中古墓葬墓门或甬洞上楣壁画。按一般规制，此部位墓葬壁画构图一般都取对称的形式，题材则有"朱雀""对凤""云气楼阁"、祆教"火坛"等，[2] 均为"祥瑞"意象内容，且表现出一定的规制性倾向。夏塔图挡板 -6 彩画推测亦应有类似功能与含义色彩。其次，棺板画图像构图完整，其中无论"花"还是"鸟"均用写实笔法表现，世俗生活气息浓厚，故使画面呈现出"独立成幅主题性花鸟画"之面貌。此点在"门楣"意象丧葬美术中比较少见，也在夏塔图挡板棺板画中显得颇为"另类"。这种情况，不能排除是一种区域性的图像喜好取向反映的可能。但终因棺板留存面积太小，又无更多旁证材料支撑，这种局部"完整性"图像在整幅图像中的作用到底如何？有无更明确的图像意义？都是无法进一步探讨的边界模糊

---

[1] 李星明：《唐代墓室壁画研究》，陕西人民美术出版社 2005 年版，第 361 页。
[2] 参见中国社会科学院考古研究所、河北省文物研究所《磁县湾漳北朝壁画墓》，科学出版社 2003 年版，第 12 页；陕西省考古研究所《西安北周安伽墓》，文物出版社 2003 年版，图版十四；陕西省考古研究所、陕西历史博物馆、昭陵博物馆《唐新城长公主墓发掘报告》，科学出版社 2004 年版，第 126 页；陕西省考古研究所《唐李宪墓发掘报告》，科学出版社 2005 年版，第 131、162 页。

问题。

目前，本书仅就图像现状，权且尝试将夏塔图挡板－6棺板画定名为"对鸟朝蕊图"。

七　夏塔图彩棺7号挡板（图3—34）

图3—34　夏塔图挡板－7棺板画彩绘摹本

（采自许新国《郭里木吐蕃墓葬棺板画研究》，图版十三－1）

许新国先生在《郭里木乡吐蕃墓葬棺板画》文中论述"四神图"内容时道："（夏塔图）吐蕃墓棺板画中的四神一般绘于棺两头的挡板上，青龙图像与唐墓壁画中的形式较为接近，白虎采用虎头正视的形式，与唐画差别较大。"[①] 而此段文字所附诸彩色图版中，惟有"图版十三－1"，即本书编序之夏塔图挡板－7彩画内容是"正视的形式"，故颇疑许先生将此图像识别为"四神"之一的"白虎"。不过，该图版图释中文字却又为"郭里木出土吐蕃兽面图"，这又让情况变得有些不好判断了。[②]

从夏塔图挡板－7状况看，其应该是彩棺挡板的上部圆弧部分。棺板画有些模糊，大体可以看出，中部有一虬眉圆目、尖鼻阔口兽首，其露出上下獠牙与红舌，兽面左侧——观者右侧——似有焰状虬髯；兽首两边隐约可见翅翼状物。如果笔者观察基本正确，则此图像当与陕西潼关税村隋代石棺头挡线刻门楣中心，以及棺盖前额中心所谓"畏兽"主题图案为一属之物（图3—35）。关于潼关税村这具石棺上的"畏兽"图像，相关报

---

① 许新国：《西陲之地与东西方文明》，北京燕山出版社2006年版，第300页。
② 许新国：《西陲之地与东西方文明》，北京燕山出版社2006年版，图版十三－1。

第三章　夏塔图棺板画既往图像志研究的回顾与分析

告的描述为：

（石棺）盖板……前额线刻画展开呈拱形，画面正中，即拱形的最高处刻一正视的畏兽。畏兽头顶生双角，头顶鬃毛似山峰状竖立；二目炯炯，咧嘴露出两枚尖利的獠牙；肩披浓密的火焰状长鬣，两爪前扑，仿佛正在向观者方向奔跑。①

图3—35　陕西潼关税村隋代石棺棺盖前额兽首线描图
（采自陕西省考古研究院《陕西潼关税村隋代壁画墓线刻石棺》，第39页）

这种在棺头挡或棺盖前额或雕或绘有兽首图像的形式，最早大约见于四川芦山东汉末王晖石棺。但王晖石棺棺盖前额"辅首"乃"龙生九子"图像语境下之物，② 在图像志含义上却与前者有很大不同。实际上，我们认为此种兽首图像也不能简单称之为"畏兽"，因"畏兽"乃专指中古非常流行的一种兽首人身鸟爪、膊有焰状飘翼之作奔跑状的怪物形象（图3—36）。关于"畏兽"属性中外多有研究，其中以日本学者林巳奈夫之"畏兽"乃"象征雷、电光、山岳、河川之神"的看法最为贴切。③

而潼关税村隋代石棺上之中古常见"兽面"图像，其原型很可能是琐罗亚斯德教（Zoroastrianism）胜利之神和军神Verethraghna的10种化身中

---

① 陕西省考古研究院：《陕西潼关税村隋代壁画墓线刻石棺》，《考古与文物》2008年第3期。
② "辅首"之兽面乃"龙生九子"之"椒图"，其性好闭，故用其形于门户，参见郭廉夫、丁涛、诸葛铠主编《中国纹样辞典》之"汉代画像石交颈双凤纹"，天津教育出版社1998年版，第19页。
③ ［日］林巳奈夫：《漢代の諸神》，京都：臨川书店1989年版，第138页。

图3—36 河北磁县湾漳北朝墓墓道东壁之"畏兽"线描图
（中国社会科学院考古研究所、河北省文物研究所《磁县湾漳北朝壁画墓》，科学出版社2003年版，第152页）

"牡牛"和"牡野猪"二者形象之混合。① 图像中所谓"头顶生双角"和"獠牙"，可以视为图像中最典型的2个"徽铭"。笔者的这个看法，也为德令哈东邻之海西州乌兰县一座被盗中古时期壁画墓中②，一块漆棺挡板上的图像所印证。这块挡板可能属于1具漆棺的头挡，上面绘有一正视怪兽，其瞪目鼓鼻、张口龇牙，头顶向两边伸出二角，下颌长有卷鬓；两前爪曲撑于兽首两边，上有翼饰，作欲扑之势；周身遍用小圆圈——夏塔图"玄武"图纹相同者——作为图案装饰（图3—37）。图像中"二角"与"鼓鼻"实际已明确其与Verethraghna之"牛"化身原型图像的关系，而龇出的獠牙则为"野猪"化身的重要标志。以之对照夏塔图挡板-7棺板

---

① 据《阿维斯陀》（Avesta）之《耶什特》（Yast）第14章载，Verethraghna有"风、牡牛、马、骆驼、牡野猪、青年、鹰、牡羊、黄羊、武士"等10种化身，姜伯勤《中国祆教艺术史研究》，生活·读书·新知三联出版社2004年版，第286页。
② 该墓为合葬墓，位于青海省海西州乌兰县，具体位置不详。2008年2月，乌兰县公安局发现此墓被盗后，协同海西州民族博物馆对墓室进行摄影取证后回填了该墓。从现有的资料看，此墓至少由2个砖、木墓室构成，墓室地面铺碎石，墓室墙面做地仗，上绘极精美、丰富壁画，有仪卫、毡帐、房屋建筑、乐舞、牛羊牲畜等图像内容，绘画水平很高。墓室中可见彩棺侧帮与挡头残板，可知为彩绘漆棺。从墓室壁画、彩棺等形制判断其当为中古时期墓葬，且规格极高。以上资料为海西州民族博物馆馆长辛峰先生提供，并同意笔者研究使用。在此特致谢忱。

第三章 夏塔图棺板画既往图像志研究的回顾与分析

画,则二者不仅在地域与时间上比较接近,在图像形式结构与棺板画空间功能方面亦颇符合,故基本可以考虑将它们归为同一来源的图像母题。不过,这种源于 Verethraghna 的"兽面"入华后多已丧失原意,而成为中原传统中人们表现辟邪、厌胜意愿的一种新载体。其所发挥的功能,对于一般人——非祆教徒——而言恐与王晖石棺上的"辅首"也差不太多了。

图 3—37 青海乌兰中古壁画墓漆棺挡板"兽首"图像
(辛峰摄影)

综上,可知许新国先生"兽面图"之说总体是可以接受的,而"正视形式"之"白虎"的说法,当为图像母题之误读。要之,本书乃将夏塔图挡板-7 棺板画定名曰"辟邪兽首图"。

第四章　夏塔图棺板画结构、配置与彩棺复原的尝试

第一节　图像结构与图像配置

一　夏塔图彩棺侧板彩画图像结构

由于彩棺结构自身的特点，侧板一般是棺板画表现最重要的空间。这种重要性主要体现在以下几个方面：第一，侧板画面空间面积较大，适合表现更为丰富的图像内容；第二，在葬具彩画具有一定规制的情况下，侧板是图像内容选择跨度最大的空间；第三，在彩棺开始装殓死者遗体到其被封闭在墓室之前的一段时间，由于视觉角度的原因，侧板一般是丧葬仪式空间中，人们视线最易与最集中投射的葬具部分。在夏塔图棺板画中，最为人们关注的图像内容自然也是侧板的彩画。虽然从彩棺保存现状观之具有一定的偶然性，但就以上所述侧板棺板画重要性，或曰图像特性而言，其又无疑具有相当的必然性。夏塔图侧板棺板画的图像具有一定的结构性规律，为便于研究与论述，表4-1按A板、B板类目对其包含的图像母题进行列表对比。

表4—1　　　夏塔图彩棺A板彩画图像母题对比表

序号	棺板名称	图像母题（头挡—足挡）	图像/文字出处	备注
1	夏塔图M1-A	射牛→宴饮/毡帐→野合/性爱→商旅→狩猎	中国国家地理·青海专辑（下辑）/2006.03，pp.88-91。	

第四章 夏塔图棺板画结构、配置与彩棺复原的尝试

续表

序号	棺板名称	图像母题（头挡—足挡）	图像/文字出处	备注
2	夏塔图 M2－A	戏吻/性爱→宴饮/毡帐→狩猎	a. 图像：考古学报/2009.01，p.106。 b. 文字：西藏研究/2007.02，p.54。	"宴饮"有局部图像，余者按相关文字推测。
3	夏塔图 侧板－Y	乐舞/毡帐→商旅→狩猎	敦煌学辑刊/2007.01，p.85\86。	无图像，按相关文字推测。

从表4－1可以看出，在时间相近的夏塔图M1和夏塔图M2的A板彩画中，有两个图像母题具有并列性，即"宴饮"和"狩猎"题材。从整个彩棺侧板的画面观之，它们所占空间最大，并在彩棺"高帮"和"低帮"附近，分别——以围绕"毡帐"的大量人物，以及多种动物与射猎骑士——形成了2个画面次中心。如果我们推测夏塔图侧板－Y的图像母题情况比较接近图像实际，则也可以想见亦是以围绕"毡帐"的"乐舞"与"狩猎"的母题，构成了与前面二者接近的图像空间结构。在夏塔图M1－A和夏塔图侧板－Y中出现的"商旅"母题，则起到连接"2个画面次中心"的作用。至于其他母题的布置也有一定规律：同具"性爱"意象的"野合"与"戏吻"母题，均围绕"毡帐"布置在侧板的"高帮"附近之较高位置；"仪式"意象最浓的"射牛"母题，安排在"高帮"最近之显著处（图4—1）。参见表4－2来看夏塔图彩棺B板的图像结构。

图4—1　夏塔图M1－A彩画图像"并列性"结构示意图
（底图采自罗世平《天堂喜宴——青海海西州郭里木吐蕃棺板画笺证》，第69页）

表 4—2　　　　　　夏塔图彩棺 B 板彩画图像母题对比表

序号	棺板名称	图像母题（头挡—足挡）	图像/文字出处	备注
1	夏塔图 M1-B	分定权势/毡帐→幡帘招魂→牛马献祭→灵帐哭丧→击鼓骑射	文物/2006/7，p.69。	
2	夏塔图 M2-B	野合/性爱→戏吻违制/性爱→分定权势/毡帐→骑射→灵帐哭丧/幡帘	a. 图像：艺术史研究（第九辑）/中山大学出版社/2007，p.264。 b. 文字：西藏研究/2007.02，pp.54-55。	"分定权势""骑射""灵帐哭丧/幡帘"有局部图像，余者按相关文字推测。
3	夏塔图侧板-X	乐舞/毡帐→击鼓骑射→商旅→灵帐哭丧→宾客马队-华盖/招魂马队-幡帘	a. 图像：艺术史研究（第九辑）/中山大学出版社/2007，p.269。 b. 文字：敦煌学辑刊/2007.01，p.89；艺术史研究（第九辑）/中山大学出版社/2007，pp.269-270。	"毡帐乐舞"无图像，按相关文字推测，余者有图像。另"宾客马队"本书疑为"招魂马队"。

　　夏塔图彩棺 B 板彩画在图像整体结构方面，也有非常明显的"两个画面次中心"：靠近"高帮"之围绕"毡帐"的"分定权势"或"乐舞"的图像母题；靠近"低帮"之围绕"灵帐"的"哭丧"母题。而"骑射"母题和"幡帘"形式的母题作为图像构成的"要件"，也在画面中发挥着连接"两个画面次中心"的功能。夏塔图 M2-B 中 2 个"性爱"意象图像母题虽然令人意外，但其画面位置与夏塔图彩棺 A 板之同类者却也完全相同（图 4—2）。

　　综上，我们可以看出，夏塔图彩棺侧板彩画在图像整体结构上具有非常明显的规律性。由于可堪比对的实例太少，我们目前似乎还不应该称之为"夏塔图模式"，但其图像样式的规制色彩确实非常之鲜明。其中，A 板彩画再现了以围绕"毡帐"的人群——"主人像"与他的社会生活关系者——的活动，与"人—动物"互动的"狩猎"场景为主的一系列动静相偕的画面，并以各图像母题所反映的人们情绪，以及"赭面"的场合性"徽铭"象征着人间世俗生活的快慰感，表现了棺板画关联人群对"生

第四章　夏塔图棺板画结构、配置与彩棺复原的尝试

图4—2　夏塔图 M1 – B 彩画图像"并列性"结构示意图
（底图采自罗世平《天堂喜宴——青海海西州郭里木吐蕃棺板画笺证》，第69页）

死"观念中"生"的提炼理解。而 B 板棺板画则以"灵帐""幡帘"为最强烈图像"徽铭"，明确而清晰地再现了具有明显仪式性质的丧葬场面，并以物化的"对称"——左右棺板形状对称和"高帮"处"毡帐"形式母题的对称——象征着生死的对立统一关系，并对应性表现了关联性人群对"死"的提炼理解。

在此我们必须格外关注这一点：在棺板画之类的丧葬意象美术中，即使绘画者使用了大量符合当时实际情况的形式图像母题，图像的"情景性"或曰"场景性"也往往并不是对"实际情况"真正的"写实"反映，而是通过使用"选择的场景"来表现关联人群的"生死"观念。因为，通常情况下"生死观"对人们而言，是那样的不可清晰言表，也是那样的为平常时所讳言，当不得不面对的时候，人们又是那样的需要了解它，于是图像——一种可呈物共睹的直观形式结构——就常常被用来进行间接的诠释和隐喻。其功能途径一般有两条：其一，对死者"生"时的事迹进行颂扬，表现生者对"死亡"的敬畏；[1] 其二，对死者"死"的事实进行仪式化确认，以隔离生死之界来摆脱生者对"死亡"的恐惧与联想。在夏塔图棺板画中，彩棺的 A 板和 B 板显然分别承载着以上功能。而且，当"情景性"图像的发挥功能的"隔离能力"被人们意识到不足时——由于死亡恐

---

[1] ［美］巫鸿著，郑岩、王睿编：《礼仪中的美术——巫鸿中国古代美术史文编》，郑岩等译，生活·读书·新知三联书店2005年版，第176页。

惧的本能而常会如此——一些与"死亡"威力可以匹敌的图像就会被使用。夏塔图彩棺挡板的图像就多属此类。

夏塔图彩棺侧板彩画在靠近头挡的"高帮"部分，对称地布置了"圆形帐篷"，这种图像形式除了遵循一般"对称"形式法则外，很可能还体现了巫鸿先生所言的中古艺术中的"倒像"（reversed image）和"反观"（inverted vision）模式，并使彩棺隐约在观察者视觉直觉之外的知觉中成为"透明"之物。① 也许，今天我们仅仅感觉这种情况具有相当的图像视觉上的"趣味性"，但对当时面对与注视着彩棺的死者关联人群而言，可能还可以"启发"他们产生一个区别于现实"别种世界"的感受，从而幻化出一种生死"隔离"的强烈比喻。这也再次印证了一个"观念性"事实：丧葬的礼仪与相关用具产生的源动力，一定是当时人们对"生死"观念的构建与秉持。

二 夏塔图彩棺挡板彩画图像结构

夏塔图彩棺挡板彩画总体而言，其图像结构比较单纯，基本都是以单一单元性图像母题构成。这些母题基本都是以象征时空结构的"神性"动物——"四神"和"十二生肖"——来对应表达与古人"宇宙"观念。不过，其中夏塔图挡板-6和夏塔图挡板-7的图像内容，则暗示着围绕中心的某种主题图像之多重图像结构的存在。

其中，根据夏塔图挡板-6的轮廓推测，它可能出于一块挡板的偏上部位。而按一般挡板上端圆弧、下部约呈方形的形制，其上方可能也有一个需要图像"填充"的半圆弧形空间。我们无法猜测出夏塔图挡板-6上下图像的具体内容，但从其整体图像结构可以大体推测出来：对应的整体彩棺挡板大约从上到下分为3层，最上部的半圆弧形空间为第1层，夏塔图挡板-6彩画为第2层，下面大约2倍于夏塔图挡板-6面积、接近正方形的空间为第3层（图4—3）。由于已经丢失的第3层挡板面积最大，可以想见其可能承载着一个主题性图像母题，不过因为其与夏塔图挡板-6

---

① ［美］巫鸿著，郑岩、王睿编：《礼仪中的美术——巫鸿中国古代美术史文编》，郑岩等译，生活·读书·新知三联书店2005年版，第672—676页。

的面积比例关系,① 这个主题图像可能不会像夏塔图挡板－1至夏塔图挡板－5棺板画主题图像那样,占据绝对的主体空间。因此,这块棺板上的彩画内容很可能就呈现出一种直观可觉的纵向"三段"结构。如果以上推测基本接近实际,则夏塔图挡板－6所属挡板彩画的结构,当属一种比较特别的形式。

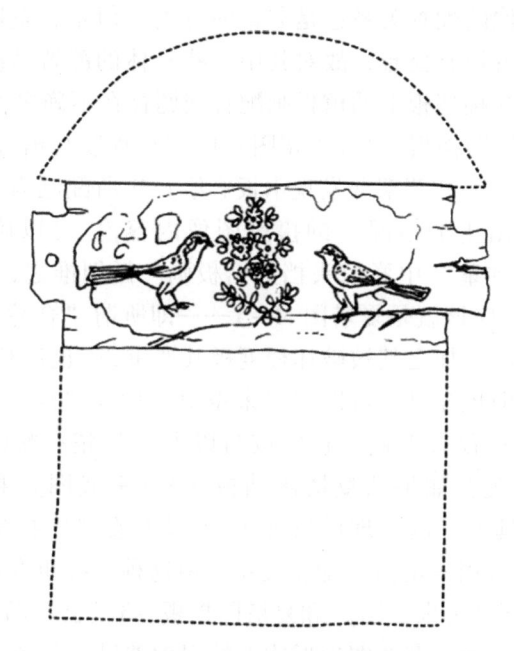

图4—3　夏塔图挡板－6所属挡板整体图像结构假想图
（作者绘图）

根据夏塔图挡板－7的形状,可以基本判断其应该是一具彩棺头挡最上部之半圆弧形部分。其下丢失的图像为"朱雀"的可能较大一些。鉴于夏塔图挡板－6的情况,实际上我们无法推测其整体图像结构的准确面貌,但其多重图像——至少是上下两个不同图像母题——的模式是可能基本确定的。

---

① 参考保存最完整的夏塔图挡板－2的纵向与横向比例关系,假设夏塔图挡板－6上沿紧接半圆弧形挡板顶部,则可以大体推测夏塔图挡板－6与其下丢失部分的纵向比例大约为1∶2,由于下部一般会比上部略大,则可大体抵消夏塔图挡板－6两侧突出部分的面积,故综合估算二者面积之比亦为1∶2。

三　夏塔图棺板画配置：以挡板为中心

作为葬具，彩棺外部施以彩画的地方通常包括棺盖、前后挡板和左右侧板。由于棺木的结构一般均有比较清楚的形制与规制，因此，即使棺木已经解体，其图像的配置关系也是非常明确的。但是，夏塔图棺板画由于相关资料缺失或者没有公布，故对其中一些具体的配置情况仍颇模糊。具体言之，主要是几幅挡板上的棺板画配置问题存在不确之处。

目前，从夏塔图挡板-2《朱雀图》的完整程度与棺板的外轮廓形态，结合许新国等《青海吐蕃墓葬发现木板彩绘》中所配题为"这是木棺、陶罐、弓袋与箭囊出土的情况"的摄影图像内容，① 可以确定这幅《朱雀图》是所谓"迁葬墓"中彩棺头挡的棺板画。循例推之，夏塔图挡板-1《朱雀—鸾凤图》应该就是夏塔图 M-1——即所谓"合葬墓"——中某具彩棺头挡的棺板画。加之其被破坏程度极其严重，② 也反映了夏塔图 M-1被盗掘的事实。但现在已知可以和《朱雀图》构成"四神"语境下之配对关系的《玄武图》仅有 1 幅，它应该与以上《朱雀—鸾凤图》和《朱雀图》中哪幅配置呢？如果从夏塔图挡板-3《玄武图》彩画中主题图像"玄武"相对"具象"的表现风格观之，③ 其与夏塔图挡板-2《朱雀图》应该可以构成"头挡—足挡"配置关系。但这种选择也存在两点悬疑，其一，夏塔图挡板-2《朱雀图》和夏塔图挡板-3《玄武图》在主题图像周边的装饰性图像方面，存在图形形式上的很大差异。前者"莲座"为"仰莲"，后者"莲座"更像"覆莲"；前者背景装饰为云气状花卉，颇具图案化色彩，后者上衬花卉装饰却花瓣、蔓藤俱存而着意"写实"。其二，夏塔图 M2 乃正式发掘墓葬，这点可以从夏塔图挡板-2《朱雀图》及其所附彩棺挡板的完整程度来侧证之。但夏塔图挡板-3《玄武图》似乎破

---

① 许新国、刘小何：《青海吐蕃墓葬发现木板彩绘》，《中国西藏》（中文版）2002 年第 6 期。
② 据海西州民族博物馆辛峰先生介绍，盗墓者进入墓室后一般首先就用大铁锤击破棺木的挡板和盖板，然后再左右击倒侧板，故一般挡板和棺盖所受破坏最大。
③ 实际上，无论"朱雀"还是"玄武"均是人造之"神兽"，但就其具体表现风格观之，夏塔图挡板-1《朱雀图》中主题性"朱雀"图像，已经图纹化而基本与背景装饰图纹融为一体，故画面呈现某种"抽象"的图案意趣之美；夏塔图挡板-2《朱雀图》中主题性"朱雀"图像，则头、颈、身、翼、尾清晰可辨，"鸟"意象形象完整，完全能够与背景装饰形成鲜明主次关系，故而使图像呈现出相对"具象"的艺术风格。

损程度要比前者严重。然而，如果将夏塔图挡板-1《朱雀—鸾凤图》与夏塔图挡板-3《玄武图》进行配置，以上的图像在表现风格方面的矛盾则更为突出。而在受损程度方面二者也存在一定差别：首先，前者要比后者严重得多；其次，前者从断裂痕迹观察，可以基本确定是大力量的外力所为，后者对受损过程性因素的反映则相对模糊。要之，尽管我们基本上仍倾向将夏塔图挡板-2《朱雀图》和夏塔图挡板-3《玄武图》进行配置，但也认为这种配置多少也存在一些风险。只是会比夏塔图挡板-1和夏塔图挡板-3配置风险略小罢了。

另外，假使这种配置符合事实，那么这种图像表现风格的"混搭"现象的产生原因又是什么呢？上文在夏塔图-3《玄武图》图像志的描述中，曾经提到从初唐到五代时期，太原地区"玄武"图像在"首尾不勾连"与"圆点装饰"方面与前者的关系。故笔者推测，夏塔图棺板画"玄武"的"粉本"，最早可能来源于太原一带，二者之间的地理空间连线可能绕过了关中这一隋唐时代传统的"京畿"，以及该历史时期与主流相关的图像产生于流行之地。而其传播的时间，也不能完全排除早于隋代或者唐代。夏塔图挡板-2《朱雀图》中"朱雀"的形象，则因同时具有"凤凰""鸾鸟"等跨度性"神兽"属性，而使得其"粉本"的来源宽泛得多，获得也容易得多。都兰出土的大量相关资料可以证明这一事实。[①] 如果这些假设成立，则反映了这样一种情况，在吐蕃时期德令哈一带地区"四神"图像观念可能并不是非常流行，但"凤鸟"类图像则有广泛流传与运用。夏塔图棺板画的绘制人员手中，可能掌握着一些与唐代"关中—京畿"地区主流样式有别的"四神"粉本资料，在绘制彩棺挡板时为主顾——死者亲属或其他有决策权的关联人——所选用，但主顾对于"朱雀"图像有自己符合当地当时主流的印象与审美，且棺板画绘制者手中恰好也有大量本地正在流行的"凤鸟"粉本，于是，图像风格的"混搭"就成为不可避免的事实了。这些粉本的流传原因与被使用的机理，涉及政治地理变化、民族变迁、商贸交往以及宗教的传播等因素，其具体过程可能还涉及许多人为的偶然因素，如绘制技术的传承、画匠人群的流动、主顾的个人爱好与信仰，等等。

---

① 参见许新国《西陲之地与东西方文明》，北京燕山出版社2006年版，第249—251、262—264页。

按照"式图"的配物原理,"四神—十二生肖"结构中,"卯兔"对应着"青龙"而位于"东","酉鸡"对应着"白虎"而位于"西"。在结合"式图"中"四方配阴阳"的空间结构模式(图4—4),就可以看出"四神"中"朱雀"与"十二辰(生肖)"中"卯兔"属"阳","四神"中"玄武"与"十二辰(生肖)"中"酉鸡"则属"阴"。要之,可推知夏塔图挡板-5《宝花团窠卯兔图》应该是某具彩棺的"头挡",而夏塔图挡板-4《宝花团窠酉鸡图》则为对应之"足挡"。二者构成首尾图像配置关系。另外,我们还认为这两块挡板,应该属于夏塔图M2彩棺中的那具盛放墓主骨骸的"小棺"。判断的依据有如下几点:第一,夏塔图彩棺制作过程中使用的钉子(可能是铁钉)的尺寸规格应该是差不多的,我们以夏塔图挡板-4、夏塔图挡板-5上钉眼的直径尺寸,与夏塔图挡板-1和夏塔图挡板-2之钉眼直径尺寸进行对照,发现它们的纵向长度比分别为1:2.5和1:3。因此,可以推断出夏塔图挡板-4高约0.3米、宽约0.25—0.26米;夏塔图挡板-5现存高度约0.23—0.25米,上宽约0.24米、下宽约0.27—0.28米(图4—5)。① 第二,通过仔细对比夏塔图挡板-4、夏塔图挡板-5,与夏塔图挡板-1和夏塔图挡板-2摹绘图像中所示横向木纹的纵向密度比,也可以察觉二者有比较悬殊的体量差异。第三,在人眼观看舒适或者合乎主流习惯的前提下,观察夏塔图彩棺挡板彩画中装饰性图纹中单元形式图形——此处指构成图形的基元线条与色彩空间——的宽窄、粗细,也可发现夏塔图挡板-4、夏塔图挡板-5图纹结构更为松散、疏离一些,这往往就意味着图像尺寸不会太大。如果笔者以上观察无误,则夏塔图M2大棺中所置小棺也应该是"头高尾低"结构形制,又假如整个小棺结构形态与大棺基本接近,则小棺的长度大约应该在0.7—0.75米之间。

---

① 此处我们假定出土于夏塔图M2彩棺侧板"高帮"尺寸,与夏塔图M1彩棺侧板"高帮"尺寸接近,均大约为0.7米,则夏塔图挡板-2总高大约为0.88—0.89米,其中上部半圆弧高度约0.18—0.19米、底宽约0.63—0.64米,下部挡板高0.7米,上宽约0.57米、下宽约0.65米。反过来,我们假设夏塔图挡板-1尺寸与夏塔图挡板-2基本相同,二者底宽均为0.65米,则目前夏塔图挡板-1实际高度恰好为0.7—0.71米。要之,可推知夏塔图挡板-1上部丢失的正是棺板上部那块规制化的半圆弧部分。这些数值非常接近的数据表明,夏塔图M1和夏塔图M2中已知棺木的制作,采用的是完全相同的尺寸规格。它们的结构也应该非常接近。

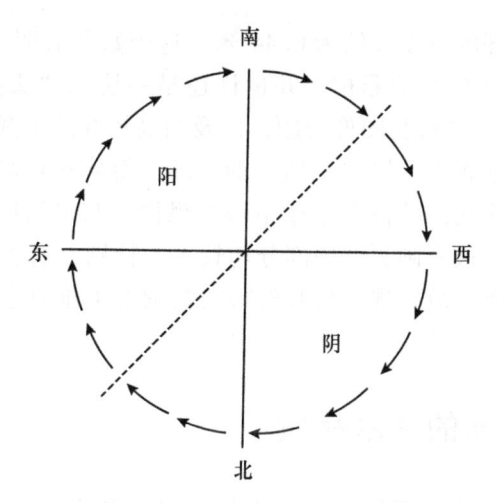

第四章　夏塔图棺板画结构、配置与彩棺复原的尝试

图 4—4　式图中象征空间结构的"四方配阴阳"示意图
（张海霞摹绘）

图 4—5　夏塔图挡板 -2 与夏塔图挡板 -4 尺寸推算对比示意图
（底图采自许新国《西陲之地与东西方文明》，图版十二 -1、图版十四 -1）

夏塔图挡板 -6 由于大部分画面丢失，故无法十分确定其到底属于彩棺的"头挡"还是"足挡"。不过，从挡板上残留"钉眼"的大小，以及两边突出部分的长度——其可能略等于 0.04 米的侧板厚度——观之，这块

· 129 ·

挡板不包括突出部的宽度大约为0.44米。这个数值表明,夏塔图挡板-6可能属于一具尺寸较小的彩棺,并也许还是一块比"头挡"矮小的"足挡"。夏塔图挡板-7从其图像母题,以及高高挑起的半圆弧顶部来看,基本可以确定其应该属于一块"头挡"的上部。而从其底宽与高度的尺寸比例关系来看,其所属的挡板在整体结构上恐怕也与夏塔图挡板-2有所差别。由于这两块挡板彩画丢失的部分均较大,特别是后者连一点进行尺寸推测的线索也没有,故在现有公开材料的基础上很难对它们进行有意义的图像配置。

四 棺板画的艺术品质

以笔者个人观点,夏塔图彩棺在以"柏木板"为承载的实体结构方面,应该属于一种技术水平不高的、甚至有些鄙陋的葬具。但是,其上所附的棺板画,确实是中古时期不可多得的高水平视觉艺术作品。当然,这种判断也许多少会受到因笔者"视觉经验"不足而产生的善意偏见之影响。不过,以下几条却是有些说服力的依据。

首先,夏塔图棺板画中的"经营位置"——西方现代绘画语境所称"构图"(composition)[①]——所展示的图像面貌,总体上更接近"现代"整幅壁画所拥有的"叙事性"与"情景性"图像处理的复杂形态。在木棺侧板所提供的有限空间中,表现壁画形式图像内容的实例,虽然在中原也多有所见,例如,大同智家堡北魏墓棺板画(图4—6)、[②] 大同沙岭北魏壁画墓所出漆棺彩画,[③] 等等。但后者画面所呈现的"平行线性"特征,以及为分割画面而大量使用的二方连续性图纹,都使得其"经营位置"变得相对简单,并体现出一种与以前时代联系密切的状态。[④] 然而,在夏塔图彩棺侧板棺板画中,却已经完全消弭了这些"经营位置"技术方面的旧

[①] 石炯:《构图:一个西方观念史的个案研究》,中国美术学院出版社2008年版,第100—102页。

[②] 刘俊喜、高峰:《大同智家堡北魏墓棺板画》,《文物》2004年第12期。

[③] 大同市考古研究所:《山西大同沙岭北魏壁画墓发掘简报》,《文物》2006年第10期。

[④] 参见孙作云《长沙马王堆一号汉墓漆棺画考释》,《考古》1973年第4期;于志勇、覃大海《营盘墓地M15的性质及罗布泊地区彩棺墓葬初探》,《吐鲁番学研究》2006年第1期;宁夏回族自治区固原博物馆、中日原州联合考古队《原州古墓集成》,文物出版社1999年版,第15—16页、图版16—18。

式元素。其图像"叙事程序"排列呈现自然而流畅的"波线"形态,各图像母题之间结合自然,没有了呆板的"界格"。显而易见,近些年颇为引人注目的一系列所谓粟特人石榻或石椁上的分栏式图像,① 在"经营位置"复杂性与技术"现代化"方面,均不及夏塔图彩棺侧板的棺板画。总之,在严格遵循丧葬意象特定图像母题表现规制的局限下,夏塔图棺板画的绘制者仍然在彩画整体的"经营位置"方面绽现出了明显的创意火花,显露了高超的构图能力与适应性。

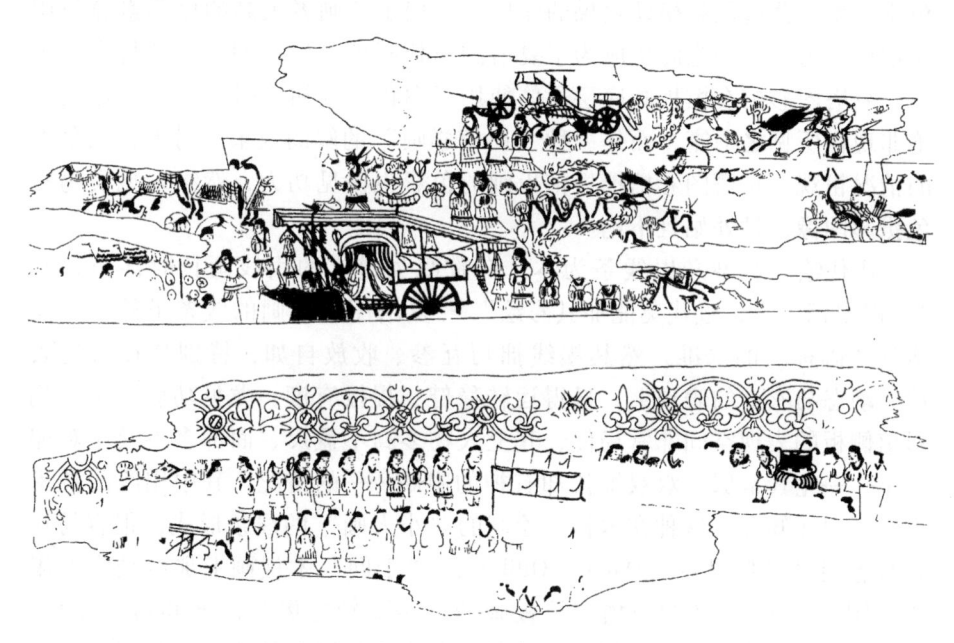

图4—6 大同智家堡棺板画线描摹本
(采自刘俊喜、高峰《大同智家堡北魏墓棺板画》,《文物》2004年第12期)

其次,夏塔图棺板画在色彩运用方面,也体现出了中古美术的较高水准,并营造出了一种极其独特的彩棺色彩效果。具体而言,夏塔图棺板画在色彩技术上主要有以下几个特点:第一,一种色相的不同倾向颜色的运

---

① 参见天水市博物馆《天水市发现隋唐屏风石棺床墓》,《考古》1992年第1期;陕西省考古研究所《西安北周安伽墓》,文物出版社2003年版,图版一;山西省考古研究所、太原市文物考古研究所、太原市晋源区文物旅游局《太原虞弘墓》,文物出版社2005年版,第97页;西安市文物保护考古所《西安北周凉州萨保史君墓发掘简报》,《文物》2005年第3期。

用。我们以棺板画上的"红色"为例，在夏塔图棺板画中的红色至少有大红、紫红、枣红、朱红等4种倾向颜色。而其使用的颜料可能仅是朱砂。据研究，吐蕃人在木板上绘画可能只使用朱砂，而不用铅丹和土红这两种亦颇常见的颜料。① 以一种红色颜料绘出多种倾向颜色，必须具有高超的调色技术。第二，色彩运用富有想象力。艺术创作"源于生活而又高于生活"，是对美术作品艺术品质评价的一个重要指标。夏塔图棺板画中多处出现"蓝色的马""蓝色的花"，其在色调整体偏暖的画面中起到了活跃色彩关系、营造色彩律动效果的作用。体现了绘画者极高的色彩素养与用色把控能力。这一意匠也成为了夏塔图棺板画色彩使用的最显著特点。第三，夏塔图彩棺在棺板画底层通体使用了白色，其初成时的彩棺色彩面貌绝非现在所见之中庸，而是一种"白棺彩画"的鲜丽效果。另外，从摹本的情况粗观，夏塔图彩棺挡板棺板画的色彩也极见功力，然缘未见实物彩色摄影图像，是处姑且不论。

唐代绘画造型乃以线条为本，在赞叹吴道玄的用线画技时甚至言其"只以墨踪为之，近代莫能加其彩绘"。② 夏塔图棺板画的线条虽然不可能达到"画神"的水准，然其墨线拙巧互参、收放自如，特别是在人物表情、动态与衣褶的表现上，显得运转稳健、提按有度，尤见功底。考虑到彩棺侧板的表现空间非常局促，其上人物多高不盈尺、面部多不及小鸡卵大小——尤其是那一双双细长却有神的眼睛——的情况，其中用线的技术难度可想而知矣。这种在木板上绘制的"小人画"的线条形式，很容易让人联想到丹丹乌里克（Dandan Oilik）之"于阗"木板画上那些结实的墨线（图4—7）。只不过夏塔图棺板画的线条要较之更为流畅和富于变化。依笔者个人看法，实际上目前所见各类摹本之线条，均不及原物风貌。只可惜公开的相关摄影图像资料不够全面亦多模糊，否则夏塔图棺板画线条的研究一定会对中古绘画史研究产生更多的启发。

究其总体的艺术风格，夏塔图棺板画上既可见北朝以来偏爱色彩——特别是在彩棺挡板棺板画上——表现的特征，也在一定程度显现出盛唐时

---

① 张晓梅、原思训：《青海都兰吐蕃墓葬出土彩绘木构件颜料、金属文物的分析及埋藏环境对文物保存状况影响》，载北京大学考古文博学院、青海省文物考古研究所编著《都兰吐蕃墓》，科学出版社2005年版，第144—145页。

② （唐）朱景玄撰，温肇桐注：《唐朝名画录》之《神品上·吴道玄》，四川美术出版社1985年版，第3页。

第四章 夏塔图棺板画结构、配置与彩棺复原的尝试

图4—7 蚕种西渐传说图（奉献板绘）
（采自[日]田辺勝美、前田耕作《世界美術大全集》东洋编，第15卷，小学馆，2007年版，第244页）

期注重线条运用的风尚。① 不过，整体上仍较多倾向初唐绘画以色彩为主的"密体"面貌。此项特点在夏塔图M1-B"高帮"上部的"山水画"上表现得最为明显。对比敦煌莫高窟209窟南壁西侧《说法图》所见山峦图像，我们可以明确识别二者的关联性与承继性（图4—8）。这也许是地域文化的特点，可能也是吐蕃地区或中原王朝偏远地域在绘画风格递变中相对滞后状态。然而，笔者以为优秀画作风格虽世有流变，但其须遵循的普世审美原则却相对稳定，夏塔图棺板画应该是一个例证。总之，以历史的眼光审视夏塔图棺板画，其所具有的较高艺术品质是毋庸置疑的。

a   b

图4—8 夏塔图棺板画所见山峦图像与敦煌莫高窟初唐"山水画"
a. 夏塔图棺板画山峦图像　b. 莫高窟209窟《说法图》所见"山水"
（a采自罗世平《天堂喜宴——青海海西州郭里木吐蕃棺板画笺证》，第75页；b沙武田摄影）

---

① 李星明：《唐代墓室壁画研究》，陕西人民美术出版社2005年版，第294—295页。

第二节　彩棺形制复原的初步尝试

一　夏塔图棺板的结构

（一）彩棺侧板结构类型

从已经公布的图像与文字材料看，夏塔图彩棺侧板一般都是由3块长约2米许、厚约0.04—0.05米的柏木板串接而成。其具体的连接方法，乃是在棺板北面靠两端的位置，纵向打上两条木梁。以夏塔图M1的A板为例，靠近"高帮"纵梁距边沿大约0.25米，其被5枚铁钉从棺板正面穿透棺板钉死固定；"低帮"一侧的纵梁距边沿大约0.42米，也是被5枚铁钉用同样的方法固定。在侧板上沿两端，距"高帮"约0.1米、距"低帮"约0.15米各开一个长方形凹口，凹口长约0.05米、深约0.02米（图4—9）。夏塔图M1-B的结构对称一应之，[①] 而夏塔图M2彩棺侧板的结构亦大体是如此。[②] 可以想见，此种结构的侧板乃基本不考虑棺内表面平整与美观，这与大同智家堡北魏墓出土彩棺侧板使用"胜"形银锭束腰榫卯连接木板的工艺，在艺术性与技术水平上的差距是相当大的。[③] 本书将这种结构的侧板定为"夏塔图侧板Ⅰ型"（图4—10）。

图4—9　夏塔图M1-A纵向固定梁铁钉痕迹与上沿"凹口"

（采自罗世平《天堂喜宴——青海海西州郭里木吐蕃棺板画笺证》，《文物》2006年第7期，封二）

[①] 罗世平：《天堂喜宴——青海海西州郭里木吐蕃棺板画笺证》，《文物》2006年第7期。
[②] 许新国、刘小何：《青海吐蕃墓葬发现木板彩绘》，《中国西藏》（中文版）2002年第6期。
[③] 刘俊喜、高峰：《大同智家堡北魏墓棺板画》，《文物》2004年第12期。

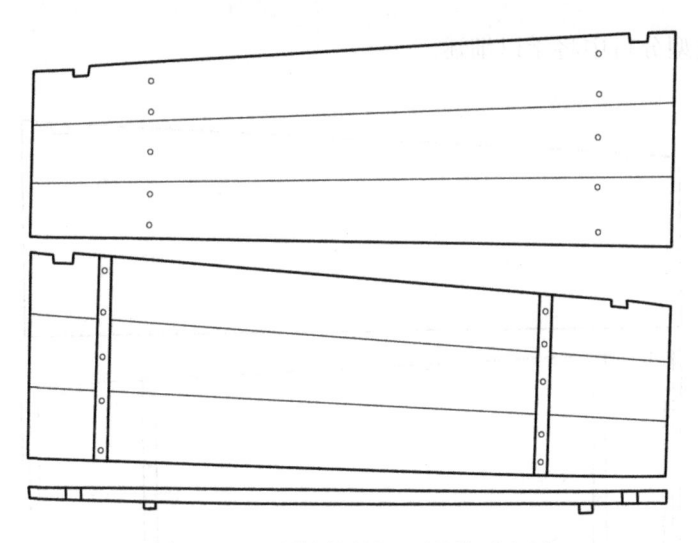

第四章　夏塔图棺板画结构、配置与彩棺复原的尝试

图4—10　夏塔图侧板Ⅰ型结构示意图

（作者绘图）

除了以上有公开实物材料的夏塔图侧板Ⅰ型之外，我们根据夏塔图挡板的形态特征，并结合一些零星的文字资料，大体还可以推测出另外两种彩棺侧板类型。其一，在侧板两端内侧刻纵向挡板贯通镶嵌槽的类型。我们称之为"夏塔图侧板Ⅱ型"。这种类型的挡板，在下限为公元461年的德令哈闹哈图墓葬就有发现，显然属于吐谷浑人棺木结构。[①]从已公布夏塔图彩棺挡板的情况分析，绘有宝花团窠生肖图案的那一对挡板，应该就是和这种类型侧板配用的（图4—11）。其二，在侧板"高帮"或"低帮"纵向边沿开"凹口"以"点状"嵌固挡板的类型，本书名之为"夏塔图侧板Ⅲ型"。这种类型的彩棺侧板，乃适用于套接夏塔图挡板-6那样有左右凸榫的挡板（图4—12）。不过，由于资料所限，以上推测类型在具体细部上肯定与实际情况存有差异，但所举典型性特征应该是差不多符合的。另外，无论是哪种类型，我们估计在相近历史时期的夏塔图墓葬所用者，起码在以下两个方面具有一定共性：第一，组成棺木侧板的木板连接方式，应该与夏塔图M1-A/B基本相同；第二，彩棺侧板上沿两端均开有一个尺寸基本一致的"凹口"，其功能与托载棺盖有关。具体情况在后面

---

① 肖永明：《树木年轮在青海西部地区吐谷浑与吐蕃墓葬研究中的应用》，《青海民族研究》2008年第7期。

的棺盖类型分析中将予以细述。

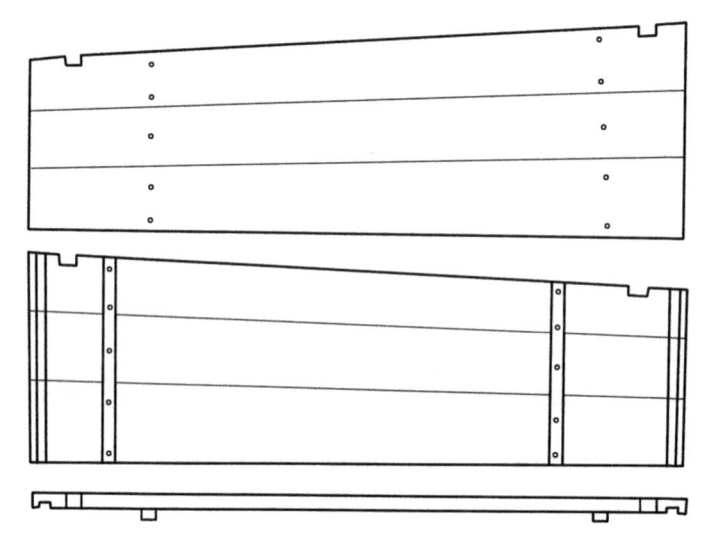

图 4—11　夏塔图侧板 II 型结构示意图

（作者绘图）

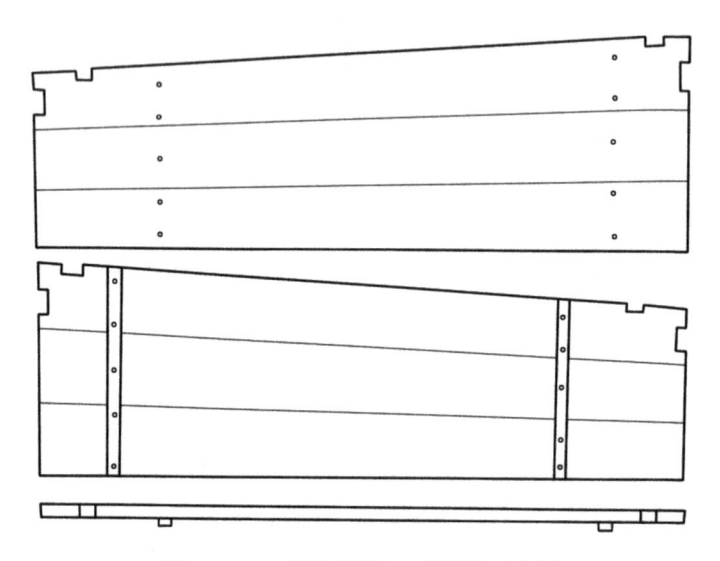

图 4—12　夏塔图侧板 III 型结构示意图

（作者绘图）

第四章　夏塔图棺板画结构、配置与彩棺复原的尝试

（二）彩棺挡板结构类型

夏塔图挡板由于公布材料比较多，故其各结构类型情况较为明确。其中，保存最为完整的彩棺头挡夏塔图挡板－2，乃是由上部半圆弧形与下部略呈长方形的3块木板组成，且半圆弧形部分底边大于下部方形上沿尺寸而在两边形成"凸角"，故外轮廓总体呈"圆蘑"形状。和其对应的足挡估计结构与之基本类同，只是上部的"半圆弧形"可能不如头挡那般突兀，以应所谓"前高后低"之制。这种挡板上部半圆弧突出的部分是为了与"弧瓦形"棺盖边沿相衔接，其并不起到任何的榫卯功能。本书将此种彩棺挡板类型称为"夏塔图挡板Ⅰ型"（图4—13）。夏塔图挡板－1、夏塔图挡板－3之完整原态者，推测可能都属于这种类型。

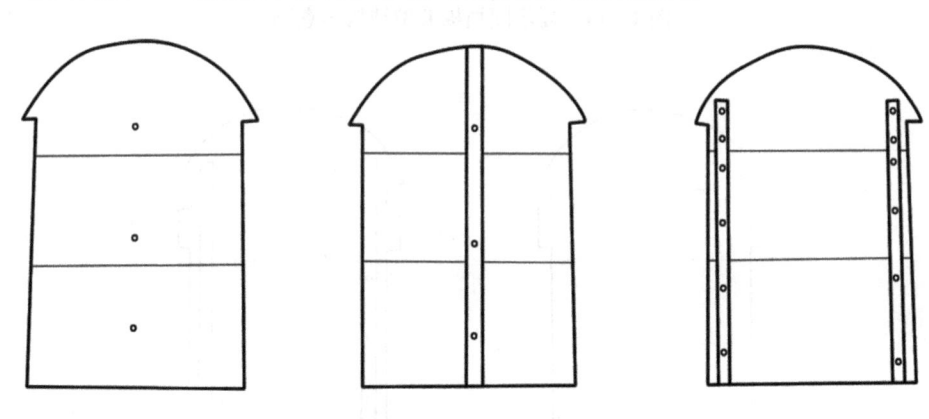

图4—13　夏塔图挡板Ⅰ型结构示意图

（作者绘图）

夏塔图挡板－4与夏塔图挡板－5与以上挡板类型最大的区别，在于其上部"半圆弧形"部分底边与下部方向部分上沿尺寸一致，没有两边的"凸角"。其他情况大体相同。我们将之定为"夏塔图挡板Ⅱ型"（图4—14）。从夏塔图－7高度与底边比例关系分析，此种非常突兀的上部"半圆弧形"应该属于夏塔图挡板Ⅱ型。因为，如果将之归于夏塔图Ⅰ型，其下方形部分尺寸必更窄狭，若之挡板整体高度与宽度比肯定非常之大，从而丧失了挡板的基本形态。夏塔图挡板－6的特殊结构告诉我们，应该还有一种在下部方形部分两侧有"凸榫"的挡板类型。我们称之"夏塔图挡板Ⅲ型"（图4—15）。从基本原理与常识来看，这种类型的挡板，其上部"半圆弧形"可以与夏塔图挡板Ⅰ型一样，也可以和夏塔图挡板Ⅱ型相同。

为不产生混淆，我们界定只要彩棺侧板有夏塔图挡板Ⅲ型那种的两侧"凸榫"，无论其上部为何形状，均归于夏塔图挡板Ⅲ型之属。

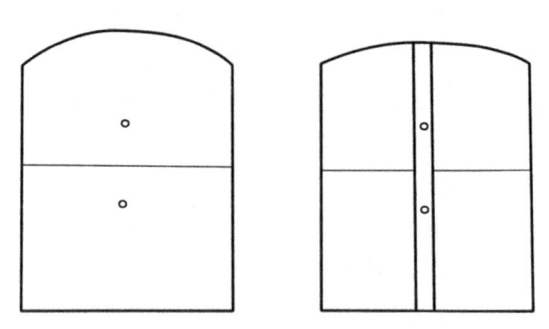

图4—14　夏塔图挡板Ⅱ型结构示意图

（作者绘图）

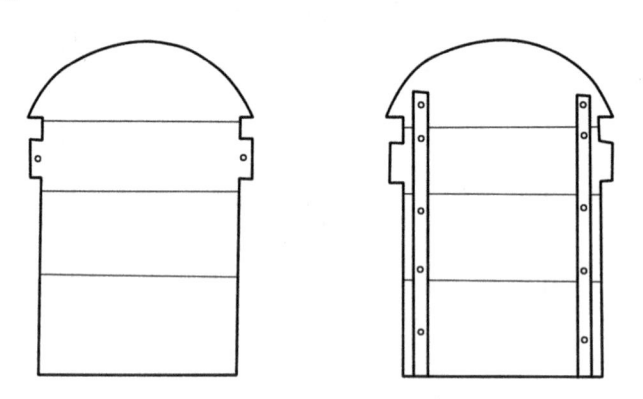

图4—15　夏塔图挡板Ⅲ型结构示意图

（作者绘图）

　　夏塔图彩棺挡板的制作工艺可分为三种。第一种与侧板情况基本一样，也是在棺板后面用铁钉固定1至2根纵梁以连接若干块木板而构成整块挡板。从目前挡板所留钉眼情况来看，夏塔图挡板－1乃是在挡板两侧施钉，而夏塔图挡板－2、夏塔图挡板－4和夏塔图挡板－5则是在挡板背面中部钉上纵梁。虽然，夏塔图挡板－4和夏塔图挡板－5都是小型棺板，但我们推测这种使用纵梁与铁钉的加工工艺，应该主要是应用于大型棺板的制作。而一般体量较小的彩棺足挡，则可能多采用第二种制造工艺，即夏塔图挡板－3那种不在背面用纵梁与铁钉固定、而在侧板或者也包括棺盖和棺底相应部位开槽，以夹嵌挡板的方法。第三种工艺，就是夏塔图挡

第四章　夏塔图棺板画结构、配置与彩棺复原的尝试

板-6那样，在挡板和侧板对应位置做"榫卯"来固定挡板的方法。

（三）棺盖与棺底结构的推测

目前，在已经公布的夏塔图墓葬考古材料中，并没有任何关于彩棺棺盖与棺底的资料。这可能有两个原因：一是考古发掘过程中，并没有发现可识别或确定为棺盖和棺底的棺板；二是有关考古材料没有公布。鉴于夏塔图M2乃正式发掘之墓葬，且其可能并未存在被盗掘的情况，[①] 我们判断第二种原因的可能性较大。不过，我们根据已公开棺板的情况，再结合一些其他资料，大体也能够对之结构形制有所推知。

从夏塔图挡板-2、夏塔图挡板-4和夏塔图挡板-7以及几块侧板的形状来看，其相配用的棺盖应该主要是一种前宽后窄、纵向剖面呈圆弧形——好似弧形瓦片——的形态。这种样式我们在陕西潼关税村隋代壁画墓线刻石棺，[②] 以及甘肃泾川延载元年（694）大云寺舍利石函、[③] 江苏镇江唐大和三年（829）禅众寺和长干寺舍利金棺银椁、[④] 陕西临潼唐开元二十九年（741）庆山寺舍利金棺银椁、[⑤] 陕西扶风法门寺佛指舍利玉棺和银棺等，[⑥] 唐代棺形舍利容器上均可清楚地观察到。这些石棺或棺椁形舍利容器均由青石、玉石或金银铜等金属制成，而真正的唐代木制棺盖实物似乎未见考古出土。

然而，关于中古时期这种形制的木制棺盖图像，却可在美国纳尔逊-阿特肯斯美术馆（Nelson-Atkins Museum of Art）所藏的1具公元6世纪石棺线刻画上看到（图4—16）。可以看出，此种前宽后窄的"弧瓦形"棺盖略长于棺身而呈檐势，其由多块前宽后窄的细木板拼接而成，而棺盖弧度越大，则木板越细方可并联适合之。不过，由于棺盖乃葬具中独立之构件，其保持所谓"弧瓦"的形态不可能依赖棺木前后挡板，因此，其内部

---

① 从夏塔图M1和夏塔图M2紧密比邻、且封土规模基本一致的情况看，盗墓者应该在对两座墓葬盗掘前，使用探铲，即所谓"洛阳铲"对二者进行了探查，在发现夏塔图M1为所谓"高规格"墓后，才对之先行盗掘。因此，笔者推测，即使夏塔图M2未曾被盗掘，但在盗墓者探查过程中，很可能已经将墓室中彩棺的棺盖破坏或部分破坏。
② 陕西省考古研究院：《陕西潼关税村隋代壁画墓线刻石棺》，《考古与文物》2008年第3期。
③ 甘肃省文物工作队：《甘肃泾川县出土的唐代舍利石函》，《文物》1966年第3期。
④ 江苏省文物工作队镇江分队、镇江市博物馆：《江苏镇江甘露寺铁塔塔基发掘记》，《考古》1961年第6期。
⑤ 临潼县博物馆：《临潼唐庆山寺舍利塔基精室清理记》，《文博》1985年第5期。
⑥ 参见陕西省法门寺考古队《扶风法门寺塔唐代地宫发掘简报》，《文物》1988年第10期；陕西省法门寺考古队《法门寺地宫珍宝》，陕西人民出版社1988年版，图40。

必须有一前一后至少 2 个 "弧形支架" 与其上细木板取纵向布置，方才可以支撑与稳定棺盖的这种 "弧瓦" 结构。至于这种 "弧形支架" 的结构，我们推测可能有 2 种。一是与前后挡板上部 "弧形" 的弧度相适合、大小居于二者之间的 "扇形" 木板。其结构略同于都兰吐蕃墓或出、流散于西宁民间古董市场的 1 件镀金银质 "棺形" 舍利容器之盖（图 4—17）。二是由木条构成的略呈钝角等腰三角形的木框，其底宽等于棺身对应位置宽度、两腰在外沿部做成适合棺盖要求的弧形。

图 4—16　美国纳尔逊－阿特肯斯美术馆藏北魏石棺线刻 "木棺" 图像
（张海霞摹绘）

图 4—17　都兰吐蕃墓或出镀金银 "棺形" 舍利容器及其顶盖结构
［采自许新国《都兰出土舍利容器——镀金银棺考》，《中国藏学》2009 年第 2 期，图版一（B），顶盖结构图由作者绘制］

第四章　夏塔图棺板画结构、配置与彩棺复原的尝试

另外，这种"弧形支架"除了支撑和构建棺盖的"弧形"形态外，还可能起到棺盖架在棺身上的支架功能。夏塔图彩棺侧板上的"凹口"，从考古现场摄影图像观之，乃用于横向放置一根防止侧板内倾的木棍（图4—18）。而棺盖下的"弧形支架"很可能就架在这根木棍之上。这种棺身的结构，在新疆民丰尼雅汉晋时期M3、M8的木棺上也可以清楚见到（图4—19）。如果我们推测无误，则可推知彩棺挡板并不一定用于棺盖的辅助支撑，甚至二者之间允许留有少许缝隙。其好处就是大大降低了棺盖弧度与挡板上部弧形接触部位的加工精密度，使棺木、特别是棺盖的加工更为容易了一些。综上，我们将这类内部使用"弧形支架"，且可能在夏塔图彩棺上多有用之的"弧瓦形"棺盖称作"Ⅰ型棺盖"。

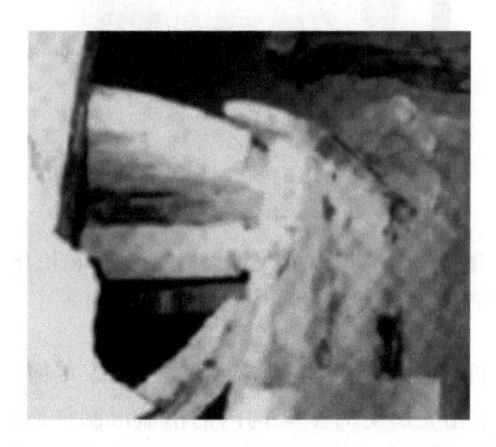

图4—18　夏塔图彩棺侧板"凹口"的结构功能
（采自许新国、刘小何《青海吐蕃墓葬发现木板彩绘》，第32页）

一般而言，如果棺木挡板上部圆弧形部位越高，则越需要使Ⅰ型棺盖。而如果棺木上部圆弧弧度很小或趋向平直，则Ⅰ型棺盖不但不必要使用，而且往往实际上也是无法使用的。由于已知夏塔图挡板多数并不完整，因此，我们并不能完全排除这种情况的存在。如果是这样，则棺木就需要使用另外类型的棺盖。2009年3月，笔者在德令哈地区做田野调查的时候，曾经见到了1件可能是吐谷浑时期的彩棺棺盖，应该就属于Ⅰ型棺盖以外的类型。这件棺盖出于海西州乌兰县茶卡镇巴音乡一座被盗吐谷浑古墓，其由整块柏木板削切而成，纵剖面呈扁"圭"形，后端已略残，剩余部分长2.05米，前宽0.46米，后宽0.35米，前端中部厚0.1米，两边

图4—19 新疆民丰尼雅95MN1M3木棺棺身
(采自王炳华《新疆古尸》,新疆人民出版社1999年版,第118页)

厚0.04米,上绘折枝花纹与"骑射牦牛""牵马人物"等图像(图4—20)。① 从这件出于相关历史时空架构内的棺盖形制推而论之,如果棺木挡板上部弧度不大或为平直,则这种由整块木料制成的棺盖就是最合理的选择。要之,我们将此种可能也在夏塔图彩棺中使用过的棺盖类型定为"Ⅱ型棺盖"。

另外,笔者认为,这件吐谷浑彩棺"圭"形棺盖的形制,很可能是受到了汉末四川地区诸如王晖石棺一类葬具之"屋顶形"棺盖造型的影响(图4—21)。若之,则提醒我们在研究中古时期德令哈地区葬具结构形制

---

① 这件棺盖与一些彩棺侧板残片2008年3月被官方发现。其出于青海德令哈巴音乡一座被盗吐谷浑古墓,采集地点为离被盗墓葬约2—3公里的一条山沟中,估计为盗墓者遗弃。从其上人物所着"鲜卑小帽"等服饰观之,基本可以断定为吐谷浑—鲜卑之物。此批文物现藏海西州民族博物馆。相关文物信息采集与资料的使用,乃经海西州民族博物馆馆长辛峰先生同意。在此特表谢忱。

图4—20 青海乌兰县巴音乡吐谷浑彩棺棺盖局部

(作者摄影)

渊源时，除了要考虑吐谷浑—鲜卑文化传统的影响外，① 还需要格外重视中原地区、特别是古代四川的地域性文化传统的影响。二者地理空间的接近与长期的文化交往、② 四川道教美术样式的广泛传播，③ 毕竟更是一种颇为时近和方便的文化信息路径，以及更为浓烈的文化渗透的结构环境。

图4—21 四川芦山县东汉末王晖石棺

(秦臻摄影)

---

① 仝涛：《木棺装饰传统——中世纪早期鲜卑文化的一个要素》，《藏学学刊》第3辑，四川大学出版社2007年版。
② 周伟洲：《吐谷浑史》，广西师范大学出版社2006年版，第55—60、141—142页。
③ [美]巫鸿著，郑岩、王睿编：《礼仪中的美术——巫鸿中国古代美术史文编》，郑岩等译，生活·读书·新知三联书店2005年版，第485—508、659—671页。

在许新国先生等撰《青海吐蕃墓葬发现木板彩绘》一文所附夏塔图M1木墓室全貌摄影图像中，墓室门内地面隐约可见一宽边方形"木框"局部。从图像细观，木框乃由剖面为"L"形木板抹角对拼而成，其中"L"之竖边较高细、横边却相对颇低宽（图4—22）。笔者推测，这件"木框"很可能就是彩棺棺底的边框。其将彩棺挡板与侧板套装于木框"L"之竖边内、横边上，由于棺板厚度小于"L"横边尺寸，故还可在"L"横边剩余处铺放一层薄木板以为棺底（图4—23）。这种棺底结构在彩棺装配成形后，外观上会显得比较厚实，而重量却相对较轻。故应该是一种比较合理的设计样式。

图4—22　夏塔图M1墓室地面所见"木框"局部
（许新国、刘小何《青海吐蕃墓葬发现木板彩绘》，第32页）

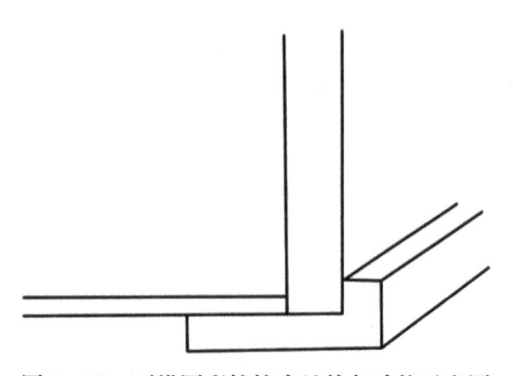

图4—23　夏塔图彩棺棺底结构与功能示意图

（作者绘图）

第四章 夏塔图棺板画结构、配置与彩棺复原的尝试

当然，像潼关税村隋代壁画墓线刻石棺那样，直接用一块平板作为棺底也是完全可能的。毕竟，木棺制作中所谓"重天不重地"的观念乃是从古至今的传统，人们评价木棺规格高低、质量优劣一般都以棺盖厚薄为据，即所谓"天"即棺盖，越厚越好，而对"地"即棺底，则以不致墓主尸骸在棺木搬运过程中掉出的忽视性态度待之。① 或许，这一民俗对于我们了解古代棺盖为何多制成高耸"弧形"——或为"天穹"之象征——样式的原因，亦能提供一定的启发与帮助。

二 彩棺形制的复原方案

（一）彩棺形制复原方案-1

该方案将夏塔图挡板-2样式棺板设定为"头挡"、夏塔图-3样式棺板设定为"足挡"，夏塔图M2-A和夏塔图M2-B样式棺板设定为对称之侧板，棺盖使用上述Ⅰ型棺盖样式，棺底亦如上述剖面呈"L"形木板所构成样式。由于"头挡"与侧板连接处没有榫卯或铁钉固定，故在二者接缝处加一块木板加固。这种加固方式在新疆和田中古时期于阗贵族"四神"彩棺上，也可见到类似情况（图4—24）。"足挡"设定完整形态和夏塔图挡板-2样式相同，其与侧板的结合方式亦设定与"头挡"与侧板结合方式一致。本书将该复原方案类型归属的必要条件设定为：

图4—24 新疆和田出土于阗贵族"四神"彩棺

（采自新疆维吾尔自治区文物事业管理局、新疆维吾尔自治区文物考古研究所、新疆维吾尔自治区博物馆《新疆文物古迹大观》，新疆美术摄影出版社1999年版，第98页）

---

① 夏塔图彩棺侧板前高后低，可知其木棺整体结构就是较为典型的鲜卑传统形制（参见仝涛《木棺装饰传统——中世纪早期鲜卑文化的一个要素》，《藏学学刊》第3辑，四川大学出版社2007年版），而木棺制作"重天不重地"的传统，则在更早期鲜卑时代就已经存在，参见内蒙古文物工作队《内蒙古扎赉诺尔古墓群发掘简报》，《考古》1961年第12期。

第一，使用夏塔图挡板-2样式棺板作为彩棺前后挡板；第二，挡板与侧板结合处使用木板加固。

以下是我们尝试给出的夏塔图彩棺形制复原第1个方案的结构示意图（图4—25）。

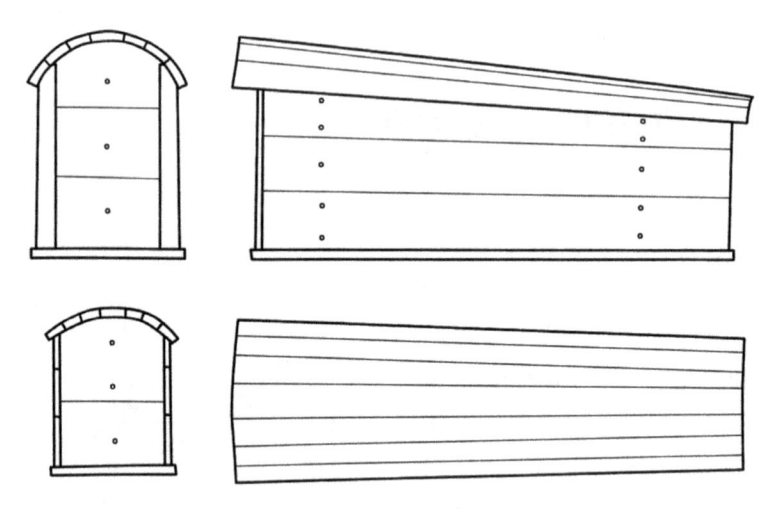

图4—25 夏塔图彩棺复原方案-1四向视图

（作者绘图）

（二）彩棺形制复原方案-2

该方案以夏塔图挡板-4样式挡板为"头挡"和"足挡"，与侧板结合方式为在侧板相应位置开镶嵌槽，将挡板套嵌其中。棺盖使用Ⅱ型棺盖，其余侧板、底板选用形制样式与方案-1相同。本书兹将该复原方案类型归属的必要条件设定为：挡板与侧板结合方式为在侧板相应位置开镶嵌槽，挡板套嵌槽中。而使用Ⅱ型棺盖或者Ⅰ型棺盖，抑或底板有无变化，则不作为要件考虑。

以下为推测之夏塔图彩棺形制复原方案-2的结构示意图（图4—26）。

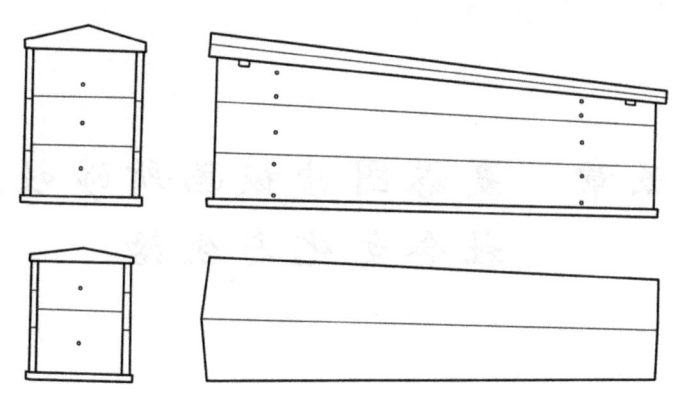

第四章　夏塔图棺板画结构、配置与彩棺复原的尝试

图 4—26　夏塔图彩棺复原方案 – 2 四向视图

（作者绘图）

（三）彩棺形制复原方案 – 3

该方案以夏塔图挡板 – 6 所属挡板样式为"头挡"或"足挡",其与侧板结合方式为:在侧板两端帮沿相应位置开"凹口"形半开放卯孔,用挡板两侧的"凸榫"套装其中,并用铁钉加固。棺盖使用Ⅰ型棺盖,其余侧板、底板选用形制样式与方案 – 1 相同。此项复原方案类型归属的必要条件,设定为以上挡板与侧板的"榫卯式"结合方法。其余之棺盖、底板,乃至侧板形制样式等,均不作为要件考虑。

以下为推测之夏塔图彩棺形制复原方案 – 3 的结构示意图（图 4—27）。

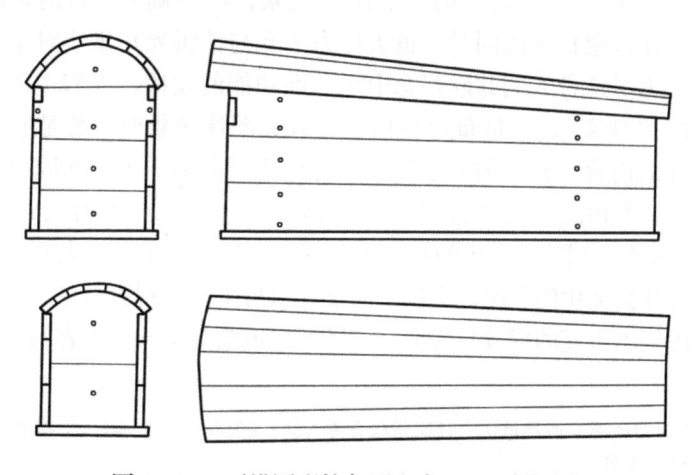

图 4—27　夏塔图彩棺复原方案 – 3 四向视图

（作者绘图）

第五章　夏塔图棺板画所涉吐蕃社会文化与生活

第一节　民族与宗教

一　图像志与民族志

（一）棺板画人物的民族类别

夏塔图彩棺侧板棺板画描绘了大量人群活动场景。究其本质的功能，推测乃是当时当地人们观念中，对于"生死"问题的一种理解与应对方式的外向性物化与固化展现。比如，人们利用彩棺"对称"布置的侧板，在两面空间中表现了"生"与"死"的对立统一关系，以明确——目的是隔绝——生死之别。在告慰亡灵的同时，也去尽力平衡与消弭死亡事实对生者造成的恐惧心理。为了这种人们共同观念中统一性功能的发挥，人们一般倾向追求一种表象的"真实"，就是布置与描绘有关图像场景时，总是愿意将一般性或规制性的内容与自己的关系拉近。这种例子并不少见，如固原北魏漆棺《孝子图》中人物服饰的"鲜卑化"。① 对此，孙机先生的有关论述最为透彻。② 在这种观念照映下产生的丧葬艺术图像，却无意中为今人研究当时人们社会生活与社会文化的状况，提供了非常真切与生动的观察对象。其中，自然也包含了民族志研究的成分与价值。夏塔图棺板画对民族志内容的展现，主要

---

① 宁夏回族自治区固原博物馆、中日原州联合考古队：《原州古墓集成》，文物出版社1999年版，第15—16页。
② 孙机：《中国圣火：中国古文物与东西文化交流中的若干问题》，辽宁教育出版社1996年版，第123—126页。

第五章 夏塔图棺板画所涉吐蕃社会文化与生活

是通过人物的服饰形制、仪式行为与习俗模式等的图像模拟来实现,具体言之,其中最重要的就是对于当时当地的民族类别情况,有一定的直观反映。

关于夏塔图棺板画——主要是指几块侧板上的叙事性与情境性彩画——到底主要反映了当时哪个或哪些民族的社会生活与文化情况,似乎从这些彩画一经面世就成为了一个学术界争论不休的问题。最为人们所熟知的就是柳春诚、程起骏先生的"吐谷浑"说,[①] 许新国、罗世平先生的"吐蕃"说,[②] 以及林梅村先生的所谓"苏毗"说。[③] 这里我们暂时不做评论,仅按已经公布并堪研读的夏塔图彩棺侧板棺板画,对之所描绘的当时不同民族类别进行图像识别。

a. 夏塔图 M1 - A

霍巍先生在其《青海出土吐蕃木棺板画人物服饰的初步研究》一文中,从服饰的形制差异角度出发,提出了夏塔图棺板画中着"高筒状头巾"和"较为低平状头巾"者乃是吐蕃人,即所谓"主体民族",并认为前者地位应高于后者(图5—1),[④] 确是真知灼见。就夏塔图 M1 - A 棺板画观之,此种民族人数占了绝大多数。不过,高低头巾在表明地位等差的同时,是否也是某种族源差异的符号呢?笔者认为还是存在一定可能性的。

关于"高筒状头巾"是吐蕃、特别是卫藏地区本部"四茹"上层所用首服的看法应该疑问不大,不过棺板画中戴"较为低平状头巾"者的族源,也许就是已经融入吐蕃的"白兰"部人。前揭之在海西州乌兰县茶卡镇巴音乡发现的吐谷浑彩棺棺盖上有一骑射牦牛者图像,其头上戴的首服与以上"较为低平状头巾"当为一物(图5—2)。由于这幅彩棺侧板残板上同时还出现了许多非常明确的戴"鲜卑小帽"之吐谷浑男子的典型形象(图5—3),

---

① 参见柳春诚、程起骏《吐谷浑人绚丽多彩的生活画卷——德令哈市郭里木乡出土棺板画研读》,《中国土族》2004年冬季号;柳春诚、程起骏《郭里木棺板画初展吐谷浑生活》,《柴达木开发研究》2005年第2期;程起骏《棺板彩画:吐谷浑人的社会图景》,《中国国家地理》2006年第3期《青海专辑(下辑)》。

② 参见许新国、刘小何《青海吐蕃墓葬发现木板彩绘》,《中国西藏》(中文版)2002年第6期;许新国《郭里木吐蕃墓葬棺板画研究》,《中国藏学》2005年第1期;罗世平《棺板彩画:吐蕃人的生活画卷》,《中国国家地理》2006年第3期《青海专辑(下辑)》;罗世平《天堂喜宴——青海海西州郭里木吐蕃棺板画笺证》,《文物》2006年第7期。

③ 参见林梅村《棺板彩画:苏毗人的风俗画卷》,《中国国家地理》2006年第3辑《青海专辑(下辑)》;林梅村《丝绸之路考古十五讲》,北京大学出版社2006年版,第268—277页。

④ 霍巍:《青海出土吐蕃木棺板画人物服饰的初步研究》,《艺术史研究》第9辑,中山大学出版社2007年版。

图 5—1　夏塔图 M1－A 棺板画《射牛图》中戴各式头巾的吐蕃男子

（采自《中国国家地理》2006 年第 3 期）

故比照该地域历史时期的民族分布情况，推测该射牦牛骑士是吐谷浑中的"白兰"人的可能性较大。另外，两汉时的早期"白兰"属西羌之所谓"先零""滇零"和"卑湳"等部族，其活动范围除了今青海、陕西关中外，西南已至四川、陕西汉中一带，[①] 而这些地区人们长期佩戴这种"较为低平状头巾"，甚至到今天还是这样。这多少也可为我们以上的推测提供一些旁证。

另外，在该棺板画《商旅图》前部有执缰缓行的 2 位骑士，其首服形制有别于以上"主体民族"（图 5—4）。从图像母题理解，其反映的当为"来自远方的异族商人"形象。他们的"赭面"，应该理解为一种"入乡随俗"的表现。对于商人，这样做不会有什么心理障碍。笔者推测，他们可能是来自阿拉伯地区的商人，即"大食"商人。古代藏文文献中"大食"写作 stag-gzi，[②] 亦作 ti-chig 或 ta-zig，其是波斯语 Tazi 或 Taziks 的音

[①] 周伟洲：《西北民族史研究》，中州古籍出版社 1994 年版，第 384—385 页。
[②] 王小甫先生则认为，在苯教史中的 Stag-gzig 一词，更可能是指"波斯"而非"阿拉伯"，即所谓"大食"，参见王小甫《唐·吐蕃·大食政治关系史》，北京大学出版社 1992 年版，第 13 页。

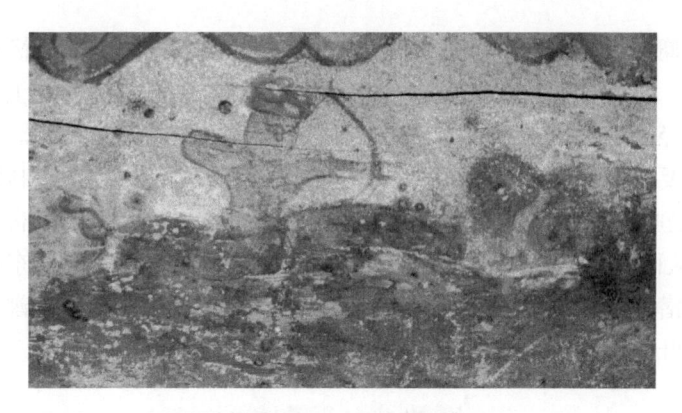

图 5—2　青海乌兰县巴音乡吐谷浑彩棺棺盖上的射牦牛骑士
（作者摄影）

图 5—3　青海乌兰县巴音乡吐谷浑彩棺侧板上的吐谷浑男子
（作者摄影）

译。① 甚至也有学者认为，"大食"一名干脆就是阿拉伯语 tājir，即"商人"的对音。② 大食、吐蕃与李唐在争夺中亚过程中的政治军事合作与竞争，是中古中亚史的重要内容。③ 而其中大食与吐蕃的双边贸易，则更是

---

① 格勒：《藏族早期历史与文化》，商务印书馆 2006 年版，第 367 页。
② 张广达：《文本、图像与文化流传》，广西师范大学出版社 2008 年版，第 181 页。
③ 参见 ［俄］B. A. 李特文斯基主编《中亚文明史》（第 3 卷），马小鹤译，中国对外翻译出版公司、联合国教科文组织 2003 年版，第 306 页；张云《上古西藏与波斯文明》，中国藏学出版社 2005 年版，第 278—282 页；杨铭《唐代吐蕃与西域诸族关系研究》，黑龙江教育出版社 2005 年版，第 71—74 页。

以"吐蕃麝香""大食珠宝"为符号,① 在双方各自的历史记忆中占据着重要位置。笔者在研究中感觉,中古时期陆路"丝绸之路"之上传统的粟特人优势经商地位,似乎并未在吐蕃对外贸易中得到完美复制。其中的原因推测主要有两点:一是吐蕃"象雄"地区自古就有与波斯直接联系的渠道;② 二是吐蕃控制下的吐谷浑,掌握中亚地区的一些民族语言,如嚈哒语等,③ 从而具备了与中西亚地区商人直接贸易的条件。这种东西方贸易道路上的潜在或现实性竞争态势,恐怕也是唐朝一度能够动员鄯善的粟特聚落,对吐蕃渗透西域进行比较坚决抗击的一个原因。④

图 5—4 夏塔图 M1 - A《商旅图》中非"主体民族"骑士
(采自《中国国家地理》2006 年第 3 期)

---

① 关于"吐蕃麝香"在阿拉伯世界的盛名,可参见 Bechwith, Christopher Ⅰ. *Tibet and the Early Medieval Florissance in Eurasia: A Preliminary Note on the Economic History of the Tibetan Empire.* Central Asiatic Journal, 21 (1977), pp. 89 - 104;张云《上古西藏与波斯文明》,中国藏学出版社 2005 年版,第 284—287 页。另外,古藏文典籍中常言"西方大食财宝之王",德格版《五部遗教》大臣部,第 228 页,转引自格勒《藏族早期历史与文化》,商务印书馆 2006 年版,第 369—371 页。
② 张云:《上古西藏与波斯文明》,中国藏学出版社 2005 年版,第 133—140 页。
③ 《梁书》卷 54《诸夷传》,中华书局 1972 年版,第 812 页。
④ 杨铭:《唐代吐蕃与西域诸族关系研究》,黑龙江教育出版社 2005 年版,第 69—70 页。

总之，吐蕃时期青藏地区与大食的经济交往，应该是直接的和比较频繁的。夏塔图棺板画中出现"大食"商人的形象，而非中古汉地常见的"粟特"商人，可能就是对这一历史状况的生动反映。

b. 夏塔图 M1 – B

在这幅棺板画中，除了依旧占绝对多数的"主体民族"吐蕃人物外，还有4个人明显属于非"主体民族"。其中2位在本书所定《幡帘招魂图》中，另外2位处于本书名曰《灵帐哭丧图》。

《幡帘招魂图》中二者均为骑士，一为着"方冠"披长披风者，一为骑"三花马"着所谓"垂裙皂帽"者（图5—5）。对于着"垂裙皂帽"的骑士，霍巍先生在《青海出土吐蕃木棺板画人物服饰的初步研究》中指其"与鲜卑系统民族有关"，并较为谨慎地认为其应该是吐谷浑人。① 霍先生此论甚确。

图 5—5　夏塔图 M1 – B《幡帘招魂图》中非"主体民族"骑士
（采自霍巍《青海出土吐蕃木棺板画人物服饰的初步研究》，第267页）

---

① 参见霍巍《青海出土吐蕃木棺板画人物服饰的初步研究》，《艺术史研究》第9辑，中山大学出版社2007年版。另外，有人认为此人是"来自中原汉地的客人"，《中国国家地理》2006年第3期《青海专辑（下辑）》。此说恐不确。实际上，就在这期《中国国家地理》第95页的此人局部图上，可以清楚地看到其飘起的帽裙下的"被发"或"拖辫"，故肯定不会为中原人士。

霍巍先生上文对那位着"方冠"披长披风者，却未过多着墨。而笔者寻览中古时期周边地区的古代图像资料，发现吐鲁番出土的唐西州时期摩尼教绘画上的摩尼教"选民"所着首服，与以上"方冠"颇为相似，且其冠下脑后所披长发亦一模一样（图5—6）。这些独特样式如此契合，恐非纯属巧合能够完全解释的。

图5—6 吐鲁番出土摩尼教画卷上摩尼教"选民"的首服
（张海霞摹绘）

据国内外考古调查，吐鲁番地区摩尼教寺院第1期（640—850）遗址，包括高昌故城K和α遗址、吐峪沟11座窟和柏孜克里克北区6座窟等19座摩尼教石窟寺，是唐西州时期的粟特人和回鹘人建造。[①] 敦煌地区发现的3种汉译摩尼教经典，即《摩尼教残经》《摩尼光佛教法仪略》和《下赞部》，[②] 也证明了摩尼教在这一地区的发展与传播。这些都间接表明

[①] 林梅村：《丝绸之路考古十五讲》，北京大学出版社2006年版，第320页。
[②] 荣新江：《敦煌学十八讲》，北京大学出版社2001年版，第241页。

摩尼教具备了进入吐蕃的基本的文化地理条件。而公元7世纪至8世纪初，在唐治下塔里木盆地东南"罗布"地方的粟特聚落中，就有多位拥有摩尼教的高级圣职者。这些粟特聚落与阿尔金山以南的吐蕃人接触频繁，摩尼教极有可能借助此径进入吐蕃。[①] 另外，也有学者认为，摩尼教乃是由吐蕃遣唐使从益州带回吐蕃的。[②] 无论摩尼教入蕃过程如何，到公元8世纪前中期，吐蕃社会对其教义已非常熟悉，并因其与佛教的抵触而由"赞普"出面对之进行了理论批判并禁止传教。[③] 可以想见，距离西域与敦煌都较为近便的德令哈地区的人们，对于摩尼教以及摩尼教人士，包括他们特别的装束，应该都是比较了解和清楚的。由这些形象异己的人物形象构建"职贡"意象的图像，应该是当时当地人们的一个合乎逻辑的选择。综上，本书认为夏塔图M1-B棺板画《幡帘招魂图》中着"方冠"者，很有可能是一位摩尼教教士。其民族当是波斯人、回鹘人与粟特人之一的可能性较大。另外，鉴于吐谷浑人在塔里木盆地东南与柴达木盆地西北之间地域长期活动与居住，虽然概率较小，亦不能完全排除此人为吐谷浑人的可能。

夏塔图M1-B《灵帐哭丧图》最右边"佩饰马"前，立有2位头戴有檐高尖帽、袖手欠身的人物，应该也不属于棺板画中所谓"主体民族"（图5—7）。关于其族属问题，我们将放在后面的"夏塔图侧板-X"部分进行一并论述。

c. 夏塔图M2-A（局部）

夏塔图M2-A目前只有局部线摹图公布，乃见于霍巍先生发表于《考古学报》2009年首期的《吐蕃系统金银器研究》文中（图5—8）。从图像观之，宴饮场景中人物均着比较典型的霍巍先生前揭文所谓的"主体民族"服饰，故他们应该都是吐蕃人。不过，画面下端中部那位双手擎"胡瓶"的女性人物，头上也戴着可能是高等级吐蕃人员所用的"高筒状头巾"。这是否意味着她是一位吐蕃"女官"？由于并没有相关资料佐证，这仅仅是一种非常表象性的猜测。

[①] 张云：《上古西藏与波斯文明》，中国藏学出版社2005年版，第236页。
[②] 荣新江：《〈历代法宝记〉中的末曼尼和弥师诃——兼谈吐蕃文献中的摩尼教与景教因素的来历》，王尧编《藏学研究丛刊·贤者新宴》，北京出版社1999年版，第130—150页。
[③] 张云：《上古西藏与波斯文明》，中国藏学出版社2005年版，第237—238页。

图 5—7　夏塔图 M1－B《灵帐哭丧图》中非"主体民族"人物（上、中）
（作者摹绘）

图 5—8　夏塔图 M2－A 棺板画线描图局部
（采自霍巍《吐蕃系统金银器研究》，第 106 页）

第五章 夏塔图棺板画所涉吐蕃社会文化与生活

d. 夏塔图 M2 – B（局部）

夏塔图 M2 – B 棺板画的公布情况与夏塔图 M2 – A 一样，目前也仅在霍巍先生《青海出土吐蕃木棺板画人物服饰的初步研究》中，有局部线描图可见（图 5—9）。同样，图像中多数还是吐蕃男女人物，而在"灵帐"右侧树立的"仪轨飘帘"下，立有一位被发头戴高筒状首服的人物，其右上方还隐约可见一戴所谓"山"形帽的人物，他们应该属于非"主体民族"。其中前者，本书倾向比定为拥有摩尼教职的所谓吐蕃"内侍官"，从其面部描绘特征观之，可能是波斯人、回鹘人或粟特人。后者的族属讨论，循前例放在下一部分进行讨论。

图 5—9 夏塔图 M2 – B 棺板画线摹图局部
（采自霍巍《青海出土吐蕃木棺板画人物服饰的初步研究》，第 264 页）

e. 夏塔图侧板 – X（局部）

夏塔图侧板 – X 棺板画的局部图像，也是仅见于霍巍先生的《青海出土吐蕃木棺板画人物服饰的初步研究》一文中。而且，图像为棺板画摄影图像的黑白效果图，画质较差（图 5—10）。该图像中居于中部偏左核心位置者，就是一位头戴有檐高尖帽、身披曳地大袍面向"灵帐"欠身而立的人物。其首服与前揭夏塔图 M1 – B、夏塔图 M2 – B 棺板画局部图中，言而未论之非"主体民族"所头戴之物显为一制。

· 157 ·

图 5—10　夏塔图挡板 - X 棺板画黑白摄影图像之局部
（采自霍巍《青海出土吐蕃木棺板画人物服饰的初步研究》，第 269 页）

霍巍先生将以上非"主体民族"人物所着有檐高尖帽定名为"山"形帽，将之勘同于 2005 年山西大同沙岭北魏墓葬 M7 北壁壁画中骑士所戴之所谓"鸡冠帽"（图 5—11），并认为此制乃"流行于北魏鲜卑人当中的一种帽饰"，进而将头戴这种"山"形帽人物的族属，归为"吐蕃统属之下的吐谷浑人"。[①] 笔者基本同意霍先生的以上观点。不过，大同沙岭北魏墓壁画所见"山"形帽，乃戴于扈从车驾的轻骑兵头上，[②] 夏塔图棺板画中着此形制首服者，则明显均为女性。二者在身份与社会角色上有着极大的不同。

就夏塔图棺板画所反映情况来看，戴"山"形帽的妇女均出现在"灵帐"附近，其中，在夏塔图 M1 - B 和夏塔图 M2 - B 中她们处在"灵帐"与"佩饰马"之间，而在夏塔图侧板 - X 中则紧挨"灵帐"左侧。另外，在前文提到的海西州乌兰县被盗中古时期壁画墓的壁画中，也有清晰的戴"山"形帽妇女的形象（图 5—12）。

---

① 霍巍：《青海出土吐蕃木棺板画人物服饰的初步研究》，《艺术史研究》第 9 辑，中山大学出版社 2007 年版。
② 大同市考古研究所：《山西大同沙岭北魏壁画墓发掘简报》，《文物》2006 年第 10 期。

第五章 夏塔图棺板画所涉吐蕃社会文化与生活

图 5—11 山西大同沙岭北魏墓壁画中着"山"形帽的骑士
（采自大同市考古研究所《山西大同沙岭北魏壁画墓发掘简报》，《文物》2006 年第 10 期）

图 5—12 青海海西州乌兰县中古墓葬壁画中戴"山"形帽妇女
（辛峰摄影）

虽然，这位戴"山"形帽的妇女有"赭面"，并且整个画面未见明确的丧葬意象"徽铭"，但幕门紧闭的毡帐则意味着其中的主人正在"安

· 159 ·

眠"，因此，其实际上是用"生"的场景来暗示一种丧葬的情境。结合敦煌古藏文写卷 P. T. 1042 所载吐蕃苯教丧葬仪轨内容，笔者感觉对应之中"御用辛"的一种"辛"（gshen），① 也许就是这些戴"山"形帽的吐谷浑妇女的职业或仪式角色。其理由如下，第一，这种"御用辛"或"辛"的行为，贯穿着整个丧葬仪式的过程，特别是在"灵魂归附尸体仪式"中（第33—38行）、第3天的"入坟场"供祭过程中（第129—130行），"辛"均与"佩饰马"挨得很近。② 这点与夏塔图 M1 - B 和夏塔图 M2 - B 相关图像母题的内容非常契合。第二，同样在以上仪式环节，"温洛"也常常与"御用辛"伴出（第31—38行、第112—113行），并经由其手搬运或供奉。所谓"温洛"，乃指以母舅或外公一类身份者在苯教丧葬仪式中献给死者的一种供品。③ 在敦煌至德令哈一带的史地时空背景下，"温洛"与吐谷浑小邦的联系也应该是最合逻辑的。

据《五部遗教·国王遗教》载，可能在吐蕃苯教丧葬仪轨刚刚兴起的时代，止贡赞普就从"大食"与"吐谷浑"延请苯教师（苯波），来进行名为"剖尸"的尸体防腐处理。④ 可见由吐谷浑人中的特殊人群，在吐蕃苯教丧葬仪式上行使一定的职能，是吐蕃的一种传统。

综上，本书认为夏塔图棺板画中着"山"形帽的妇女，可能就是在丧葬仪式中固定从事一些仪式活动的"辛"，即献祭者，这种"辛"固定由吐谷浑妇女充职。

（二）图像与墓主族属

实际上，棺板画中居于绝对多数的吐蕃人，已经不容置疑地说明夏塔图 M1、夏塔图 M2 的墓主是吐蕃人。而这一历史时期的夏塔图墓地，很可能就是一处吐蕃人的家族墓地。棺板画作为一种葬具绘画，不可能仅仅是

---

① 挪威专治苯教研究的藏学家克瓦尔耐（P. Kvaer-ne）认为，"辛"的意思可能就是"献祭人"，参见 Snellgrove/Richardson: A Culture History of Tibet, 1968, p.52. 转引自［挪威］克瓦尔耐撰，褚俊杰译《苯教及其丧葬仪式》，《西藏民族学院学报》（社会科学版）1988年第1、2期。
② 褚俊杰：《吐蕃本教丧葬仪轨研究——敦煌古藏文写卷 P. T. 1042 解读》，《中国藏学》1989年第3期。
③ 褚俊杰：《论苯教丧葬仪轨的佛教化——敦煌古藏文写卷 P. T. 239 解读》，《西藏研究》1990年第1期。
④ 褚俊杰：《论苯教丧葬仪轨的佛教化——敦煌古藏文写卷 P. T. 239 解读》，《西藏研究》1990年第1期。

一种视觉性抽象审美形式,它最重要的作用乃是体现墓主所属社会的关联人群对死者的一种评价性认识,而最本质的功能则是体现当时当地关联人群对"生"与"死"的认识与思考,以及他们为应对死亡而采取的措施。有学者注意到,夏塔图彩棺"前高后低"的形制特点与鲜卑传统有关,①也有学者通过墓葬与棺木的类型研究,得出夏塔图墓地的墓主是"土著"吐谷浑人的看法。② 本书认为,这种认识的内涵逻辑,至少有两个方面可以或值得讨论:其一,在解决"生"与"死"关系问题与应对死亡恐惧时,一个人或一群人会怎么做?其二,一个人对自己的族属认同态度,会如何在丧葬美术中展示?

一方面,对于死亡那种冰冷、静寂与深不见底的与生俱来的恐惧,在身处科技昌明时代的今人身上亦无法完全克服,遑论面对自然无力得多的古人。吐蕃时期夏塔图一带的人们,无疑也一样要尽力尝试应对这种实际上古今无解的问题。这也就是无论世界上哪个民族、哪个时代,对于"生"与"死"都有一套解释的理论、对于死亡都有一套仪式性手段来处理的本源驱动力。在这一过程中,处理"死亡"的手段与专门用具的"有效性",无疑是人们最为重视、也最乐意投入种种热情与尝试的事情。作为吐谷浑故地的占领者与征服者,吐蕃在政治与军事上快速成长起来的优势,实际上并不能完全弥补上他们与更为"文明"与"见多识广"的吐谷浑人在文化方面的差距。特别是在丧葬文化方面,吐谷浑长期棺葬传统所拥有的大规模与规则性墓圹、墓室、封土以及彩绘艳丽的葬具,无疑会对吐蕃占领者产生吸引力。③ 在观察到吐谷浑可能更为复杂——对古人这往往也意味着更为"有效性"——的丧葬制度,对于处于历史上升期的吐蕃

---

① 仝涛:《木棺装饰传统——中世纪早期鲜卑文化的一个要素》,《藏学学刊》第3辑,四川大学出版社2007年版。

② 肖永明:《树木年轮在青海西部地区吐谷浑与吐蕃墓葬研究中的应用》,《青海民族研究》2008年第7期。

③ 除了藏王陵外,在吐蕃本部地区的一些考古调查表明,吐蕃墓葬总体在规模与建造技术水平等方面,与同期或相近时期的青海墓葬存在较大差距,参见西藏文管会文物队《西藏普努沟古墓群清理简报》,《文物》1985年第9期;西藏文物普查队《西藏朗县列山墓地殉马坑与坛城形墓试掘简报》,四川联合大学西藏考古与历史文化研究中心、西藏自治区文物管理委员会编《西藏考古》(第一集),四川大学出版社1994年版,第41—48页;何强《"拉萨朵仁"吐蕃祭坛与墓葬的调查与分析》,《文物》1995年第1期;北京大学考古文博学院、青海省文物考古研究所《都兰吐蕃墓》,科学出版社2005年版。

人而言，"入境随俗"并不是困难的选择。《五部遗教》所反映的"阿豺"苯波熟练的"剖尸"技术，应该在一定程度上映射出吐蕃人观念中对吐谷浑在这方面能力认可的历史记忆。

另一方面，如何让吐谷浑人的"有效性"变成吐蕃人的呢？选择在棺板画中加入大量"吐蕃人"，显然是一个简易而有效的办法。这就涉及上面提到的第二个需要讨论的问题。我们认为，如果一个人对自己的族属认同，他就一定会在处理"生"与"死"这一人生最严肃的问题时，将这种认同的态度以最易识别的方式表现出来。如果涉及要引入外来的"有效性"的问题，起码也要将之进行一番"我化"的处理。丧葬美术是以上所言"有效性"的最重要的物化载体之一，对之的"我化"在古代应是常见之事，固原北魏漆棺画中着"鲜卑装"的《孝子图》人物，就是一个较明确的例子。反之，如果夏塔图彩棺中躺着的是一个"吐谷浑人"，那么他的族属自我认同也肯定属于"吐蕃"。我们认为，没有人——包括墓主及其关联人群——敢在或者说有必要应对"死亡"的"有效性"问题上，行欺骗之事的。夏塔图彩棺中的人无论是谁，其必定是"吐蕃人"或愿意被认同是"吐蕃人"。因此，他一定只能是"吐蕃人"。

吐蕃时期，德令哈一带有吐蕃人居住吗？本书认为，这个问题可以从征服民族最一般的控制手段上寻找可能的答案。吐蕃时期，吐谷浑小邦领地地理范围按汉藏史籍记载，大约在沙洲与鄯善之间。① 德令哈地面在其东缘。而在吐谷浑小邦领地西端的鄯善、于阗两地出土的古藏文写本和木简上就可以看到 28 个吐蕃部落，其分别属于吐蕃本部 5 个"茹"及象雄地区，几乎占了吐蕃全部"千户"的 1/2。② 这些吐蕃的精锐军事力量，从本部移防西域必须路经德令哈一带，再考虑唐人所言之吐蕃逾祁连山入河西"五大贼路"与德令哈的关系，故以其西制吐谷浑小邦、南联吐蕃本部和北控入唐捷径的重要经略位置而言，德令哈当时没有相当强大的吐蕃军事存在，简直是不可想象的。至于这里没有发现诸如古藏文写本和木简一类的遗物，③ 可能有偶然和机遇的问题，也可能

---

① 周伟洲：《边疆民族历史与文物考论》，黑龙江教育出版社 2000 年版，第 50 页。
② 杨铭：《唐代吐蕃与西域诸族关系研究》，黑龙江教育出版社 2005 年版，第 157—167 页。
③ 实际上，在夏塔图墓葬的木结构构件上有墨书古藏文，只是相关具体情况至今仍未公布，参见许新国、刘小何《青海吐蕃墓葬发现木板彩绘》，《中国西藏》（中文版）2002 年第 6 期。

是当时吐蕃人在德令哈流动与换防相对频繁的缘故。这倒挺符合军事交通枢纽的特征。

不过，吐蕃统治下的德令哈一带，吐谷浑人的活动似乎也在减少，例如，在巴音郭勒河下游及宗务隆山南麓一带吐谷浑传统墓葬地带——这也是"青海路"的北路路线——已经少见吐蕃时期营建的墓葬了，而在其东向的巴音郭勒河上游，则有不少吐蕃时期的墓葬分布，其中就包括了夏塔图墓地。① 我们认为，这一带墓葬应该有相当数量像夏塔图墓葬这样"入乡随俗"的吐蕃人墓葬。② 因此，在研究相关问题时也许有必要考虑在吐蕃时期，德令哈之军事地区色彩的加强与吐谷浑人退出之间的关系。

二 宗教与方术

从夏塔图棺板画的内容来看，德令哈地区吐蕃人的宗教信仰呈现多重面貌。在已经公开的夏塔图彩棺 B 板棺板画上，我们明显可以观察到"殉牲""哭丧"与"分定权势"等吐蕃苯教丧葬仪轨的典型内容再现，这无疑象征了当时当地的人们对应"死亡"的努力与成效，更是无疑地表现出了墓主及其关联社会人群的"苯"信仰。③ 按照苯教仪轨要求，只有"讲述"了仪轨的先例故事之后，这种仪轨才会灵验，④ 而图像无

---

① 肖永明：《树木年轮在青海西部地区吐谷浑与吐蕃墓葬研究中的应用》，《青海民族研究》2008年第7期。
② 据《弟吴宗教源流》载，吐蕃"叶茹下部"首领为"桂氏·赤念桑且"，战马称"蓝玉马"，参见朗措《吐蕃与于阗关系考述——于阗和鄯善地区吐蕃部落的族属及特点》，《西藏研究》2005年第4期。结合夏塔图 M1 棺板画中多有马匹绘为宝蓝色，笔者推测，夏塔图墓地有可能就是"叶茹下部"中人的家族墓地。
③ 吐蕃时期的"苯教"与公元11世纪以降的"苯教"有本质的差异，前者更像一系列传统仪式的结合，其在社会生活重要时刻进行"仪式展现"与内容参与。笔者甚至感觉，某种程度上，它的主要表象性功能似乎可以和中原王朝行政机构中的"礼部"的功能相交集，它更像世俗社会的"习惯法"。而后者则有大量系统的宗教经典、完整的思辨模式与对应的仪式、仪轨，具备了令人——多为西方文化标准——心目中"高级宗教"的特征。另参见［挪威］克瓦尔耐撰，褚俊杰译《苯教及其丧葬仪式》，《西藏民族学院学报》（社会科学版）1988年第1、2期。
④ 褚俊杰：《论苯教丧葬仪轨的佛教化——敦煌古藏文写卷 P.T.239 解读》，《西藏研究》1990年第1期。

疑也具备了"讲述"的功能，甚至还更为永恒。这是"语言崇拜"向"图像崇拜"转化的例子。前文对彩棺侧板的在丧葬意识中的空间意义与功能已经有所分析，因此，我们不难看出，吐蕃社会中根深蒂固的"苯"信仰，而且是远离故土的吐蕃人群集体意识中居于主体结构位置的观念。

对于应对"死亡"问题"有效性"的追求，以及所处文化环境的变化，使夏塔图墓葬相关人群，对其他明显具有"有效性"的宗教或者宗教符号采取了开放的心态。在夏塔图彩棺挡板棺板画中的"四神"与"十二生肖"图像，反映了德令哈一带吐蕃人对中原传统宇宙模式与"生死"观念，以及其中所蕴含的华夏卜算之术在感性认识上的接受。① 关于中古或唐代四神的多种含义和象征意义，李星明先生有比较全面地总结，② 包括"十二时"等在内的这些种种意义，显然或深或浅、或多或少都会与丧葬观念产生交集与纠结，并以某种具体的形式——通常就具备了直观"有效性"——表现出来。考虑到北魏至唐代"道教"的蓬勃发展，以上这些更多是出于中原传统"方术"知识体系的内容，无疑也可纳入"道教"的轨道。

另外，在夏塔图多幅该棺侧板棺板画中反复出现的"性爱"意象——所谓"野合"与"戏吻"——图像，③ 笔者认为，仅仅从其中两人交媾、旁有他人手握阳具陪观之极其独特的图像结构来看（图5—13），起码在图像粉本来源层面，很有可能是受到了东汉末四川地域性"天师道"，即所谓"五斗米道"或"新出正一盟威之道"的"男女合气"类型图像之影

---

① 王尧：《河图·洛书在西藏》，《中国文化》1991年第2期。
② 李星明总结认为，四神在中国漫长的历史文化演进过程中，及至唐代已经具有多种含义和象征意义：1. 四神首先是中国古代天文学中的一种重要的星座体系，与二十八宿体系相重叠，代表四个赤道宫与东、南、西、北四方；2. 并且与四季相对应，具有表示四时循环往复的作用；3. 由于阴阳五行被纳入四方四时的循环中，他们又是阴阳五行的表征；4. 天文学在其起源伊始便与王权、神权和天命密切相关，由于其官营性质，作为周天四宫之象的四神也成为神圣品质和特权的象征；5. 四神还被赋予巫术性质，被视为死后升居天界的引导和拱卫者，具有驱邪镇鬼、祓除不祥的功能；6. 自魏晋以后，四神的天文学含义又被引入与堪舆有关的风水理论之中，用来比拟理想的风水环境。参见李星明《唐代墓室壁画研究》，陕西人民美术出版社2005年版，第194—195页。
③ 有学者亦将此类题材的四川画像砖图像称作所谓"高禖图"，参见唐光孝《四川汉代"高禖图"画像砖的再讨论》，《四川文物》2005年第2期。

响（图5—14）。① 这种复杂的方术及其理论不一定会被吐蕃人完全了解②，但其图像在丧葬艺术情境下所具有的"有效性"，应该比较容易接受。同样，夏塔图棺板画中同类意象之"戏吻"图像，也可以与四川出土的东汉末画像砖中颇为流行的所谓"嬔婉"母题取得对应（图5—15），之中特殊图像结构——"拥抱的男女"和"持棒杵状物的旁人"——与夏塔图 M2 侧板棺板画之"戏吻"图像结构同样亦颇契合。以上这些"契合"因图像结构均非"常态"——此处指图像层面而非人们生活层面——之表现，故偶然的概率较小，这就提醒我们：是否应该考虑一下道教，特别是东汉末四川道教，对青海西部地区的影响问题。实际上，都兰吐蕃墓中就有"道符"，甚至是关于男女之事的"媚道"道符出现，③ 证明该地吐蕃人对道教的接受。当然，这也可能仅仅是比较实用主义的对之某些"有效性"——比如巫术的力量——的接受。总之，具有一定"徽铭"属性的图像，在丧葬艺术中具有"厌胜"功能，是比较正常与合乎逻辑的事情。从道教考古的角度来看，青海西宁一带汉晋墓葬已出现"天师道"解注瓶，有关学者认为，其很可能是东汉末中原天师道信徒为避战乱沿丝绸之路西迁所留遗迹。④ 虽然，目前还没有四川"天师道"进入青海的直接证据，但在以上考古发现的基础上，结合青海吐谷浑与益州的密切联系，以及四川"天师道"的自身特点，中古时期"青海路"都兰到德令哈一线的人们，对四川"天师道"及其让人感兴趣的具有某种"有效性"的图像有所了解，并不是没有可能的。

---

① 这类题材的东汉时期图像只在四川新都与德阳有发现，一般被叫作"野合图""交媾图""秘戏图"等（参见范小平《四川汉代性题材图像研究》，《东南文化》1998年第4期；杨孝鸿《四川汉代秘戏图画像砖的思考》，《四川文物》1996年第2期）。而川西、汉中之地方"天师道"，乃由陕西关中与河南洛阳"天师道"入川后，与土著巫术宗教文化相融合发展而来（参见张勋燎、白彬《中国道教考古》，线装书局2006年版，第560—561页）。其东汉末在巴蜀、汉中地区势力强大，已经基本具有政教合一的道教地方政权性质。所领之地分为"二十四治"，"阳平治"为"总治"，以彭县、新都分列上下治（参见王纯五《天师道二十四治考》，四川大学出版社1996年版，第87—100页）。四川"天师道"团结徒众主要依靠"男女合气"和"敛钱米"（参见李零《中国方术正考》，中华书局2006年版，第340页），相关图像在天师道核心地方出现不能完全视为巧合，其有可能乃是天师道高级道士墓葬所用。因此，本书将以上性爱意象图像归为四川天师道"合气"图像之属。
② 东汉末四川、陕西汉中天师道"男女合气"相关经典主要是《老子想尔注》《黄书》，其配有种种仪规，影响极大，引自李零《中国方术正考》，中华书局2006年版，第340—341页。
③ 王育成：《都兰三号墓织物墨书道符初释》，载北京大学考古文博学院、青海省文物考古研究所编著《都兰吐蕃墓》，科学出版社2005年版，第141—142页。
④ 张勋燎、白彬：《中国道教考古》，线装书局2006年版，第537—554页。

青海夏塔图吐蕃时期棺板画艺术研究

图 5—13　夏塔图 M1-A 棺板画《野合图》
（采自《中国国家地理》2006 年第 3 期）

图 5—14　四川新都东汉末画像砖《野合图》
（秦臻摄影）

图 5—15　四川新都东汉末画像砖《嬿婉图》
（秦臻摄影）

·166·

第五章 夏塔图棺板画所涉吐蕃社会文化与生活

仅就夏塔图棺板画本身而言，佛教的影响非常间接与微小，这里主要就是指在夏塔图挡板–1、夏塔图挡板–2和夏塔图挡板–3的"神兽"下面的"仰莲"图像。无论这一历史时期吐蕃王室对待佛教的态度如何，一般民众显然对之并未达到宗教信仰的程度。虽然，吐谷浑早在慕延、拾寅时代就有佛教传入，但对之的接受亦十分有限，① 故也不太可能从这一途径对吐蕃人产生什么相关影响。因此，以上具有佛教图像符号特点"仰莲"，与其说是宗教的影响，还不如讲是图像粉本与图像审美的影响来得更为妥当些。与此类似的情况，也可见于夏塔图挡板–7中，源于琐罗亚斯德教胜利之神和军神Verethraghna化身的"兽首"。至于图像中一些诸如"狩猎""帐前宴乐""商队"等母题，至多也就是在粉本来源方面，与西来各类宗教文化有些许联系，多不至于提高到宗教实质影响之层面。

然而，如果本书对2幅夏塔图彩棺B板中，"摩尼教"教职人物的识别可以接受，那么在吐蕃苯教丧葬仪式中混有"摩尼教"因素，就成为了一个非常有意思的问题。除了上文提到的一些线索以外，实际上在相似历史空间里的丧葬美术中，也有一些蛛丝马迹提醒我们注意这一问题。在海西州乌兰县被盗的那座中世高规格多墓室墓葬的壁画中，在一座可能具有"享堂"性质的建筑顶脊正中，装饰有一枚红色"火珠"（图5—16），其很可能就暗示了"摩尼教"在这一地区的传播与影响。另外，摩尼教徒每年春天都举行一个名为Bema——意为"宝座"——的仪式以纪念摩尼的囚禁与去世，其间会在讲坛上安放一张空的宝座，在上面放置一张先知的画像②。这种"图像崇拜"与吐蕃苯教仪轨中"尸像""魂像"，在功能途径方面应该有交集的机会，摩尼"选民"使用"像"的经验，对吐蕃人而言应该具有相当的借鉴意义。如果我们再考虑摩尼教徒善于施行巫术的名声，以及他们也精通天文占星之术、地理学和其他新鲜而具有"有效性"的学问，③ 那么，可以想象正在快速迎向新纪元的吐蕃人，选择与他们接

---

① 梁丰：《吐谷浑佛教考》，参见シルクロード學研究センター《中國・青海省におけるシルクロードの研究》（シルクロード學研究14），奈良：2002年版，第226—230页。
② ［俄］B. A. 李特文斯基主编：《中亚文明史》（第3卷），马小鹤译，中国对外翻译出版公司、联合国教科文组织2003年版，第356页。
③ ［俄］B. A. 李特文斯基主编：《中亚文明史》（第3卷），马小鹤译，中国对外翻译出版公司、联合国教科文组织2003年版，第358页。

触应该已经是没有什么障碍的了——如果二者能够见面的话。作为"三夷教"之一的摩尼教,由于入华后的波折际遇,在今天已经少有痕迹,但出于西陲僻远之地的文物,却无意中道出了其当时锲而不舍的传播经历,令人颇为感慨。

图 5—16 青海海西州乌兰县中古墓葬壁画中建筑上的"火珠"
(辛峰摄影)

两幅夏塔图彩棺 B 板中出现的"仪轨飘帘"图像,也是非常值得一提之物。结合敦煌古藏文写卷 P. T. 1042 中第 40—44 行的记录,我们知道这种所谓的"仪轨飘帘"应该有两种,分别是"尸像飘帘"与"魂像飘帘",它们主要在"尸魂相合"仪式中使用。很明显,这是一种"招魂"仪式。招魂最初的形态实际并不属于"丧事",而是在死者刚刚咽气时,所使用的一种含有"治疗"意象与挽回生命愿望的萨满巫术。[①] 其功能途径就是阻止"灵魂"离开身体,其行事的思维基础乃为先民心理中关乎"生"与"死"的"灵魂—肉体"认识观。无论使用"尸像""魂像"还是"佛像",作为"图像"归根结底都与"视觉"有关,这一点似乎与

---

① [美]巫鸿著,郑岩、王睿编:《礼仪中的美术——巫鸿中国古代美术史文编》,郑岩等译,生活·读书·新知三联书店 2005 年版,第 102—104 页。

"原始宗教"还是"高级宗教"无关。从吐蕃苯教丧葬仪轨中的"招魂"内容,可以看出萨满巫术如何融入"苯"信仰规制性的仪轨,以及"苯"信仰如何在公元11世纪后演变为"苯教",并进而与外来的佛教融合演变为藏传佛教。就此而言,夏塔图棺板画给了我们一个非常有趣的宗教学观察与研究的视角。

综上所述,夏塔图棺板画为我们呈现了一幅不可多得的公元8世纪中期至晚期,本地区人们宗教生活的生动画面。夏塔图一带的吐蕃人,可能也包括一些吐谷浑等其他相关民族的人们,在面对艰苦的自然环境条件以及生死之永恒问题时,所怀有的开放、渴求的热切心态,从一个小小的侧面展现了吐蕃地方政权——在其渐入历史全盛时期的时刻——所秉具的昂扬向上的时代精神与文化态度。

第二节 其他社会生活与物质文化问题

一 棺板画人物服饰考要

(一)"卡夫坦"

"卡夫坦",英文作 Kaftan 或 Caftan,乃指古代一种前身开直襟的长袍。"卡夫坦"最早的雏形,大约在公元前8世纪产生于近东的巴勒斯坦与叙利亚一带(图5—17)。[①] 1959年,在我国新疆民丰尼雅遗址发现的锦袍,就是一件中古时期比较典型的窄袖型"卡夫坦"(图5—18)。公元3—8世纪,在索格底亚那(Sogdiana)到新疆塔里木盆地绿洲地带的一片地区,"卡夫坦"逐步发育成为一种将"前身开直襟"与"翻领"这两种服饰细部结构结合起来的高级锦袍——全身用锦也是其重要特征——形制,并一度十分流行。[②]

[①] 李当岐:《西洋服装史》(第2版),高等教育出版社2005年版,第58页。
[②] 参见姜伯勤《中国祆教艺术史研究》,生活·读书·新知三联出版社2004年版,第208—214页;[俄]B.A.李特文斯基主编《中亚文明史》(第3卷),马小鹤译,中国对外翻译出版公司、联合国教科文组织2003年版,第242—245页。

图 5—17 公元前 8 世纪末萨贡二世宫殿浮雕中着"卡夫坦"的巴勒斯坦朝贡者
(张海霞摹绘)

图 5—18 新疆民丰尼雅遗址出土"卡夫坦"式锦袍
[采自赵丰、于志勇《沙漠王子遗宝》,艺纱堂/服饰工作队(香港)2000 年版,第 41 页]

第五章　夏塔图棺板画所涉吐蕃社会文化与生活

　　夏塔图棺板画中人物多着与以上服饰颇似的"卡夫坦",其形制特征已经引起了学界的关注。① 这种属于"卡夫坦"类型的服饰形制,实际上在吐蕃十分流行,不过,其与前述中亚与新疆绿洲地区曾经流行的样式相比,也有自己的特点。就是其并不是全身用锦制作,而只是在翻领的"领面"和袖端使用锦来缘边装饰（图 5—19）。这种情况与中原地区倒是比较一致（图 5—20）。② 从夏塔图棺板画的画面表现直观来看,吐蕃人"卡夫坦"所用锦的图案,为北朝至唐初十分流行的联珠纹团窠。所谓"窠",亦作"科",③ 乃指一个相对独立和封闭的主题纹样单元,唐代其一般为圆形,故也叫"团窠"。"联珠纹团窠"就是指围成圆形的基元图形为"联珠纹"。其中心主题纹样在中古时期一般多是动物。夏塔图棺板画由于"小人画"的空间局限,并没有对联珠纹团窠中的主题图案进行描绘,然而,都兰出土的大量联珠纹团窠织物残片对之大体情况有较真切地反映,其中包括"密特拉"（Mithra）④、对马、对羊、对牛,以及所谓"鹫"和"含绶鸟"等。⑤ 另外,无论从索格底亚那的壁画图像所示,⑥ 还是都兰实物之观察,中世团窠一般最大的直径也不会超过 0.2 米,而夏塔图棺板画所绘者乃远过于此,看来多是绘者在"小人画"局限下的一种无奈的"超常"发挥。

　　还有一个问题或许也需说明一下。在夏塔图 M1-A《商旅图》前驱 3 骑最左者,其所着袍服乃是领口敞开的"团领袍",而非"卡夫坦"。目前,学界对这种穿着形态下的"团领",多有误识为"翻领"者。所谓

---

① 霍巍:《青海出土吐蕃木棺板画人物服饰的初步研究》,《艺术史研究》第 9 辑,中山大学出版社 2007 年版。
② 尚刚:《鹤绫绚烂,凤锦纷葩——隋唐五代的高档丝织品种》,《唐研究》第 10 卷,北京大学出版社 2004 年版。
③ （宋）王溥:《唐会要》第 32 卷《舆服下》,中华书局 1990 年版,第 581 页。
④ "密特拉",指琐罗亚斯德教中的太阳神,其在后贵霜时期的巴克特里亚（Bactria）是最受崇拜的神祇,参见姜伯勤《中国祆教艺术史研究》,生活·读书·新知三联出版社 2004 年版,第 5 页。
⑤ 赵丰:《纺织品考古新发现》,艺纱堂/服饰工作队（香港）2002 年版,第 74—95 页。
⑥ 中古时期的中亚地区服饰上流行联珠纹缘边团窠,其最具代表性的考古图像就是乌兹别克斯坦巴拉雷克-切佩（Balalyk-tepe）壁画"宴饮图",南壁第一组 1 号男子袍服上的图纹,该图纹基元为联珠纹团窠缘边,联珠圈内有一兽首（似狼或猪）,整个团窠单元直径约 15 厘米。这是典型的粟特锦,亦称"撒答剌欺"（Zandaniji,亦译为"赞丹尼奇"）的图纹模式之一,А. И. Алъбаум, *Балалык-Тепе*, Ташкент, 1960, стр. 61。

图5—19 夏塔图 M1–A 棺板画中着"卡夫坦"的人物
（采自《中国国家地理》2006年第3期）

图5—20 唐薛儆墓石椁线刻画中着"卡夫坦"人物
（张建林摄影）

"团领"，其乃源于西亚早期的"贯头衫"，即所谓"丘尼克"（Tunic）类型服装的领口样式，① 如尼雅遗址出土的1件高领黄绢套头衫就归此属（图5—21）。这种围绕颈根的领型与"翻领"，从服装学角度来看属于完全不同的结构来源，即前者源于"丘尼克"、后者源于"卡夫坦"，故应该特别注意。

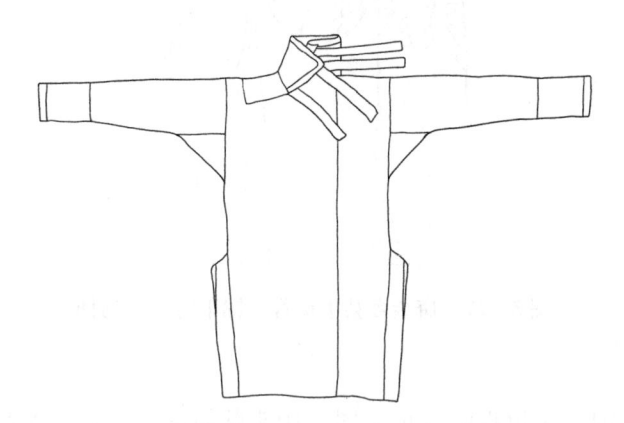

图5—21　新疆民丰尼雅遗址出土"丘尼克"类型黄绢衫
（张海霞摹绘）

（二）半臂

半臂，也叫"半袖"，乃为将衣服长袖截为短袖的服饰形制。作为燕居之服，三国时期贵族乃至帝王已有用之。② 到隋唐之时，"半臂"已经是男女通服之衣式③，其高级者以纹锦制作，故唐时扬州亦以"半臂锦"为土贡（图5—22）。④ 另外，敦煌文书S964号、P3274号所记唐朝军队天宝九年（750年）四季军服中，有大量白䌷、紫绫、褐等所制各色"半臂"，故也有学者甚至认为"半臂"在唐代为男人特别是军人的专服。⑤ 此说虽然不一定准确，不过"半臂"在不同阶层、不同职业人群中被广泛服用，确是可以想见的。

---

① 李当岐：《西洋服装史》（第2版），高等教育出版社2005年版，第58—68页。
② 《三国志》卷25《杨阜传》，中华书局1959年版，第704页。
③ 参见《新唐书》卷24《车服志》，中华书局1974年版，第523页；同书卷53《食货志三》，第1367页；孙机《中国古舆服论丛》（增订本），文物出版社2001年版，第227—228页。
④ 《新唐书》卷41《地理志五》，中华书局1974年版，第1051页。
⑤ 黄正建：《敦煌文书与唐代军队衣装》，《敦煌学辑刊》1993年第1期。

图5—22 唐金乡县主墓着"锦半臂"牵马俑

（张海霞摹绘）

夏塔图M1-A棺板画《射牛图》中头戴筒形高冠的射牛者，就穿着1件交领锦缘的"半臂"。其衣身与袖筒主体为白色，袖端锦边为红蓝黄联珠纹团窠图纹、领缘镶蓝红相间花锦，形制与金乡县主墓牵马俑所着完全一样，当为"锦半臂"也（图5—23）。从金乡县主墓牵马俑以及此人穿着"锦半臂"的情况来看，"半臂"是一种通常穿在"中单"即古人的衬衫之上、外袍之下的服饰，好似今人的短袖T恤一般。不过，其领袖均用纹锦缘边装饰，想必不能"锦衣夜行"，而需常常着于最外方合人意。在夏塔图M2-B棺板画《骑射图》中，也有2名骑士穿着同样形制的交领锦缘"锦半臂"，做引弓欲射状（图5—24）。可以看出，穿着"半臂"乃利于双手从事射箭等运动幅度较大的剧烈活动，从这一点来看，其作为军戎服饰也确实有其先天的优势。

另外，吐蕃的"半臂"应该还有其他的样式。在美国收藏家Thomas J. Pritzker的藏品中，有1件可能来自于青海吐蕃墓的所谓"童装"（child's garment）。其上半部分由"对鸟"联珠团窠纹锦制成，而下部则用蓝色丝绸缝制，为交领"半臂"形制（图5—25）。从这件公元8世纪的"半臂"实物来看，吐蕃"半臂"乃至外袍，可能都有一些全身用锦的形制，就好似《步辇图》中禄东赞的锦袍一样（图5—26）。这无疑是受到了西亚与中亚传统的影响。不过，因原料与用工耗浩，"锦"在唐代就与

第五章 夏塔图棺板画所涉吐蕃社会文化与生活

图 5—23　夏塔图 M1 – A 棺板画《射牛图》中着"锦半臂"人物
(采自《中国国家地理》2006 年第 3 期)

图 5—24　夏塔图 M2 – B 棺板画《骑射图》中着"锦半臂"骑士
(采自霍巍《青海出土吐蕃木棺板画人物服饰的初步研究》，第 264 页)

金银、珠玉一起被归于"宝器部"之属，[①] 因此，这种全身或半身统用纹锦制作的"半臂"，应该只是极少部分吐蕃高级贵族所用之物。夏塔图棺板画之相关人群，恐怕尚无人能够享有，甚至对之还不是很熟悉。他们所了解或使用的"半臂"和"锦半臂"，应该与中原为同一类型，都是上述纹锦缘边的样式。

[①] （唐）徐坚：《初学记》卷 27《宝器部·锦第六》，中华书局 1962 年版，第 655 页。

图5—25　Pritzker 收藏之公元8世纪"半臂"样式"童装"
（霍巍摄影）

图5—26　传唐阎立本《步辇图》中着中西亚风格锦袍的禄东赞
（作者摄影）

有学者认为，唐代"半臂"应该源自龟兹服饰（图5—27）。[①] 然而，由于"半臂"一类服装在利于动作和散热方面的功能特点，其产生应该更早且亦应该在不同地域会无关联并生。例如，在重庆化龙桥东汉墓出土的女婢身上，就有非常接近唐代样式的交领"半臂"（图5—28）。而被认为"波斯"意匠颇浓的太原隋虞弘墓石椁浮雕画中，类似的服饰亦比比皆是。[②] 总之，"半臂"在唐代已经非常流行，使用人群亦颇宽泛，而夏塔图棺板画所见"半臂"，由形制特点观之，应该主要是受中原样式的影响。这种服饰可能受此期德令哈一带的男子、特别是善于骑射的武士所喜爱。

---

① 孙机：《中国古舆服论丛》（增订本），文物出版社2001年版，第227页。
② 山西省考古研究所、太原市文物考古研究所、太原市晋源区文物旅游局：《太原虞弘墓》，文物出版社2005年版，第98—148页。

第五章　夏塔图棺板画所涉吐蕃社会文化与生活

图5—27　新疆克孜尔石窟龟兹壁画
人物的"半臂"
（张海霞摹绘）

图5—28　重庆化龙桥东汉墓出土着
"半臂"舂杵女陶俑
（霍宏伟摄影）

（三）大袍与斗篷

夏塔图M1-A棺板画《宴饮图》右下部立有一排5位女子，她们在最外面服用了两种非常有特点的服饰，其中从左到右第1、4、5位披着或穿着一种有联珠纹锦翻领和袖缘的大袍；第2、3位披着一种有不同图纹花锦饰边的斗篷（图5—29）。而在这幅棺板画中还有《宴饮图》毡帐前站立着的4人，以及《野合图》中的女子也穿着样式差不多的斗篷。

从考古图像来看，在北朝至唐代的军人和妇女中，大量使用着以上那种宽大的袍服形制，其具体穿着方法与上述夏塔图棺板画中第1位女子一样，都是将大袍像斗篷一样披在身上（图5—30）。[1] 沈从文先生认为，此种穿着服饰的"式样或来自波斯"。[2] 这种描述或许合乎大袍入华早期阶段

---

[1] 关于北朝至唐代军人身披大袍的图像，可参见负安志《中国北周珍贵文物——北周墓葬发掘报告》，陕西人民美术出版社1993年版，第42页；宁夏回族自治区固原博物馆、中日原州联合考古队《原州古墓集成》，文物出版社1999年版，图版62；[美]巫鸿《汉唐之间文化艺术的互动与交融》，文物出版社2001年版，第441页；昭陵博物馆《唐昭陵长乐公主墓》，《文博》1988年第3期。

[2] 沈从文编著，王予予增订：《中国古代服饰研究》（增订本），上海书店出版社1997年版，第204—205页。

图 5—29 夏塔图 M1-A《宴饮图》中妇女的服饰
(采自《中国国家地理》2006 年第 3 期)

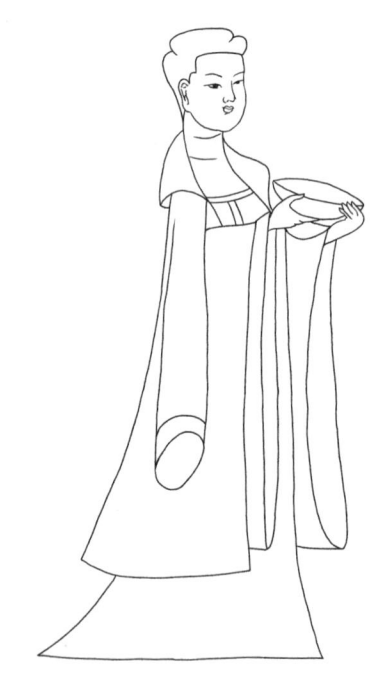

图 5—30 敦煌莫高窟 390 窟隋代壁画中披大袍的女供养人
(张海霞摹绘)

披而不穿的情况，但吐蕃人如此，恐还是借吐谷浑习惯而承之于鲜卑，或者直接从唐人处学习得来。而将这种大袍规规矩矩穿在身上的考古图像，中原地区发现的并不多，夏塔图棺板画给出的这种服装形态应该算是比较清晰与生动的。可以看出，大袍如此穿在身上的样子，又与后来唐末五代敦煌莫高窟壁画中的回鹘女装颇有几分相似，① 这很可能与吐蕃人长期在沙州一带活动有一定的联系。

夏塔图棺板画中斗篷的使用非常多见，除了上面已经提到的夏塔图M1-B棺板画中情况之外，在夏塔图M2-B棺板画《宴饮图》中也有不少反映（图5—31）。可见在吐蕃人中斗篷应该是一种男女通用的服饰。而从夏塔图M1-B和夏塔图M2-B棺板画中，身着斗篷男子同时也都头戴高筒形头巾，并聚集在毡帐前畅饮的情景来看，斗篷似乎对吐蕃人——起码是男子——而言是一种高级身份的象征。实际上，尽管斗篷在服装结构发展历史上是属于一种极简单、极原始的"卷衣"（drapery）类型，② 其在古埃及人、古巴比伦人、古希腊人、古罗马人、日耳曼人与拜占庭人的服饰中都占有重要位置。③ 但在我国已经发现的古代服饰图像中却非常罕见，这极有可能与华夏先民生存环境、服饰功能追求，以及审美取向有关。

目前，笔者仅在云南晋宁石寨山铜鼓形贮贝器上人物服饰中，识别出比较确定的斗篷图像（图5—32）。结合滇藏地区、特别是吐蕃王族发祥之地与前者地理历史上的关系，这似乎在某种程度上暗示了斗篷有可能是该区域先民习用之服式。再进一步，我们可以大胆假设，夏塔图棺板画中着斗篷者，乃是吐蕃比较核心部落的族人，他们的先人曾经长期生活在今天云南、西藏、四川交界的一片区域。当然，这种假设更多的是从图像的直观印象角度出发，无疑还需更多的、更为确切与理性的材料，从其他更多的方面予以证明或甄别。此处斗胆提出，惟望起到些许抛砖引玉之效，以推动相关研究的不断深入。

---

① 谢静：《敦煌石窟中回鹘天公主服饰研究》，《西北民族研究》2007年第3期。
② 所谓"卷衣"乃指用整块未经裁剪与缝制的布帛，在人身体上通过披挂、缠绕或在肩颈部位使用别针固定而起到御寒、遮羞功能目的的一种服饰类型。其主要存在于人类使用服饰的早期，特别是气候相对湿暖的地区，例如，地中海沿岸各个早期文明中。参见李当岐《西洋服装史》（第2版），高等教育出版社2005年版，第10页。
③ 李当岐：《西洋服装史》（第2版），高等教育出版社2005年版，第19、38、96—97、118—121、132—133、136、139、161页。

图 5—31 夏塔图 M2-B 棺板画《宴饮图》中穿着斗篷的人物
（采自霍巍《吐蕃系统金银器研究》，第 106 页）

图 5—32 云南晋宁石寨山汉代贮贝器上披斗篷人物
（张海霞摹绘）

二 棺板画所见酒具

（一）大酒瓮

夏塔图棺板画利用相当多的画面再现了吐蕃人宴饮的场景，其中也较全面地反映出吐蕃人饮酒用具使用情况的一些特点。首先，吐蕃人的酒具具有一定的器皿配用的系统性。其中，贮酒类器皿有位置固定之大量盛酒的大酒缸，斟酒器有移携方便的"胡瓶"，舀酒器有酒挠，饮酒器有大小不一的高脚杯，以及盛装酒杯的圆形托盘。其次，这些功能不同的酒具，比较适合吐蕃人的生活环境与纵酒畅饮的饮酒文化。下面我们就来谈谈这些酒具、或者其图像的来源问题。

以酒瓮盛酒古今皆是极一般事，而唐时玄宗赐安禄山"八斗金镀银酒瓮"、[1] 武则天投王皇后入酒瓮，[2] 乃至脍炙人口的"请君入瓮"故事，均说明唐代当有如夏塔图棺板画中那般高大的酒瓮。不过，以大酒瓮置酒宴之上，恐只是安禄山辈胡人或习染胡俗人们的习惯。目前，在中世考古图像中以"大酒瓮"入画者，有品治肯特（Panjikent）Ⅲ-6地点西墙火坛祭祀壁画（图5—33）、[3] 天水隋石棺祆祭题材之"酒如绳"屏风石画、[4] 西安北周安伽墓石榻右侧屏风第2幅"宴乐"图，[5] 以及太原隋虞弘墓石椁内壁第5幅"宴乐"内容浮雕画和椁座正面装饰性浮雕画等。[6]

可以推想，夏塔图棺板画《宴饮图》中"大酒瓮"形式母题，可能给了我们两个暗示：其一，吐蕃酒文化与"胡俗"应该有一些关系；其二，夏塔图棺板画中"宴乐"母题，也许受到了祆教图像粉本的些许影响。不过，与以上不同类型的"大酒瓮"相比，夏塔图棺板画中的"大酒瓮"也具有鲜明的自身造型的特点：第一，就是其体量更加硕大，如夏塔图M1-B

---

[1] （唐）段成式：《酉阳杂俎》前集卷1《忠志》，《唐五代笔记小说大观》（上），上海古籍出版社2000年版，第560页。
[2] 《旧唐书》卷51《后妃传上》，中华书局1975年版，第2170页。
[3] A. M. Belenitskii, B. L. Marshak and Mark, J. Dresden. *Sogdian Painting*: *The Pictorial Epic in Oriental Art*, University of Galifornia Press, 1981, p. 31.
[4] 天水市博物馆：《天水市发现隋唐屏风石棺床墓》，《考古》1992年第1期。
[5] 陕西省考古研究所：《西安北周安伽墓》，文物出版社2003年版，第37页。
[6] 山西省考古研究所、太原市文物考古研究所、太原市晋源区文物旅游局：《太原虞弘墓》，文物出版社2005年版，第106—107、128、135页。

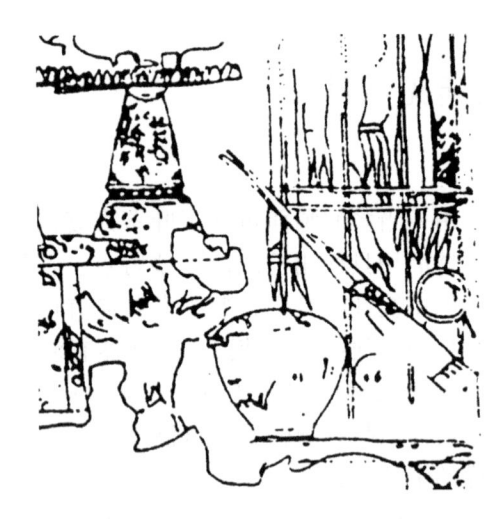

图 5—33　片治肯特壁画中的"火坛"与"大酒瓮"

（采自 A. M. Belenitskii, B. L. Marshak and Mark, J. Dresden. *Sogdian Painting*: *The Pictorial Epic in Oriental Art*, University of Galifornia Press, 1981, p.31）

《分定权势图》中的酒瓮就有一人来高；第二，夏塔图棺板画中"大酒瓮"，除了有前述图像中那种常见的小口小底的枣核造型外，还有一种小口阔底的特异形制（图5—34）。这也间接显示出吐蕃人酒文化中那种更加浑朴、粗犷的气息。

（二）酒杯

夏塔图棺板画中斟酒所用"胡瓶"，学术界相关研究已经比较多且深入，特别是霍巍先生将之与"吐蕃系统金银器"联系之研究，颇有创见与新意。[①] 故本书不作多余论述。我们在这里主要想讨论一下夏塔图棺板画中的吐蕃人饮酒器：酒杯。目前，图像表现比较全面与清晰的"酒杯"，主要集中在夏塔图 M1-A 之《宴饮图》和《射牛图》中。其中，《宴饮图》中的酒杯盅体量较大，盛酒量应该几如今人所用小碗，而形制乃高脚杯一属（图5—35）。仅从图像观察，这种高脚杯的质地可能是银或陶瓷一类，与江西出土的南朝青瓷高脚杯在外形上应该有相当渊源（图5—36）。[②] 因此，笔者倾向将之比定为汉地流入的饮酒具。

---

① 霍巍：《吐蕃系统金银器研究》，《考古学报》2009 年第 1 期。
② 此托盘高脚杯的摄影图像见于范凤妹《江西出土的六朝青瓷》，《江西文物》1991 年第 4 期。

第五章 夏塔图棺板画所涉吐蕃社会文化与生活

图 5—34 夏塔图棺板画中的"特型"大酒瓮
（采自霍巍《吐蕃系统金银器研究》，第 106 页）

图 5—35 夏塔图 M1-A《宴饮图》所见高脚杯
（采自《中国国家地理》2006 年第 3 期）

图 5—36 江西南朝墓出土高脚杯与高足盘
（张海霞摹绘）

《射牛图》中酒杯乃3只共置于1个圆形托盘之中,并由身着红巾红袍的侍者捧在胸前(图5—37)。像这种形式的酒具图像,在中古考古图像中并非孤例,例如,在洛阳北魏宁懋石室线刻《庖厨图》、① 陕西长安县南里王村唐墓壁画,② 以及陕西三原唐李寿墓石椁线刻《侍女图》等中均可见到(图5—38),并体现出比较明显的粉本痕迹。笔者估计,此类图像的象征意义,大体应该不脱人间休闲生活享受之范畴。若此亦对我们判断夏塔图棺板画《射牛图》,乃至彩棺A板图像功能与含义有所启发与勘照。对于夏塔图棺板画团盘内的3只酒杯,有学者认为其图像或与所谓"拜占庭风格"有关,并提到中原地区作为传播媒介的可能。③

图5—37 夏塔图M1-A《射牛图》中
盛于托盘中的酒杯

(采自《中国国家地理》2006年第3期)

图5—38 陕西三原唐李寿墓石椁线刻
《侍女图》中盛于托盘中的酒杯

(张海霞摹绘)

笔者认为此说应该有一定道理,但似乎也应该关注一下吐蕃本部酒具

---

① 郭建邦:《北魏宁懋石室和墓志》,《河南文博通讯》1980年第2期。
② 赵力光、王九刚:《长安县南里王村唐壁画墓》,《文博》1989年第4期。
③ 参见许新国《郭里木吐蕃墓葬棺板画研究》,《中国藏学》2005年第1期。另外,齐东方、张静撰《唐代金银器皿与西方文化的关系》一文认为,唐代高脚杯(金银器)所受外来影响,可能间接来自"拂林"即拜占廷,特别是该文"图6—4"之"罗马—拜占廷"属目所列一个高脚杯形制(《考古学报》1994年第2期),与夏塔图M1-A棺板画《宴饮图》中高脚杯亦颇有几分相似。可见东西方在造物设计意匠方面的交流与互动相当活跃与频繁。

第五章　夏塔图棺板画所涉吐蕃社会文化与生活

制作的传统因素。1984 年，在西藏拉萨曲贡新石器时代晚期遗址中，发现了一些陶杯残片，修复后向今人展示了曲贡先民精湛的制器工艺（图5—39）。该型酒杯为带指把圈的高脚杯类型，此图中者通高 0.112 米、口径 0.129 米；杯壁较直且中上部有一圈凸纹，口不外侈；杯足呈扁喇叭形，上沿三角形楔纹装饰，直径约为杯口。可以发现，夏塔图棺板画托盘内的酒杯，除了没有指把圈和杯口略有外侈较近西来样式外，其他方面几乎全同于上述的"曲贡陶杯"。

图5—39　拉萨曲贡新石器时代晚期遗址出土陶杯

（张海霞摹绘）

夏塔图棺板画所反映的酒具，是我们今天了解吐蕃社会酒文化的重要材料。可以看出，吐蕃人的社会构架与生活方式，是其酒文化与酒具使用选择的基本社会文化基础。而为了更为方便与快乐地饮酒，吐蕃社会对周边文明的酒文化要素，特别是酒具的采用，同样是采取着开放的心态。总之，与许多生活在旷凉环境中的民族一样，聚会畅饮是那样的富于吸引力与快慰感，迷醉的人们有时或许真的会将之视为世俗生活的高潮与"生"的最大享受。

三　棺板画所见吐蕃人的骑射

（一）骑射的技战术

骑射图像在夏塔图 M1–A、夏塔图 M1–B、夏塔图 M2–B，以及夏塔图侧板–X 棺板画上均有出现，以下分别述之。

夏塔图 M1-A 棺板画上的骑射图像，集中分布在棺板左半部分，内容分为上下两组。上组为向右驰骋的前 1 后 3 夹击 2 头受惊狂奔的牦牛的 4 名骑士。其中，在牦牛前面骑士扭身回射，后面 3 骑上部 2 人满弦瞄准牦牛，下面 1 骑因画面受损不见骑者，但结合整体画面，可以肯定原也为 1 名射牦牛的猎手。另外，牦牛前侧并排还有 1 只飞奔的猎犬回首朝向牦牛。下组是 1 位向左追射 3 只体大似驴的长角大野鹿的骑士，其背向外引满弦向前略偏下方瞄准猎物（图 5—40）。

图 5—40　夏塔图 M1-A 棺板画《狩猎图》
（采自《中国国家地理》2006 年第 3 期，第 88—90 页）

夏塔图 M1-B 棺板画上端右部，绘有向左边呈奔驰状的骑射者 2 人，前 1 人已超越猎物，故引满弦扭身瞄准后下方；后一人尾随猎物，亦引满弦俯身瞄准前下方。图像中骑士扭俯身躯幅度非常大，显示二人控弦时极力在将箭头接近目标。箭射轨迹交叉点有一形象漫漶不清的似兔似犬动物，显然它已经在劫难逃（图 5—41）。

夏塔图 M2-B 棺板画中上部，有 4 位引弓欲射的骑士，前面 2 骑上武士身体扭向左后方向下瞄准目标，后 2 骑武士身体前倾亦朝下瞄准同一目标。由于画面漫漶，4 人所射何物已经不得而知（图 5—42）。

第五章　夏塔图棺板画所涉吐蕃社会文化与生活

图 5—41　夏塔图 M1 – B 棺板画《击鼓骑射图》局部
（作者摹绘）

图 5—42　夏塔图 M2 – B 棺板画《骑射图》局部
（采自霍巍《青海出土吐蕃木棺板画人物服饰的初步研究》，第 264 页）

夏塔图侧板 – X 的骑射图像在棺板画中部偏下位置，乃由 2 骑向右飞驰的武士，与似立于 2 根木杆之间的裸体人形构成。右边那位骑士已回身放箭，左边骑士却正拉弓瞄准，他们的目标正是 2 木杆间之裸体人形（图 5—43）。

图 5—43　夏塔图侧板 – X 棺板画"骑射"图像局部
（采自霍巍《青海出土吐蕃木棺板画人物服饰的初步研究》，第 269 页）

通过图像分析，可以发现吐蕃的骑射在技战术方面有一些特征。第一，射猎采用前引后追的动态围歼战术。从棺板画反映的情况看，吐蕃射猎对象多为生活在高原地区的大体型动物，或因骑射弓箭更强调机动性而杀伤力有限，猎物在受惊或受伤狂奔时亦恐马匹不能直面，因此，运用这种战术可以在较长时间内将猎物控制在有效杀伤射程范围之内，同时保护自身安全。第二，从几乎所有已见图像来看，吐蕃骑射都是在距猎物极近距离方才张弓，以确保一箭中的。这一特点在夏塔图 M1-A 的射猎图像中表现尤为典型。同时，图像也展现出吐蕃骑射的关键技术要领：无论身体如何俯仰扭动，满弦时必须保证曲右臂挟弦在右耳，并与直伸握弓的左臂形成一条水平线。第三，从图像中猎物中矢流血却依然狂奔，以及围猎骑士均满弦待发的状况推测：吐蕃弓箭射速应该较高。图像中猎物多是躯干和后腿中箭，表明吐蕃骑射并不依赖一箭击中要害的方法射杀猎物，而是长时间纠缠猎物，快速向其不停射击，以使猎物在流血过多与疲惫奔跑中不支倒地。

显然，夏塔图棺板画所反映的吐蕃射猎，并不特别追求个体精湛的骑射技术，而是注重骑射活动中各成员之间的协调、配合与默契。因此，其群体的合作程度与娱乐性也大大地增加了。同时，这种技战术不仅在射猎中有效，在人与人的战斗中应该亦可发挥一定效能。

（二）骑射的武器

射猎运动的主体物质构件，就是射击所需的弓矢等用具，而夏塔图吐蕃棺板画对之有非常丰富与明确的图像表现。这是今天研究藏族早期射箭活动历史的珍贵资料。

夏塔图棺板画中骑射所用弓的图像有如下一些外形特点：双股土红色材质的内曲弓身约占弓全长 1/3，中部弓弣（握手处）为白色材质；外曲弓臂（也叫"渊"）为绿色材质；弓身与弓臂之间对称装有白色短结（图5—44）。虽然，我们无法了解这种弓的详准结构与制作材料，但通过以上图像分析，已经基本可以确定其应该是一种构造比较复杂的双曲复合弓。中原复合弓的弓身很短，一般仅略比弓弣长一点，不似这种弓身占弓全长 1/3 的形制。另外，参照使用者与这种弓的尺寸比例关系，还可了解此弓形体不大，应是一种很利于骑射的高机动性速射武器。

第五章　夏塔图棺板画所涉吐蕃社会文化与生活

图5—44　夏塔图棺板画所见吐蕃复合弓
（采自《中国国家地理》2006年第3期）

　　在集安高句丽"舞踊墓"（4世纪末5世纪初）《狩猎图》中骑射人物所用的弓，在结构外观和尺寸上与夏塔图棺板画所见的弓几乎完全一样（图5—45）。[①] 鉴于二者在时空距离以及整体图像艺术风格上的显著差异，它们在图像"粉本"上有承继关系的可能性并不大，因而很可能二者使用的弓在结构上确实是一样的。那么是否存在这样一种可能：8世纪中期德令哈一带武士所用弓的结构可能是源于高句丽传统，或曰东胡系传统的复合弓形制？这种弓是否有可能最早是由出于慕容鲜卑的吐谷浑人带到青藏高原地区的？这种推测目前尚无更多考古与文献材料支撑，但仍需引起注意。另外，在《吐蕃简牍综录》130号记载有所谓"于阗轻弓"，[②] 从夏塔图棺板画所见弓的尺寸来看，它们可能也存在一些联系。这一点同样也应该有所注意。

　　棺板画中骑士所挂盛装箭矢的用具为"箭箙"，其与唐章怀太子墓《仪卫图》中卫士所配完全一样，[③] 而同样形制在阿尼科沃村（Анцково）镀金银盘《攻城图》武士腰间、[④] 在北周安伽墓棺床正面屏风第2幅乐舞

[①] 吴广孝：《集安高句丽壁画》，山东画报出版社2006年版，第115页。
[②] 王尧、陈践：《吐蕃简牍综录》，文物出版社1985年版，第47页。
[③] 张鸿修：《中国唐墓壁画集》，岭南美术出版社1995年版，图115。
[④] [苏联]普加琴科娃、列穆佩著：《中亚古代艺术》，陈继周、李琪译，新疆美术摄影出版社1994年版，图版24页。

图 5—45　吉林集安高句丽"舞踊墓"《狩猎图》中的弓
（张海霞摹绘）

宴饮狩猎图中粟特骑士身上都能够看到（图 5—46）。很明显，吐蕃人使用的盛矢具乃是 6—7 世纪这一历史时期的"国际流行"样式。

图 5—46　西安北周安伽墓石榻正面屏风第 2 幅中的"箭箙"
（采自陕西省考古研究所《西安北周安伽墓》，第 28 页）

由于具有军事训练与群体娱乐的二重属性，故"骑射"一直为古代各民族重视与喜爱。加之古人"事死如事生"观念的广泛流行，使得相关题材的丧葬美术作品在今天考古工作中时有发现。以上夏塔图吐蕃棺板画之"射猎"图像，便是近年来之要宗。其以直观与生动的视觉形象，清晰展现了当时德令哈一带人们骑射活动的技战术要点，以及所用武器形制等构成要素，对于研究藏族早期军事和娱乐性狩猎活动历史具有弥足珍贵的价值。

结　语

　　本书对夏塔图棺板画进行了初步的综合讨论，其研究内容大体包括了三个方面：第一个方面，是对夏塔图棺板画的历史与考古学背景进行了基本研究；第二个方面，是本书的核心内容，即夏塔图棺板画的图像学研究；第三个方面，主要是在图像研究的基础之上，对棺板画所反映的社会生活与文化现象，进行了有选择的分析研究。

　　在第一个方面的研究中，笔者认为有以下一些问题尤其值得重视。首先，吐蕃势力进入德令哈地区之前的历史面貌，是夏塔图棺板画产生的重要文化基层背景。它是我们能够充分认识夏塔图棺板画的所展现文化复合性的出发点。其次，对德令哈地区吐蕃时期的历史地理情况的掌握，也是分析夏塔图棺板画产生关键前提之一。特别是对所谓"五大贼路"问题的认识，使我们可以更加全面地推测出德令哈地面，在吐蕃地方政权军政资源布局中可能的含义与价值，进而为我们判断德令哈地区当时的民族类别与基本分布状况，提供了最关键的依据。最后，就是对考古发现过程中关键信息的把握。其中，墓地的布局、墓葬的形制以及相关墓葬的关系的问题，是我们进行棺板画研究的重要技术性参照。我们认为，夏塔图 M1 和夏塔图 M2 的等级差异并不很大，墓主大体都属于当时中上阶层，并有可能是同一家族的关联性成员。

　　本书第二部分"图像学"研究是整个研究的核心内容。由于夏塔图棺板画公布情况的原因，对其相关图像资料进行全面梳理，成为一项艰苦的，但又必须进行的前置性研究工作。通过对摄影图像、彩绘摹本图像、线描摹绘图像等各种类型的图像文本的搜集、整理，我们基本上对所有相关图像资料的公开时间、图像品质与分布情况，均建立了比较全面的认识。"图像志"研究是该方面研究工作的重中之重，研究表明夏塔图棺板画在以下几个方面所传递的信息，是非常值得我们注意的。

结　语

　　第一，在夏塔图彩棺侧板之A板彩画中，靠"高帮"一侧以圆形帐篷、或曰"穹庐"为中心的"宴饮"图像母题，是整个画面的重心。其他图像内容乃围绕与从属之展开。这其中的"狩猎"图像母题，又是最为典型的规制性图像辅助内容；"性爱"意象图像母题，具有图像"徽铭"的属性，可能与"厌胜"观念有关，但其形成背景比较复杂。

　　第二，在夏塔图彩棺侧板之B板彩画"高帮"一侧，几乎是被公认的以圆形帐篷为核心的"宴饮"图像，本书认为可能是吐蕃苯教丧葬仪轨中"分定权势"环节之情景再现。其暗示了丧葬仪式中，死者权益向其关联人渡让的实质内容。其与"低帮"一侧的"灵帐"，共同构成了棺板画并列性的整体画面模式。这也许不仅仅是出于对画面布局平衡的考虑，可能更重要的是人们对丧葬仪式内容之轻重选择所导致的一种必然结果。

　　第三，夏塔图彩棺侧板之A板与B板，在葬具系统中可能分别象征着"生"与"死"的对立关系。它们以比较对称的图像布置，又向葬具观察者提供了一个对"生""死"世界关联性质理解的、形象的"透明"窗口。在这里需要强调一点，夏塔图对"死"世界的描绘，有别于中原对种种幻想内容与场景的描绘，而是专注于对丧葬场景本身的再现，这应该是苯教仪轨中所谓"仪轨内容必须讲述才能有效"观念的一种典型表现。

　　第四，夏塔图彩棺挡板彩画，表现出了最为鲜明的中原文化影响，这充分体现出了德令哈地区，在过去与当时所处人文地理环境的基本特点。同时，我们也可以据此推测是时是地的人们在应对"死亡"问题时，所具有的基本心理状态。简单地讲，夏塔图墓葬的关联人群，对处理"死亡"一事是抱着非常积极却又焦虑的心情的，他们在对"有效性"追求过程中所持的极度开放态度，与文化上的信心缺乏有最直接的关联。笔者认为，这种"信心不足"是在文化对比中产生的，而"积极与开放"则又是建立在军政优势的自信基础之上。这实际上并不矛盾，汉魏之后中原地区及其外族统治者身上所发生的许多事情，与之机理基本一样。

　　在图像志研究基础上，我们对棺板画的图像配置问题也进行了初步研究。其中，既包括对相对单幅棺板上彩画内部图像母题之间配置关系的研究，也涉及同一彩棺不同棺板彩画之间配置的问题。我们认为，夏塔图棺板画整体而言，体现了很强的规制性特点。首先，彩棺两块侧板上的棺板画，在构图上体现出比较严格的对称性。这显然是通过理性的"场景"选择，在满足图像"有效性"的前提之下来"经营位置"。其次，粉本使用的痕迹极其明显，体现出图像模式的"有效性"已经比较固定与成熟。最后，从一些零星材料的观察可以发现，即使图像母题内容随着时间推移有所改变，比如，围绕圆形帐篷的"宴饮"变为了围绕圆形帐篷的"乐舞"，但帐篷及其画面位置却没有太大变化。要之，我们应该可以初步推测，在葬具图像的配置中有存在长期稳定规制性的倾向，那么，是否可以尝试提出"夏塔图模式"的概念呢？本书初步认为是可以接受的。

图像志的研究在某种特定情况下，也许可以相对"局部性"进行。但对图像的研究，必须是系统的与结构性的。因此，对夏塔图棺板画图像内外结构关系的研究，自然就会过渡至图像的配置问题。而这种研究对于棺木形制结构的复原又反向提出了要求。通过对夏塔图彩棺现存每一块棺板形态的研究分析，我们对其侧板、挡板、棺盖与棺底的组合关系有了一些认识。在此基础上，通过对其他有关材料的勘比，本书给出了一些夏塔图彩棺棺木结构形制的复原方案。由于材料所囿，这种棺木复原的尝试肯定是不全面的。但本书认为，这种尝试的意义更多的也许并不在其本身，而在于我们对其上棺板画组合关系的一种"三维性"观察视角与思维的建立。葬具本质是实用物，如果脱离器物的基础，对其上图像的观察，就有陷入"识别边界"本身不可被识别的风险。不过，由于材料的局限，我们对图像所依附物质载体的研究，目前只能够是"后验性"的，许多问题一定会随着资料的逐渐明朗而有所变化。

夏塔图棺板画令人感兴趣的地方，自然还包括其对吐蕃时期当地社会生活与社会文化的直观反映。因此在本书第三部分，我们就对其中的一些问题进行了有选择的初步研究。其中，民族与宗教因素——在今人的研究视野中——又是令人最为瞩目的着眼点。通过服饰与人物行为关系的分析，夏塔图棺板画所反映的主体民族基本可以确定是所谓"吐蕃人"。这一点与之前有关研究中许新国先生和霍巍先生等的主流观点是一致的。而我们通过对棺板画中吐蕃人首服的研究，进一步认为戴"高筒状头巾"者应该是吐蕃本部"四茹"的成员，而戴"较低头巾"者，则有可能是在此时——公元8世纪中期——已经完全融入吐蕃的"白兰人"。另外，本书还尝试着从夏塔图 M1－A 之《商旅图》中识别出"大食商人"。

在宗教影响方面，本书除了认可"苯"——或曰早期苯教——重要作用外，还着重讨论了此时应是附丽于"道教"的中原传统方术理论的影响问题。我们认为，道教观念对夏塔图棺板画的影响是极其深层的，其中有历史原因、当下外部氛围等因素。其中由于地理接近的原因以及四川"天师道"或曰"五斗米道"的自身特点，在追求"有效性"的功利目的驱使下，吐谷浑人和吐蕃人对之的接受、尤其是一些具有显著"有效性"的关联图像——例如"性爱"意象图像——的接受，是应该可以理解的行为。不过，由于固有"苯教"传统影响在当地人习惯观念中的主体位置，对以上的宗教影响，应该只放在"影响"的层面来看。从对有"图像崇拜"属性的"仪轨飘帘"之相关人物图像的分析，笔者推测"摩尼教"可能此期也在德令哈地区的人群中间产生过影响。这对于我们全面了解该期吐蕃社会的宗教图景，无疑是非常有意思的事情。

古代精神文明与物质文明的关系与今天并没有本质区别，而夏塔图棺板画作为一种形象的图像文本，对社会生活中的物质文明载体或具象外观的表现，自然也是非常生动的。本书在这部分研究中，首先，选择对夏塔图棺板画所见人物服饰形制进行择要讨论。我们认为，夏塔图棺板画中人物所用最多的纹锦翻领袍服，乃属于外来的"卡夫坦"类服制，其在当地人——可能主要还是贵族——中的广泛使用，说明在服饰文化领域中"西风"影响之强劲。"半臂"在棺板画的武士射箭场景中的反复出现，证明这种在唐代中原颇为流行的捷便之服，也为当地的人们所喜爱。不过，从考古实物来看，吐蕃"半臂"应该除了领袖纹锦缘边的形制外，还有更为华丽的全锦制作的样式。这无疑还是受到了波斯、粟特等地的风格影响。在外披式服饰中，夏塔图棺板画为我们展示了两种形制：大袍与斗篷。前者有纹锦装饰的翻领与长袖，总体接近"卡夫坦"的类型，其多见于当地的女子身上；后者为纹锦缘边装饰的典型"卷衣"类型，是中原很少见的样式。关于棺板画中人物所穿的斗篷，认为有可能是吐蕃本部"四茹"的传统装束，也就是说从某种程度而言，或许有以此为依据来识别吐蕃人内部族源差别之参照的可能。

另外，由于"骑射"图像母题是夏塔图棺板画中最重要的题材之一，在这部分研究中，本书通过对棺板画中武士所用弓箭等武器用具形制的分析，还进一步探讨了其骑射技战术问题。这也为我们更加深刻理解吐蕃军队的战斗能力，提供了一个细微却颇为生动的视角。

总之，可以看出作为一个新兴的高原民族地方政权，吐蕃对外界精神文明、物质文明的特点有较为准确的了解，并对之取舍有度，体现出一种比较自信的主体认识心态。这多少也折射出当时吐蕃人时代精神的某些令人感叹的亮点。

附　录

夏塔图棺板画图像公开资料简表

序号	棺板编号	图像形式	幅面	最早出处	较佳者刊出处	摹绘者/摄影者	备注
1	夏塔图 M1-A	实物彩色摄影	局部	中国西藏（中文版）/2002/6，p. 33。	a. 中国西藏（中文版）/2002/6，p. 33。 b. http://www.qh.xinhuanet.com/wszb/2004-08/07/content_2641380.htm。 c. 中国国家地理/2006/3，pp. 85-87。 d. 文物/2006/7，pp. 72-74。 e. http://earlytibet.com/2007/10/05/red-faced-men-iii/。	a. 刘小何 b. 孙建军、李洋、刘鹏 c. 关海彤 d. 佚名 e. 佚名	另黑白转引者效果均不佳，不录。其理下同。
			全幅	中国国家地理/2006/3，pp. 85-86。	a. 中国国家地理/2006/3，pp. 85-86。 b. 文物/2006/7，封二。	a. 关海彤 b. 佚名	
		彩绘摹本黑白效果图	局部	柴达木开发研究/2004/2，p. 31。	a. 柴达木开发研究/2005/1，p. 31。 b. 丝绸之路考古十五讲/北京大学出版社/2006，p. 269。 c. 艺术史研究（第9辑）/中山大学出版社/2007，p. 261。	柳春诚	均使用柳春诚彩绘摹本。一些不甚重要者不录。

续表

序号	棺板编号	图像形式	幅面	最早出处	较佳者刊出处	摹绘者/摄影者	备注
1	夏塔图 M1–A	彩绘摹本	局部	中国藏学/2005/1，封三。	a. 中国藏学/2005/1，封三。 b. 西陲之地与东西方文明/北京燕山出版社/2006，图版13。	柳春诚	
			全幅	中国国家地理/2006/3，pp. 88–91。	中国国家地理/2006/3，pp. 88–91。	柳春诚	
		线描图	全幅	中国土族/2004.冬季号，pp. 4–5。	a. 文物/2006/7, p. 69。 b. 西陲之地与东西方文明/北京燕山出版社/2006, p. 301。 c. 青海民族学院学报（社会科学版）/2007/1, p. 73。 d. 西藏研究/2007/2, p. 53。	a\c. 柳春诚 b\d\e. 罗世平（推测）	c "反转片"模式错印。
			局部	西安体育学院学报/2008/6，p. 65。	西安体育学院学报/2008/6, p. 65。	马冬	"反转片"模式错印。
2	夏塔图 M1–B	实物彩色摄影	局部	中国国家地理/2006/3，pp. 93–95。	a. 中国国家地理/2006/3, pp. 93–95。 b. 文物/2006/7, pp. 75–76。	a. 关海彤 b. 佚名	
			全幅	文物/2006/7，封二。	文物/2006/7，封二。	佚名	

续表

序号	棺板编号	图像形式	幅面	最早出处	较佳者刊出处	摹绘者/摄影者	备注
2	夏塔图M1-B	线描图	全幅	文物/2006/7，p.69。	a. 文物/2006/7，p.69。 b. 青海民族学院学报（社会科学版）/2007/1，p.73。 c. 西藏研究/2007/2，p.53。	罗世平（推测）	
			局部	艺术史研究（第九辑）/中山大学出版社/2007，p.267。	a. 艺术史研究（第9辑）/中山大学出版社/2007，p.267。 b. 西安体育学院学报/2008/6，p.65。	a. 佚名 b. 马冬	
3	夏塔图M2-A	线描图	局部	考古学报/2009/1，p.106。	考古学报/2009/1，p.106。	佚名	
4	夏塔图M2-B	线描图	局部	艺术史研究（第九辑）/中山大学出版社/2007，p.264。	艺术史研究（第9辑）/中山大学出版社/2007，p.264。	佚名	
5	夏塔图侧板-X	实物摄影黑白效果图	局部	艺术史研究（第九辑）/中山大学出版社/2007，p.269。	艺术史研究（第9辑）/中山大学出版社/2007，p.269。	佚名	图像不佳，然为唯一，故录之。
6	夏塔图挡板-1	彩绘摹本	全幅	文物/2006/7，p.70。	a. 文物/2006/7，p.70。 b. 西陲之地与东西方文明/北京燕山出版社/2006，图版14-2。	柳春诚（推测）	

续表

序号	棺板编号	图像形式	幅面	最早出处	较佳者刊出处	摹绘者/摄影者	备注
7	夏塔图挡板-2	彩绘摹本黑白效果图	全幅	柴达木开发研究/2004/2，p.31。	丝绸之路考古十五讲/北京大学出版社/2006，p.269。	柳春诚	a所刊图像左上稍缺。
		彩绘摹本	全幅	中国藏学/2005/1，封二。	a. 中国藏学/2005/1，封二。 b. 中国国家地理/2006/3，p.96。 c. 文物/2006/7，p.71。 d. 西陲之地与东西方文明/北京燕山出版社/2006，图版14-1。	柳春诚	
8	夏塔图挡板-3	彩绘摹本黑白效果图	全幅	柴达木开发研究/2004/2，p.31。	a. 丝绸之路考古十五讲/北京大学出版社/2006，p.269。 b. 敦煌学辑刊/2007/1，p.91。	柳春诚	a所刊图像上部稍缺。
		彩绘摹本	全幅	中国藏学/2005/1，封二。	a. 中国藏学/2005/1，封二。 b. http：//www.chinaheritagequarteriyorg/articles.php？searchterm＝001_qinghai.inc&issue＝001。 c. 中国国家地理/2006/3，p.98。 d. 文物/2006/7，p.70。 e. 西陲之地与东西方文明/北京燕山出版社/2006，图版13-2。	柳春诚	b所刊图像左上稍缺。

续表

序号	棺板编号	图像形式	幅面	最早出处	较佳者刊出处	摹绘者/摄影者	备注
9	夏塔图挡板-4	彩绘摹本黑白效果图	全幅	柴达木开发研究/2004/2, p.31。		柳春诚	图像极模糊。
		彩绘摹本	全幅	中国藏学/2005/1, 封二。	a. 中国藏学/2005/1, 封二。 b. http://www.chinaheritagequarteriy.org/articles.php?searchterm=001_qinghai.inc&issue=001 c. 文物/2006/7, p.70。 d. 西陲之地与东西方文明/北京燕山出版社/2006, 图版12-1。	柳春诚	
10	夏塔图挡板-5	彩绘摹本	局部	中国国家地理/2006/3, p.97。	中国国家地理/2006/3, p.97。	柳春诚	
			全幅	文物/2006/7, p.70。	a. 文物/2006/7, p.70。 b. 西陲之地与东西方文明/北京燕山出版社/2006, 图版12-2。	柳春诚	b图像放置方向错误。
11	夏塔图挡板-6	彩绘摹本	全幅	文物/2006/7, p.71。	文物/2006/7, p.71。	柳春诚（推测）	
12	夏塔图挡板-7	彩绘摹本	全幅	西陲之地与东西方文明/北京燕山出版社/2006, 图版13-1。	西陲之地与东西方文明/北京燕山出版社/2006, 图版13-1。	柳春诚（推测）	

参考文献

（唐）段成式：《酉阳杂俎》，上海古籍出版社2000年版。
（唐）徐坚：《初学记》，中华书局1962年版。
（唐）张彦远：《历代名画记》，人民美术出版社2004年版。
（唐）朱景玄撰，温肇桐注：《唐朝名画录》，四川美术出版社1985年版。
（宋）李远：《青唐录》，青海省少数民族古籍整理规划办公室《青海地方旧志五种》，青海人民出版社1989年版。
（宋）王溥：《唐会要》，中华书局1990年版。
北京大学考古文博学院、青海省文物考古研究所：《都兰吐蕃墓》，科学出版社2005年版。
范景中著，曹意强、洪再新编：《图像与观念——范景中学术论文集》，岭南美术出版社1993年版。
高文、王锦生：《中国巴蜀汉代画像砖大全》，澳门：国际港澳出版社2002年版。
格勒：《藏族早期历史与文化》，商务印书馆2006年版。
顾颉刚：《史林杂识初编》，中华书局1963年版。
郭廉夫、丁涛、诸葛铠：《中国纹样辞典》，天津教育出版社1998年版。
汉语大字典编辑委员会：《汉语大字典》（缩印本），湖北辞书出版社、四川辞书出版社1992年版。
黄明兰：《洛阳北魏世俗石刻线画集》，人民美术出版社1987年版。
黄能馥、陈娟娟：《中国服装史》，中国旅游出版社1995年版。
甲央、王明星：《宝藏：中国西藏拉萨文物》，朝华出版社2000年版。
姜伯勤：《中国祆教艺术史研究》，生活·读书·新知三联出版社2004年版。
李当岐：《西洋服装史》（第2版），高等教育出版社2005年版。

李零：《中国方术正考》，中华书局 2006 年版。

李星明：《唐代墓室壁画研究》，陕西人民美术出版社 2005 年版。

林冠群《唐代吐蕃史论集》，中国藏学出版社 2006 年版。

林梅村：《丝绸之路考古十五讲》，北京大学出版社 2006 年版。

罗松达哇：《中华人民共和国政区大典·青海省卷》，中国社会出版社 2016 年版。

宁夏回族自治区固原博物馆、中日原州联合考古队：《原州古墓集成》，文物出版社 1999 年版。

荣新江：《敦煌学十八讲》，北京大学出版社 2001 年版。

山西省考古研究所、太原市文物考古研究所、太原市晋源区文物旅游局：《太原虞弘墓》，文物出版社 2005 年版。

陕西历史博物馆：《唐墓壁画国际学术讨论会论文集》，三秦出版社 2006 年版。

陕西历史博物馆：《唐墓壁画真品选粹》，陕西人民美术出版社 1991 年版。

陕西省法门寺考古队：《法门寺地宫珍宝》，陕西人民出版社 1988 年版。

陕西省考古研究所、富平县文物管理委员会：《唐节愍太子墓发掘报告》，科学出版社 2004 年版。

陕西省考古研究所、陕西历史博物馆、昭陵博物馆：《唐新城长公主墓发掘报告》，科学出版社 2004 年版。

陕西省考古研究所：《唐李宪墓发掘报告》，科学出版社 2005 年版。

陕西省考古研究所：《西安北周安伽墓》，文物出版社 2003 年版。

陕西省考古研究所、西安交通大学：《西安交通大学西汉壁画墓》，西安交通大学出版社 1991 年版。

沈从文编著，王予予增订：《中国古代服饰研究》（增订本），上海书店出版社 1997 年版。

石炯：《构图：一个西方观念史的个案研究》，中国美术学院出版社 2008 年版。

孙机：《中国古舆服论丛》（增订本），文物出版社 2001 年版。

孙机：《中国圣火：中国古文物与东西文化交流中的若干问题》，辽宁教育出版社 1996 年版。

谭其骧：《简明中国历史地图集》，中国地图出版社 1991 年版。

王炳华：《新疆古尸》，新疆人民出版社 1999 年版。

王伯敏：《敦煌壁画山水画研究》，浙江人民美术出版社 2000 年版。
王纯五：《天师道二十四治考》，四川大学出版社 1996 年版。
王抗生：《中国传统艺术（4）：瑞兽纹样》，中国轻工业出版社 2000 年版。
王明珂：《羌在汉藏之间：川西羌族的历史人类学研究》，中华书局 2008 年版。
王仁波：《隋唐文化》，学林出版社 1997 年版。
王小甫：《唐·吐蕃·大食政治关系史》，北京大学出版社 1992 年版。
王尧、陈践：《敦煌藏文文献选》，四川民族出版社 1985 年版。
王尧、陈践：《吐蕃简牍综录》，文物出版社 1985 年版。
王尧：《贤者新宴》，北京出版社 1999 年版。
吴广孝：《集安高句丽壁画》，山东画报出版社 2006 年版。
西安市文物保护考古所王自力、孙福喜：《唐金乡县主墓》，文物出版社 2002 年版。
香港科学馆：《星移物换——中国古代天文文物精华》，康乐及文化事务署 2003 年版。
新疆维吾尔自治区文物事业管理局、新疆维吾尔自治区文物考古研究所、新疆维吾尔自治区博物馆：《新疆文物古迹大观》，新疆美术摄影出版社 1999 年版。
许新国：《西陲之地与东西方文明》，北京燕山出版社 2006 年版。
杨建军、崔笑梅：《中国传统纹样摹绘精粹》，中国轻工业出版社 2001 年版。
杨铭：《唐代吐蕃与西域诸族关系研究》，黑龙江教育出版社 2005 年版。
俞伟超：《考古学是什么——俞伟超考古学理论文选》，中国社会科学出版社 1996 年版。
负安志：《中国北周珍贵文物——北周墓葬发掘报告》，陕西人民美术出版社 1993 年版。
张广达：《文本、图像与文化流传》，广西师范大学出版社 2008 年版。
张鸿修：《唐代墓志纹饰选编》，陕西人民美术出版社 1992 年版。
张鸿修：《中国唐墓壁画集》，岭南美术出版社 1995 年版。
张勋燎、白彬：《中国道教考古》，线装书局 2006 年版。
张云：《上古西藏与波斯文明》，中国藏学出版社 2005 年版。
赵丰：《纺织品考古新发现》，艺纱堂/服饰工作队（香港）2002 年版。

赵丰、于志勇：《沙漠王子遗宝》，艺纱堂/服饰工作队（香港）2000年版。
赵力光、李文英：《中国古代铜镜》，陕西人民出版社 1997 年版。
郑岩：《魏晋南北朝壁画墓研究》，文物出版社 2002 年版。
中国社会科学院考古研究所、河北省文物研究所：《磁县湾漳北朝壁画墓》，科学出版社 2003 年版。
中日共同尼雅遗迹学术考察队编辑发行：《中日（日中）共同尼雅遗迹学术调查报告书》1999 年版。
周伟洲：《西北民族史研究》，中州古籍出版社 1994 年版。
周伟洲：《边疆民族历史与文物考论》，黑龙江教育出版社 2000 年版。
周伟洲：《吐谷浑史》，广西师范大学出版社 2006 年版。
周伟洲：《中国中世西北民族关系研究》，广西师范大学出版社 2007 年版。
周锡保：《中国古代服饰史》，中国戏剧出版社 1984 年版。
周天游主编：《懿德太子墓壁画》，文物出版社 2002 年版。
常一民、裴静蓉：《太原市晋源镇果树场唐温神智墓》，陕西历史博物馆《唐墓壁画国际学术研讨会论文集》，三秦出版社 2006 年版。
［俄］B. A. 李特文斯基主编：《中亚文明史》（第 3 卷），马小鹤译，中国对外翻译出版公司、联合国教科文组织 2003 年版。
［英］E. H. 贡布里希著，杨思梁、范景中编选：《象征的图像：贡布里希图像学文集》，上海书画出版社 1990 年版。
［德］傅海波、［英］崔瑞德编：《剑桥中国辽西夏金元史·907—1368 年》，史卫民等译，中国社会科学出版社 1998 年版。
［苏联］普加琴科娃、列穆佩：《中亚古代艺术》，陈继周、李琪译，新疆美术摄影出版社 1994 年版。
［美］巫鸿：《汉唐之间文化艺术的互动与交融》，文物出版社 2001 年版。
［美］巫鸿：《美术史十议》，生活·读书·新知三联书店 2008 年版。
［美］巫鸿：《礼仪中的美术——巫鸿中国古代美术史文编》，郑岩、王睿编，郑岩等译，生活·读书·新知三联书店 2005 年版。

程起骏：《吐谷浑人血祭、鬼箭及马镫考》，《柴达木开发研究》2006 年第 1 期。
褚俊杰：《论苯教丧葬仪轨的佛教化——敦煌古藏文写卷 P. T. 239 解读》，

《西藏研究》1990年第1期。

褚俊杰：《吐蕃本教丧葬仪轨研究——敦煌古藏文写卷P. T. 1042解读》，《中国藏学》1989年第3期。

褚俊杰：《吐蕃本教丧葬仪轨研究（续）》，《中国藏学》1989年第4期。

大同市考古研究所：《山西大同沙岭北魏壁画墓发掘简报》，《文物》2006年第10期。

范凤妹、吴志红：《江西南朝墓出土青瓷综述》，《考古与文物》1985年第4期。

范小平：《四川汉代性题材画像研究》，《东南文化》1998年第4期。

甘肃省文物工作队：《甘肃省泾川县出土的唐代舍利石函》，《文物》1966年第3期。

高文、高成英：《四川出土的十一具汉代画像石棺图释》，《四川文物》1988年第3期。

葛兆光：《思想史家眼中之艺术史——读2000年以来出版的若干艺术史著作和译著有感》，《清华大学学报》（哲学社会科学版）2006年第5期。

葛兆光：《思想史研究视野中的图像》，《中国社会科学》2002年第4期。

郭建邦：《北魏宁懋石室和墓志》，《河南文博通讯》1980年第2期。

何强：《"拉萨朵仁"吐蕃祭坛与墓葬的调查及分析》，《文物》1995年第1期。

贺梓城：《唐墓壁画》，《文物》1959年第8期。

黄正建：《敦煌文书与唐代军队衣装》，《敦煌学辑刊》1993年第1期。

霍巍：《青海出土吐蕃木棺板画的初步观察与研究》，《西藏研究》2007年第2期。

霍巍：《青海出土吐蕃木棺板画人物服饰的初步研究》，《艺术史研究》第9辑，中山大学出版社2007年版。

霍巍：《吐蕃系统金银器研究》，《考古学报》2009年第1期。

霍巍：《西域风格与唐风染化——中古时期吐蕃与粟特人的棺板装饰传统试析》，《敦煌学辑刊》2007年第1期。

霍巍：《一批流散海外的吐蕃文物的初步考察》，《故宫博物院院刊》2007年第5期。

江苏省文物工作队镇江分队、镇江市博物馆：《江苏镇江甘露寺铁塔塔基发掘记》，《考古》1961年第6期。

朗措：《吐蕃与于阗关系考述——于阗和鄯善地区吐蕃部落的族属及特点》，《西藏研究》2005年第4期。

李瑞哲：《入华粟特人商业活动的特点浅析》，《藏学学刊》第3辑，四川大学出版社2007年版。

李永宪：《略论吐蕃的"赭面"习俗》，《藏学学刊》第3辑，四川大学出版社2007年版。

李永宪：《再论吐蕃的"赭面"习俗》，《政治大学民族学报》（台湾）第二十五期，2006年12月。

李玉洁：《试论我国古代棺椁制度》，《中原文物》1990年第2期。

李宗俊：《唐代河西走廊南通吐蕃道考》，《敦煌研究》2007年第3期。

梁丰：《吐谷浑佛教考》，シルクロード學研究センター《中國・青海省におけるシルクロードの研究》（シルクロード學研究14），奈良，2002年版。

林冠群：《汉文史料记载唐代吐蕃社会文化"失实部分"之研究》，《中国藏学》2003年第2期。

林冠群：《唐代吐蕃军事占领区建制之研究》，《中国藏学》2007年第4期。

林梅村：《试论唐蕃古道》，《藏学学刊》第3辑，四川大学出版社2007年版。

临潼县博物馆：《临潼唐庆山寺舍利塔基精室清理记》，《文博》1985年第5期。

刘景芝、王国道：《青海小柴达木湖遗址的新发现》，《中国文物报》1998年11月8日。

刘俊喜、高峰：《大同智家堡北魏墓棺板画》，《文物》2004年第12期。

柳春诚、程起骏：《郭里木棺板画初展吐谷浑生活》，《柴达木开发研究》2005年第2期。

柳春诚、程起骏：《吐谷浑人绚丽多彩的生活画卷——德令哈市郭里木乡出土棺板画研读》，《中国土族》2004年冬季号。

柳春诚：《郭里木棺板彩画临摹手记》，《中国国家地理》2006年第3期。

陆离：《大虫皮考——兼论吐蕃、南诏虎崇拜及其影响》，《敦煌研究》2004年第1期。

陆庆夫、陆离：《论吐蕃制度与突厥的关系》，《兰州大学学报》（社会科学版）2005 年第 4 期。

吕红亮：《"穹庐"与"拂庐"：青海郭里木吐蕃墓棺板画毡帐图像试析》，《敦煌学辑刊》2011 年第 3 期。

罗世平：《天堂喜宴——青海海西州郭里木吐蕃棺板画笺证》，《文物》2006 年第 7 期。

洛阳博物馆：《洛阳卜千秋墓发掘简报》，《文物》1977 年第 6 期。

马冬：《考古发现所见吐蕃射猎运动——以郭里木吐蕃棺板画为对象》，《西安体育学院学报》2008 年第 6 期。

齐东方、张静：《唐代金银器皿与西方文化的关系》，《考古学报》1994 年第 2 期。

青海省文管会、中国社会科学院考古研究所青海队：《青海都兰县诺木洪塔里他里哈遗址调查与发掘》，《考古学报》1963 年第 1 期。

任乃强：《辩王晖石棺浮雕》，《康导月刊》1943 年第 5 卷第 1 期。

荣新江：《"历代法宝记"中的末曼尼和弥师诃——兼谈吐蕃文献中的摩尼教与景教因素的来历》，王尧《贤者新宴》，北京出版社 1999 年版。

山西省考古研究所：《太原市南郊唐代壁画墓清理简报》，《文物》1988 年第 12 期。

山西省考古研究所、太原市文物管理委员会：《太原市北齐娄叡墓发掘简报》，《文物》1983 年第 10 期。

陕西省法门寺考古队：《扶风法门寺塔唐代地宫发掘简报》，《文物》1988 年第 10 期。

陕西省考古研究所、西安交通大学：《西安交通大学西汉壁画墓发掘简报》，《考古与文物》1990 年第 4 期。

陕西省考古研究院：《陕西潼关税村隋代壁画墓线刻石棺》，《考古与文物》2008 年第 3 期。

尚刚：《鹤绫绚烂，凤锦纷葩——隋唐五代的高档丝织品种》，《唐研究》第 10 卷，北京大学出版社 2004 年版。

邵雪梅、王树芝、徐岩、朱海峰、许新国、肖永民：《柴达木盆地东北部 3500 年树轮定年年表的初步建立》，《第四纪研究》2007 年第 4 期。

孙作云：《长沙马王堆一号汉墓出土画幡考释》，《考古》1973 年第 1 期。

汤惠生：《青海玉树地区唐代佛教摩崖考述》，《中国藏学》1998 年第 1 期。

唐光孝:《四川汉代"高禖图"画像砖的再讨论》,《四川文物》2005 年第 2 期。

天水市博物馆:《天水市发现隋唐屏风石棺床墓》,《考古》1992 年第 1 期。

仝涛:《木棺装饰传统——中世纪早期鲜卑文化的一个要素》,《藏学学刊》第 3 辑,四川大学出版社 2007 年版。

王树芝、邵雪梅、许新国、肖永明:《跨度为 2332 年的考古树轮年表的建立与夏塔图墓葬定年》,《考古》2008 年第 2 期。

王小甫:《文化整合与吐蕃崛起》,《历史研究》2009 年第 4 期。

王尧:《河图·洛书在西藏》,《中国文化》1991 年第 2 期。

西安市文物保护考古所:《西安北周凉州萨保史君墓发掘简报》,《文物》2005 年第 3 期。

西藏文管会文物队:《西藏乃东普努沟古墓群清理简报》,《文物》1985 年第 9 期。

西藏文管会文物普查队:《西藏朗县列山墓地殉马坑与坛城形墓试掘简报》,四川联合大学西藏考古与历史文化研究中心、西藏自治区文物管理委员会《西藏考古》(第 1 集),四川大学出版社 1994 年版。

肖永明:《树木年轮在青海西部地区吐谷浑与吐蕃墓葬研究中的应用》,《青海民族研究》2008 年第 7 期。

谢静:《敦煌莫高窟〈吐蕃赞普礼佛图〉中吐蕃族服饰初探——以第 159 窟、第 231 窟、第 360 窟为中心》,《敦煌学辑刊》2007 年第 2 期。

谢静:《敦煌石窟中回鹘天公主服饰研究》,《西北民族研究》2007 年第 3 期。

许新国、刘小何:《青海吐蕃墓葬发现木板彩绘》,《中国西藏》(中文版) 2002 年第 6 期。

许新国:《郭里木吐蕃墓葬棺版画(上)》,《柴达木开发研究》2004 年第 2 期。

许新国:《郭里木吐蕃墓葬棺板画(下)》,《柴达木开发研究》2005 年第 1 期。

许新国:《郭里木吐蕃墓葬棺板画研究》,《中国藏学》2005 年第 1 期。

许新国:《试论夏塔图吐蕃棺板画的源流》,《青海民族学院学报》(社会科学版)2007 年第 1 期。

许新国:《都兰出土舍利容器——镀金银棺考》,《中国藏学》2009 年第 2 期。

杨孝鸿:《四川汉代秘戏图画像砖的思考》,《四川文物》1996 年第 2 期。

于志勇、覃大海:《营盘墓地 M15 的性质及罗布泊地区彩棺墓葬初探》,《吐鲁番学研究》2006 年第 1 期。

俞伟超:《关于"考古类型学"的问题》,《考古学是什么——俞伟超考古学理论文选》,中国社会科学出版社 1996 年版。

昭陵博物馆:《唐昭陵段蔄璧墓清理简报》,《文博》1989 年第 6 期。

赵力光、王九刚:《长安县南里王村唐壁画墓》,《文博》1989 年第 4 期。

郑岩:《"客使图"溯源——关于墓葬壁画研究方法的一点思考》,陕西历史博物馆《唐墓壁画国际学术讨论会论文集》,三秦出版社 2006 年版。

[匈牙利] G. 乌瑞撰,沈卫荣译:《释 khrom:7—9 世纪吐蕃帝国的行政单位》,《国外藏学研究译文集》第 1 辑,西藏人民出版社 1985 年版。

[挪威] 克瓦尔耐撰,褚俊杰译:《苯教及其丧葬仪式》,《西藏民族学院学报》(社会科学版) 1988 年第 1、2 期。

[美] 巫鸿撰,郑岩译:《"华化"与"复古"——房形椁的启示》,《南京艺术学院学报》(美术与设计版) 2005 年第 2 期。

A. И. Алъбаум, *Балалык-Тепе*, Ташкент, 1960, стр. 61.

A. F. Anisimov, The Shaman's Tent of the Origin of the Shamanistic Rite, in H. N. Michael, ed *Studies in Siberian Shamanism*, Toronto 1963, pp. 91 – 99.

A. M. Belenitskii, B. L. Marshak, Mark, J. Dresden. *Sogdian Painting*: *The Pictorial Epic in Oriental Art*, University of Galifornia Press, 1981, p. 31.

Amy Heller, 'An Eighth Century Child's Garment of Sogdian and Chinese Silk', in*Orientations*, Hong kong, 1998. b, p. 220.

Bechwith, Christopher Ⅰ. *Tibet and the Early Medieval Florissance in Eurasia*: *A Preliminary Note on the Economic History of the Tibetan Empire.* Central Asiatic Journal, 21 (1977), pp. 89 – 104.

Bialostocki, J. (1973): *Dictionary of the History of Ideas*: *ICONOGRAPHY.* New York, Vol. 2, p. 524.

B. I. Marshak, V. Raspopova, "Wall Painting from a House with a Granary,

Panjikent, 1st Quarter of the Eighth Century A. D. ", Silk Road Art and Archaeology, 1990, fig29.

ChinaHeritage Project. 2005. "New Discoveries in Qinghai". *China Heritage Newsletter* 1 (online journal) (http://www.chinaheritagequarteriy org/articles. php? Searchterm = 001_qinghai. inc&issue = 001).

F. M. Thomas, *Tibetan Literary Texts and Documents Concerning Chinese Turkestan*, part Ⅱ, p. 30. Documents: 3, The Nob Region. London, 1951.

John Vincent Bellezza: *Zhang Zhung : Foundations of Civilization in Tibet*, 2008. broschiert.

Markus Mode: "Sogdian Gods in Exile-Some iconographic evidence from Khotan in the light of recently excavated material from Sogdiana", *Silk Road Art and Archaeology*, 2, 1991/1992.

Matteo Compareti. Iranian Elements in Kaśmīr and Tibet: *Sasanian and Sogdian Borrowings in Kashmiri and Tibetan Art.* Transoxiana 14, Agosto 2009.

Miho Museum, South Wing, 1997, p. 253.

Panofsky, E. (1939): *Studies in Iconology: Humanistic Themes in the Art of the Renaissance*, New York, Oxford University Press, pp. 6 – 12.

Snellgrove/Richardson: A Culture History of Tibet, 1968, p. 52.

The red-faced men Ⅲ: *The red-faced women* (http://earlytibet. com/2007/10/05/ red – faced – men – ⅲ/).

Xu Xinguo, *The Discovery, Excavation, and Study of Tubo (Tibetan) Tomb in Dulan County, Qinghai*, Cebtral Asian Textiles and Their Contexts in the Early Middle Ages. 2006 Abegg-Stiftung, Riggisberg, pp. 265 – 279.

長野泰彦、武川立藏『西藏的語言和文化』、東京冬樹社、1987年。

林巳奈夫『漢代的諸神』、臨川書店、1989年。

田辺勝美、前田耕作『世界美術大全集』、小学館、2007年。

シルクロード學研究センター『中國・青海省におけるシルクロードの研究』（シルクロード學研究14），奈良、2002年。

索 引

（按音序排列）

A

安伽墓　62，63，65，115，131，181，189，190

B

白兰　19，20，149，150
半臂　173—177，195
苯教　10，62，67，77，79，80，82，92，93，150，160，163，167，169，193—195

C

侧板　1—6，26—28，33，35，39，40，42—49，58，59，61，67，70—73，76，82，89—94，97，120—122，124，126，128—132，134—136，138，139，141，144—150，155，157，158，164，165，185，187，193，194

D

鞑靼　23
大食　150，151，153，160，194
道教　13，29，143，164，165，194
低帮　70—72，82，83，85—87，91，92，121，122，134，135，193
底板　27，103，146，147
地层学　11，12
斗篷　177，179，180，195
敦煌　5，6，21，22，27，48，62，65，67，69，72，77—82，91—93，95，98，99，101，121，122，133，154，155，160，163，168，173，178，179
多玛超荐　72，73

F

分定权势　79，80，82，88，90，122，163，182，193
粉本　13，67，85，87，88，93，94，101，127，164，167，181，184，189，193

服饰　6，10，13，27，44—46，48，64，69，73，74，76—79，84—87，90，91，94，141，148，149，153，155，157，158，169—171，173，174，176，177，179，187，194，195

G

高帮　70—72，74，82，89，91，92，121—124，128，133—135，193

贡布里希　57，58，61

构图　2，10，46，56，71，85，115，130，131，140，193

棺板画　1—15，24，26—28，32，34—54，56—62，64—77，79—96，98，99，101—103，105—107，109—111，113—116，118—123，125—127，130—134，148—150，153，155—158，160，162—167，169，171，174—177，179—189，191—195

棺盖　27，91，116，117，125，126，135—142，145—147，149，150，194

棺木　7，13，91，101，102，126，128，135，139，141，142，145，161，194

郭里木　1，4，5，7—10，14，15，27，28，32，34，35，37—42

H

合气　13，164

合葬墓　3，5，7，24—26，30，32，34，118，126

河西走廊　18，19，21

弧瓦　139，140

胡瓶　84，85，155，181，182

徽铭　61，62，79，85，88，89，92，96，97，103，107，114，118，122，123，159，165，193

回鹘　22，154，155，157，179

J

箭箙　33，35，189，190

金银器　8，27，46，66，82，83，155，156，179，182—184

酒瓮　61，78，79，84，87，181—183

K

卡夫坦　169—171，173，195

卡约文化　18

考古　1—12，14，15，17，18，24—29，32，35，37，39，44—47，51—53，57，62，63，65，66，71，84，90，93，95，97，98，100，101，103，104，106，108，110，111，114，115，117，121，130—132，139，141，145，148，149，154，155，158，161，164，165，171，176，177，179，181，182，184，189—192，195

哭丧　79—82，90，122，153，155，163

L

来通　65，66

类型学　11，12

灵帐　62，72—75，77，78，80—82，87，88，90—92，122，123，153，

155, 157, 158, 193

米兰 20, 21

M

密宗 10

摩尼教 154, 155, 157, 167, 168, 195

母题 2, 6, 8, 9, 56—62, 64—69, 72, 73, 76, 80—82, 85, 86, 88, 89, 92, 93, 97, 98, 103, 107, 109, 110, 113, 114, 119—125, 130, 131, 150, 160, 165, 167, 181, 193—195

墓圹 28—31, 161

墓室 24, 25, 27—30, 32—34, 62, 65, 78, 79, 96, 98, 100, 106—108, 111, 114, 115, 118, 120, 126, 132, 139, 144, 161, 164, 167

L

诺木洪文化 18, 19

P

潘诺夫斯基 56, 57

飘帘 77, 78, 81, 87, 88, 93, 157, 168, 195

Q

千户 20, 21, 162

迁葬墓 6, 7, 25—27, 32—34, 45, 101, 126

青海道 16, 20—23, 59

情景式 2

曲贡 185

R

若羌 18, 20

S

萨满 10, 67, 168, 169

萨珊波斯 8

鄯善 20—22, 152, 162, 163

商旅 22, 61, 62, 120—122

十二生肖 58, 111—114, 124, 128, 164

式图 111, 112, 114, 123, 128, 129

狩猎 40, 69, 85, 121, 122, 167, 191, 193

树轮年表 7, 12, 15, 17, 28, 32, 90

双身 10

丝绸之路 5, 10, 16, 24, 32, 59, 93, 101, 149, 152, 154, 165

四神 54, 58, 97, 99, 102, 106, 107, 109, 111, 112, 116, 124, 126—128, 145, 164

苏毗 32, 149

粟特 5, 62, 152, 153, 155, 190, 195

榫卯 28, 134, 137, 139, 145

T

天师道 164, 165, 195

头挡 33, 35, 45, 46, 51, 54, 97,

101, 103, 104, 116—118, 120—122, 124—126, 128—130, 137, 145—147

突厥　18, 19, 22, 62, 67, 69, 76

图像学　2, 3, 9, 11, 12, 56—58, 61, 93, 192

图像志　2, 3, 6, 9—11, 13, 45, 48, 54, 56—59, 61, 69, 70, 72—76, 82—86, 92, 93, 95, 110, 114, 117, 127, 148, 192—194

图像秩序　13, 71, 72, 82, 86

吐蕃　1—10, 14, 15, 18—28, 30, 32, 34—55, 59, 60, 62, 64—70, 72—95, 97, 98, 101—106, 109—111, 113, 114, 116, 121, 122, 126, 127, 132—135, 140, 141, 144, 148—153, 155—158, 160—165, 167, 169, 171, 174, 175, 179, 181—185, 187—195

团窠　49, 51, 113, 114, 128, 135, 171, 174

W

温洛　77, 79, 80, 160

文本　1, 2, 6, 9, 11—13, 28, 39, 42, 44, 49, 53, 61, 73, 82, 88, 95, 151, 192, 195

五大贼路　21, 162, 192

X

夏塔图　1—15, 17, 18, 24—62, 64—77, 79—90, 92—103, 105—107, 109—111, 113—116, 118—139, 141, 142, 144—149, 152, 153, 155—158, 160—169, 171, 174—177, 179, 181—189, 191—195

鲜卑　6, 19, 78, 141, 142, 145, 149, 153, 158, 161, 179, 189

象雄　7, 152, 162

性爱　10, 13, 39, 72, 120—122, 164, 193, 195

匈奴　19

叙事性　130, 149

殉牲　25, 30, 62, 87, 88, 163

Y

厌胜　79, 119, 165, 193

宴饮　27, 61, 65, 66, 72, 74, 79, 80, 85, 95, 120, 121, 155, 181, 190, 193, 194

仪轨　10, 62, 65, 67, 71, 76—82, 87, 88, 92, 93, 157, 160, 163, 167—169, 193, 195

有效性　161, 162, 164, 165, 167, 193—195

于阗　19, 21, 93, 101, 132, 145, 162, 163, 189

御用辛　79, 80, 160

原典知识　3, 58

月氏　21, 23

Z

赞普　6, 25, 32, 42, 155, 160

赭面　5—7, 39, 61, 68, 69, 82, 85, 87—89, 122, 150, 159

职贡　93, 155

主体民族　91，149，150，152，153，155，157，158，194

足挡　35，45，46，97，106，108，120—122，126，128—130，137，138，145—147

族属　5—7，10，11，13，67，155，157，158，160—163

第十一批《中国社会科学博士后文库》专家推荐表1

《中国社会科学博士后文库》由中国社会科学院与全国博士后管理委员会共同设立，旨在集中推出选题立意高、成果质量高、真正反映当前我国哲学社会科学领域博士后研究最高学术水准的创新成果，充分发挥哲学社会科学优秀博士后科研成果和优秀博士后人才的引领示范作用，让《文库》著作真正成为时代的符号、学术的示范。

推荐专家姓名	周伟洲	电　话	
专业技术职务	教　授	研究专长	民族史
工作单位	陕西师范大学 中国西部边疆研究院	行政职务	无
推荐成果名称	青海夏塔图吐蕃时期棺板画艺术研究		
成果作者姓名	马　冬		

（对书稿的学术创新、理论价值、现实意义、政治理论倾向及是否具有出版价值等方面做出全面评价，并指出其不足之处）

　　青海虽深居内陆，却是"高原丝绸之路"所经主要区域，也是历史上不同民族与文化重要的交融汇聚之地。得益于青藏高原大陆性气候，这里发现的唐代吐蕃统治该地区时墓葬遗物多保存良好，尤以彩绘棺板为代表，其上所绘彩画图像内容丰富、新颖，引起国内外学术界的广泛关注。

　　马冬教授的博士后出站报告《青海夏塔图吐蕃时期棺板画艺术研究》，即是第一部系统探讨这些棺板彩画的专门著述。作者以德令哈市夏塔图草场的相关考古发现为中心，基于实地考察，详细考释了研究对象的图像内涵，归纳了题材结构。论证过程中，作者综合运用历史学、考古学、民族学、图像学等研究方法，见微知著，文中见解因此能够发前人之未发，多有创见，如将"四神""十二生肖""性爱"图像与中原宗教或方术传统相联系、关注图像中外来人群及西来宗教的种种痕迹，提供了解读吐蕃时期当地政治、宗教与文化艺术的诸多关键信息。

　　总之，本专著材料搜集扎实详尽，论述清楚，多有新见，具有较高的学术价值。相信该作如能出版，一定会引起学界的注意，有助于相关研究。

　　特此推荐。

签字：周伟洲

2022 年 3 月 24 日

说明：该推荐表须由具有正高级专业技术职务的同行专家填写，并由推荐人亲自签字，一旦推荐，须承担个人信誉责任。如推荐书稿入选《文库》，推荐专家姓名及推荐意见将印入著作。

第十一批《中国社会科学博士后文库》专家推荐表 2

《中国社会科学博士后文库》由中国社会科学院与全国博士后管理委员会共同设立，旨在集中推出选题立意高、成果质量高、真正反映当前我国哲学社会科学领域博士后研究最高学术水准的创新成果，充分发挥哲学社会科学优秀博士后科研成果和优秀博士后人才的引领示范作用，让《文库》著作真正成为时代的符号、学术的示范。

推荐专家姓名	崔 巍	电 话	
专业技术职务	教 授	研究专长	边疆民族考古
工作单位	四川大学历史文化学院	行政职务	院长
推荐成果名称	青海夏塔图吐蕃时期棺板画艺术研究		
成果作者姓名	马 冬		

（对书稿的学术创新、理论价值、现实意义、政治理论倾向及是否具有出版价值等方面做出全面评价，并指出其不足之处）

青海德令哈市夏塔图出土的墓葬棺板彩画，是研究吐蕃历史时期极为重要的考古文物材料。马冬教授博士后出站报告《青海夏塔图吐蕃时期棺板画艺术研究》以此为题，填补了有关研究的学术空白，从而使我们能够更进一步地从物质文明的层面接近历史真实，并从中认识、理解吐蕃时期青藏高原北部相关重要区域的社会结构、民族交流与绘画艺术的发展情况。

作者拥有对中古时期西北民族历史、服饰文化的丰富研究经验，在此基础上，该出站报告又引入图像学、考古学等学科的研究方法，详细耙梳了夏塔图棺板画的各种图像形式，进行了图像志考证，分析了棺板画的图像结构与图像配置问题，并作了彩棺形制结构尝试性的复原，这些研究工作具有相当想象力与学术开创性。研究结论上，作者将具象问题与当时的政治、宗教、民族、中外文化交流背景结合，不拘泥于旧说而有所发明，反映出其扎实的学科功底与深厚的理论素养。

总而言之，该项研究成果体例严谨，思路清晰明了，研究视野宽广，结论持之有据，特此推荐。

签字：崔巍

2022 年 3 月 23 日

说明：该推荐表须由具有正高级专业技术职务的同行专家填写，并由推荐人亲自签字，一旦推荐，须承担个人信誉责任。如推荐书稿入选《文库》，推荐专家姓名及推荐意见将印入著作。